グローバル企業

――国際化・グローバル化の歴史的展望――

安部悦生 編著

文眞堂

目　　次

序　章　グローバリゼーションとは何か
　　　──本書の課題と構成── …………………………………… 1

はじめに：グローバリゼーションとは何か ………………………… 1
1. グローバリゼーションの歴史的イメージ ……………………… 3
2. 企業はなぜ国際化するのか ……………………………………… 6
3. 国際競争力とは何か ……………………………………………… 9
4. グローバル企業の組織はどのようであるべきか …………… 11
5. グローバル統合企業からグローバル脱統合企業へ？ ……… 14
6. グローバリゼーションは過大評価されているか …………… 16
7. 本書の構成 ……………………………………………………… 19

第1章　アップルの紆余曲折（1976－c. 2000）
　　　──製品戦略，管理組織，国際展開の軌跡── ………… 23

はじめに：課題の所在 ……………………………………………… 23
1. アップルのアウトライン ……………………………………… 25
2. アップルの収益性 ……………………………………………… 29
3. 製品戦略の推移 ………………………………………………… 39
4. 管理組織の変化 ………………………………………………… 51
5. 販売と生産の国際展開 ………………………………………… 71
結語 …………………………………………………………………… 82
　付表 ………………………………………………………………… 87

第2章　ユニリーバの国際展開とその失敗
　　　──1960年代のアルコール飲料産業進出を中心として── … 104

 はじめに ………………………………………………………………… 104
 1. ユニリーバの設立とその事業展開……………………………… 106
 2. ユニリーバによるアルコール飲料事業………………………… 111
 3. アライド・ブリュワリーズと1960年代のヨーロッパ・ビール市場… 114
 4. ユニリーバとアライド・ブリュワリーズによる合併交渉………… 120
 おわりに ………………………………………………………………… 125

第3章　GEの国際戦略と組織の歴史的展開
――「鉄の拳」から「見える手」による国際競争力の構築―― … 133

 はじめに ………………………………………………………………… 133
 1. 系列化とカルテル形成：第二次世界大戦以前まで…………… 134
 2. 輸出強化とM&A&D：戦後から1970年代まで………………… 139
 3. グローバル企業への再始動：1980年代以降………………… 146
 おわりに ………………………………………………………………… 155

第4章　ゲーム産業におけるサプライチェーンの国際化
――家庭用ゲーム市場の発展と部品構成の変化―― ………… 168

 はじめに ………………………………………………………………… 168
 1. ゲーム産業の概況とこれまでの歩み…………………………… 170
 2. 部品構成からみるサプライチェーンの国際化………………… 186
 3. ゲーム産業の部品構成の変化と半導体産業………………… 194
 おわりに ………………………………………………………………… 199

第5章　キッコーマンとアメリカ進出
――雇用・労働・地域から―― ………………………………… 206

 はじめに ………………………………………………………………… 206
 1. 沿革……………………………………………………………… 208
 2. 地域社会との関わり：キッコーマンと野田市………………… 212
 3. 温情主義，産業魂，キッコーマン経営理念…………………… 216
 4. アメリカのキッコーマン………………………………………… 224

結論――アメリカの「日本的経営」……………………………………… 235

第6章　岩塚製菓と旺旺集団
　　　　――地域企業のグローバル化の一考察―― ……………… 245

　はじめに ………………………………………………………………… 245
　1. 岩塚製菓の創業と設立および事業展開 …………………………… 247
　2. 岩塚製菓の海外進出と挫折 ………………………………………… 256
　3. 旺旺集団の創業と岩塚製菓との連携 ……………………………… 257
　4. 旺旺集団の中国進出 ………………………………………………… 262
　5. 旺旺集団のシンガポール市場での上場と岩塚製菓との連携強化 … 265
　6. 旺旺集団の香港証券取引所上場と岩塚製菓との連携のさらなる強化 … 269
　むすびにかえて ………………………………………………………… 278

あとがき …………………………………………………………………… 287

索引 ………………………………………………………………………… 289

序章

グローバリゼーションとは何か
――本書の課題と構成――

はじめに：グローバリゼーションとは何か

「グローバリゼーション」という言葉が人口に膾炙し出したのは，圧倒的に1990年代からであろう。ソ連，東欧の共産政権が崩壊し，中国共産党もまた天安門事件で大きく揺らぎ，これら地域が完全に市場経済圏に組み込まれて以降である。1989年から1991年ごろの政治的・経済的激変が，地球上のほとんどの地域が市場経済（資本主義）の力に大きく晒される状況を創り出したのであった。

もとより国際化・オープン化の波は，それ以前からソ連や中国にも到来していた。1980年代のソ連のペレストロイカや，1978年の中国の改革開放路線への転換である。こうした国際化への動きは，すべての国・地域が国際的な市場経済や分業体制に組み込まれたり，相互に影響されるメガ・コンペティッション状況を生み出した。そこでは，大小の多国籍企業が活動の中心となり，多国籍企業のプレゼンスは地球全体に及ぶようになった。

こうした一層の国際化を反映してであろうか，従来の internationalization よりも，国際化のより深化した用語である globalization が盛んに使われるようになった。あるデータによれば，1992年ごろを境にして，globalization の使用頻度が internationalization を追い越し，2000年ごろには，圧倒的に globalization が多くなっている（図表序-1参照）[1]。

ところで，用語の面で，国際化（internationalization）からグローバリゼーションへの変化が起きたのと同じように，1960年代から使われ出した multinational company（MNC）や transnational company（TNC）に代って，最

図表序-1　globalization と internationalization の使用頻度

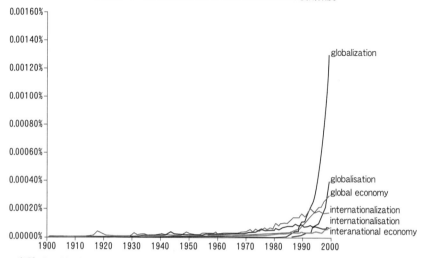

出所：http://books.google.com/ngrams/graph?content=globalization

近では「グローバル企業」（global company）という言葉も頻繁に使用されるようになった。「多国籍企業」から「グローバル企業」への進展である。この事実は，国際活動の深化，拡大を意味するものである。本書では原則的に，国際化は，複数の国もしくは数か国にまたがる活動を国際化と呼び，グローバル化（グローバリゼーション）は，地球規模（world-wide）な活動を意味することにする。とりわけ，ヨーロッパ，アメリカ，アジア（日本，中国，東南アジア，インド，中東の広範な地域）の3主要地域にわたる活動をグローバリゼーションとするが，両者の使い分けは必ずしも厳密ではなく，コンテクストに合わせて適宜使用される。けだし，グローバリゼーションは国際化を包含する概念だからである。

ところで，グローバリゼーションは，様々な国の人々を豊かにするのだろうか，逆に国際的・国内的所得格差の拡大が起きるのではないか，さらには日々の暮らしは便利にはなるものの，各国の生活スタイルが均質化し，多様性が薄れ，文化的に社会は劣化するのではないか。こうした疑問を惹起するグローバリゼーションは，1999年のシアトルの暴動を見ても，人々の強い賛否の的である。しかし，本書は，グローバリゼーションについての価値判断を行うので

はなく，企業を中心にその活動を記録し，分析してゆくことに限定したい。それは，自ずと企業の国際化の意味，グローバリゼーションの当否についての判断の基礎を提供するものになろう。

1. グローバリゼーションの歴史的イメージ

　グローバリゼーションは，いつ，どのように進展したのだろうか。この問いに関しては，歴史的に考察することが重要である。著名な経営史家であり，国際マネジメントの泰斗であるジェフリー・ジョーンズが作成した図表序-2 を見ると，実線で示されている 2 つの波は，グローバリゼーションに 2 つの波があったことを示している。第 1 の波は，19 世紀末の波であり，第 2 の波は，1960 年代以降の波である。やはり著名な国際経営史家であるミーラ・ウィルキンズが指摘しているように，19 世紀末から 20 世紀初頭の波は，現在のわれわれが想像するより，はるかに大きな波であった（詳細は後述）。その理由は，すでにフォード，シンガー，ウェスティングハウスなどのアメリカ企業，イギリスのフリースタンディング・カンパニーなどの国際的な企業が広範な海外投

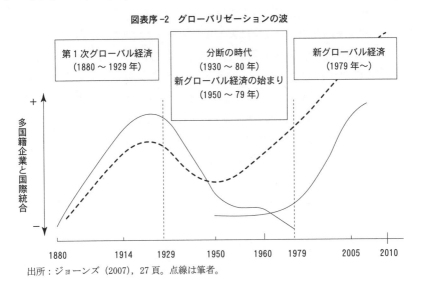

図表序-2　グローバリゼーションの波

出所：ジョーンズ（2007），27 頁。点線は筆者。

図表序-3 World foreign direct investment as a percentage of world output 1913-2010

(%)

1913	1960	1980	1990	2010
9.0	4.4	4.8	9.6	30.3

Source : UNCTAD 1994, 1997, 1999, 2011.
出所 : Jones (2014), p.170.

資を行っていたからである。また第一次大戦前には、これも現在では想像しがたいが、国際移動にパスポートやビザが必要とされていなかったことも一因であろう。第一次大戦を契機に、パスポートやビザが必要となったのである。

しかし、ジョーンズの図では、国際統合の程度として第一次大戦直前の方が、活発な国際化が行われていた1960年代よりも大きく、1990年代になって初めて第一次大戦直前の水準に到達する[2]。しかし、これは第一次大戦直前の水準を過大評価ないしは第二次大戦以後の国際化の流れ、すなわち1960年代から1980年代への動きを過小評価しているのではないだろうか。図表序-2はあくまでも概念図なので、ジョーンズが具体的数値をあげている図表序-3を見よう。1913年に海外直接投資（foreign direct investment ＝ FDI）の世界生産（GDP）との比率を見ると、1913年は9.0％であるのに対し、1960年は4.4％に激減している。確かに両大戦間期には大恐慌があり、保護主義化、ブロック経済化が進行し、グローバリゼーションは大きなダメージを受けた。しかし、この数字は1980年になっても4.8％と微増しか示していない。それが、1990年にはわずか10年間で9.6％へと倍増し、20年後の2010年には30.3％と3倍増している。結局、1990年前後に、ようやく第一次大戦前の水準に到達している。実は、ジョーンズの前著『国際経営講義』では、1990年の数値は8.5％であった[3]。さらに、黒澤・西村の作成した表では、1980年は5.8％、1990年は9.2％、2000年は22.9％、2010年は31.6％であった（データの出所は年度は違うがどちらもUNCTADである）[4]。

このように、FDIの推定にはかなりの誤差が伴うのである。というのも、直接投資か間接投資かの判断基準は、株式の所有ラインを10％にするか、20％にするか、あるいは25％にするかといった恣意的なものだからである。20％以上であれば直接投資に分類し、それ未満であれば、間接投資に分類すると

いった方法が一般的であるが，直接投資とは，言うまでもなく会社コントロールのために必要な議決権確保のための投資であるので，30％や35％にしても不思議ではない。

筆者が異様に感じるのは，第一次大戦前の数値を9％とし，その結果，同時期のグローバリゼーションがきわめて高い水準にあったということを示そうとしている点である。だがこれは，ダニングが，従来イギリスの海外投資の10％しか直接投資ではなく，残りの90％は間接投資であるとの説を否定し，3分の1，およそ30％が直接投資であるとしたことに基づいている[5]。しかし，ダニングの論文を読んでも，なぜ30％説をとるのかは明瞭ではない。そこで，もし従来の説のように，直接投資は10％とするならば，1913年は9％ではなく3％程度に低下する。そうすると，第二次大戦後の1960年には，少なくとも第一次大戦前の水準と匹敵する国際統合度（グローバリゼーションの進展度合い）を持っていたことになる。戦間期にFDIが縮小したことは確かなので，以上の見方から筆者のグローバリゼーションのイメージを描いたのが，図序-2上の点線である。第1の波は縮小され，第二次大戦後の波は増幅される。この方が，グローバリゼーションの展開のイメージとして正しいのではなかろうか。

ウィルキンズは有名な著書『多国籍企業の史的展開』において，1960年代は活発な国際化の時代として認識されているが，その時のアメリカのFDIストックとGNPの比率は7％であり，奇しくも1914年も同じ7％であったと計算している。それゆえ，1960年代と第一次大戦前は同レベルのグローバル化の水準であると結論づけている[6]。彼女の計算は，最も信頼に足る計算と考えられる。これはアメリカの場合で，世界全体をとってみれば7％よりは低いであろうから（イギリスを過大計算しないので），1914年ごろの比率は4～5％というのが妥当な推定であろう。そうすると，ジョーンズの挙げた1960年の数値，4.4％と同水準となる。

昨年（2015年），*The Rise of the Global Company* という本を上梓したロバート・フィッツジェラルドは，同比率を5.5％（1982），9.4％（1990），18.7％（2000），27.4％（2005），34.5％（2009）としている（出所は同じUNCTAD）。また，彼はグローバリゼーションの進展について，第1局面（Phase I）を1840年代から1914年，第2局面を1914年から1948年，第3局面を1948年

から 1980 年,第 4 局面(Phase IV)を 1980 年から 2012 年(あるいは現在)という 4 局面に分類している[7]。この局面の区分は妥当と思われる。というのも,世界最初の近代的海外投資は,イギリスによる対米鉄道投資であった。事実,1850 年代からイギリスの海外投資は長期的持続的な増加を始めた。この投資は,アメリカ鉄道会社への社債投資を主にした間接投資(有価証券投資)であり,直接投資ではなかった。その後,インド,東アジアなどへの紅茶プランテーション投資,マラヤへのゴムプランテーション投資が続くが,これらは直接投資であった。このほか,金融・サービス(商社)などの直接投資に分類されると思われる投資があるが,いずれにせよ,近代的な海外投資の勃興は 1850 年代である[8]。

もとより,グローバリゼーションが第二次大戦後の 1980 年代もしくは 1990 年代から急展開したことは確かである。現在,220 万人という世界最大の従業員を雇用するウォルマートも,1991 年から国際化を開始しており,有名な企業の多くも意外に 1990 年代に国際化を開始している。また 1980 年代,1990 年代から,グリーンフィールド・インベストメント投資だけではなく,M&A を通じた海外投資が激増したことも事実である。食品,製薬,自動車などの産業において,大型合併買収が進展した。これが,1980 年代以降の FDI/GDP の比率を押し上げたと言ってよい[9]。

以上から,19 世紀半ばから活発化したグローバル化は第一次大戦によって「終焉」し,戦間期は沈滞した。しかし,第二次大戦後,自由貿易を原則とし,関税引き下げ交渉,そのための機構(GATT)を備え,IMF,世界銀行,国際決済銀行などの国際機関によりシステム安定性を確保した世界経済は,MNC の活動を推進力にして 1960 年代に活性化した。さらに 1980 年代以降,10 年ごとに FDI/GDP 比率は倍増していった。こうして世界は,1980 年代以降の FDI の激増というグローバル化の軌跡を描いたのである。

2. 企業はなぜ国際化するのか

企業はなぜ国際化するのだろうか。その動機は様々であろうが,企業の国際

化には基本的なパターンがある。まず販売代理店と契約し，海外市場に輸出を開始する。次いで，情報獲得のために，リエゾン・オフィスを設置する。従来の代理店ではなく，海外市場に自社の販売拠点を設置する。さらには，海外生産拠点を構築する。生産拠点は，最初は本国からの部品を組立てる（ノックダウン）から始まり，現地での重要部品製造へと進む。組立工場（スクリュー・ドライヴァー工場）から一貫製造工場への進化である。最終的には，研究開発センターを現地で立ち上げ，最初は現地市場への応用モデルの開発段階から，本格的な基礎研究センターへの発展が展望される。

　海外進出の動機を歴史的に見れば，1つには関税回避である。例えば，フォードのカナダ工場は関税回避のために設置された。第2には，輸送コストの削減である。海外への輸送が長距離である場合には輸送コストがかさむ。そこで，それを削減するためには現地での組立工場設置が有利である。部品で海外に運び，現地で組み立てるパターンである。フォードのイギリス工場（マンチェスター）はこうした輸送コストの削減のために建設された（当時，イギリスには関税はなかった）。しかし，現地での販売規模が大きくなれば，市場に合った製品の開発製造が必須とされる（例えば，イギリス・フォードのイギリス国内市場にフィットしたベビー・フォードの開発）。その方が現地ニーズに，的確かつ迅速に応えられるからである。また，市場のあるところで生産する市場立地の考え方である（例えば，フォードのロンドン近傍のダゲナム工場，あるいは近年のソニーやホンダ）。

　また，この方が多いのだろうが，海外工場の建設には，低廉な生産要素，すなわち低賃金や低い資本コスト（土地，施設建設費）が動機の場合もある。さらにバナナ，銅，鉄鉱石などの天然資源獲得型の海外進出もある。後述のヴァーノンは，「現地企業の競争の脅威」という，輸出では対抗できない場合の競争上の要因を挙げている。

　輸出や海外生産（FDI）をなぜ開始するかに関しては，ヴァーノンの「プロダクト・サイクル・モデル」が1つの仮説を提起している[10]。1960年代に提起されたヴァーノンの「プロダクト・サイクル・モデル」は，1950年代に広まった「プロダクト・ライフ・サイクル」（Joel Dean）を下敷きにしている。この理論は，製品を人生になぞらえ，導入期，成長期，成熟期，衰退期の4つ

の段階を経るとしている[11]。ヴァーノンは，導入・成長・成熟・衰退のライフサイクルに合わせ，アメリカで開発された高度の新製品（例えば自動車）は，アメリカ国内で成長が鈍化したりすると，その生産物を売りさばくために輸出を開始するとする。アバナシー&アッターバックは，製品が開発される導入期ではプロダクト・イノベーションが活発に行われ，次の成長期ではプロセス・イノベーションが主流となり，成熟期では両者とも活発でなくなり，衰退期では当該製品への需要が減少するという製品のライフサイクルを主張している[12]。

この「プロダクト・ライフ・サイクル」の理論の中に，ヴァーノンは，海外生産を取り入れた。導入期には，高度な技術ベースを持つアメリカの「新製品」（New Product）が国内市場でその地位を確立し（寡占体制の成立），成長期には輸出が始まり，成熟期には，イギリスなどの先進国で海外生産が開始され，衰退期には発展途上国でも海外生産が開始される。成熟期では成熟製品（maturing product）が主流となり，衰退期には「標準製品」（standardized product）が一般的となるので，発展途上国でも生産が可能になる。ヴァーノンにおいては，海外生産の理由は「現地企業の競争の脅威」が主たる原因とされるほか，低い製造原価，現地政府の圧力，現地国内の需要拡大が挙げられている[13]。

このヴァーノンの「プロダクト・サイクル・モデル」は，戦前期に発表された赤松要の「雁行形態論」（wild geese flying pattern，あるいは catching-up product cycle）と酷似している[14]。赤松の「雁行形態論」は輸入から始まり，輸入代替（生産の増加），輸出へと至り，もっと遅れた後発国が同じような過程をたどって輸出国となり，結局，最初の国ではまた輸入が開始されるという理論である。その形が，雁が群れを作って飛ぶ姿に似ているところから名づけられた。赤松は，ヴァーノンの「プロダクト・サイクル・モデル」を先進国からみた雁行形態と言っている（アメリカに適合的な理論）。言い換えれば，赤松の「雁行形態論」は後発国の「雁行形態論」と呼ぶことができよう（日本に適合的な理論）。製品を見ても，アメリカの場合は典型的な「新製品」である自動車など当時のハイテク製品，日本は綿糸・綿織物などのローテク製品であった。ただし，赤松のモデルには，産業構造の高度化という優れた視点があ

るが，海外生産という重要ファクターが入っていない。1930年代，日本の紡績企業は在華紡としてすでに海外生産を行っていたにもかかわらずである。

3. 国際競争力とは何か

　経営史の分野では，アルフレッド・チャンドラーの「見える手」visible hand の理論が有力である。近代的巨大企業（経営者企業）がなぜ登場したのかがチャンドラーの関心の的であったが，ミーラ・ウィルキンズはそれを1歩推し進め，近代巨大企業がどのように海外投資を展開していくかを問題にした。この「チャンドラー＝ウィルキンズ・モデル」は，国際競争力の基盤として，組織能力を重視している。筆者は，別のところで論じたが，組織能力（組織構築能力や管理能力）に加えて，市場に適合的な戦略を打ち出す「経営能力」という言葉も使用したい。事実，ジェフリー・ジョーンズも，「経営能力・組織能力」といった表現を用いている[15]。

　それでは，こうした経営能力・組織能力は，どのような要素から構成されているのだろうか。企業自体の能力を重視するチャンドラーに対して，地域の外部経済性を強調するアルフレッド・マーシャルがしばしば対比される。ここでは，企業，地域，産業セグメント，国・圏の4要素を比較検討したい[16]。

　企業とは，競争力の体現者であり，プレイヤーである。市場の規模・性質を見抜き，技術の発展度合いを踏まえて，あるいは自らの技術能力を磨き，市場に適合的な戦略を打ち出すこと（戦略能力），それを実行しうる経営資源を蓄積すること（経営資源の豊富さによって採用される戦略の幅も限定される），言い換えれば，豊かな人的資源の育成，強力な公式・非公式組織の形成，すなわち組織能力の涵養である（正確に言えば，戦略能力＋組織能力＝経営能力である）。

　これに対して，産業は同種企業の集団であるが，「産業」と言っても，産業分類でいう2桁，3桁，4桁，5桁・・・ときわめて幅広い。そこで，実際に競争が行われる分野をセグメントと呼べば，そうした産業セグメントこそ，企業が実際に競争する舞台ということになる[17]。同じ産業に属していても，石

油化学と製薬では大きく異なるし,大型商用車と小型乗用車ではマーケットは大きく異なる。ちなみに,自動車産業には約50のセグメントがあると言われている。

いずれにせよ,産業や産業セグメントはプレイヤーではなく,企業が活動する「場」,「舞台」なのである。しかし,産業セグメント自体はプレイヤーではないが,業界団体の活動を通じて(例えばロビイング),製品の品質向上,政府の産業政策・競争政策に影響し,企業の競争力強化を図ることができる。したがって産業セグメントにおける業界団体は競争力強化の補助手段といえる。「国・圏」の定義は,国は主権国家,圏はEUや東南アジア経済圏,イスラム経済圏のような国を超えた利害共同体を意味している。ポーターの『国の競争力』を思い起こすまでもないが,国は,産業政策・競争政策・通商政策・特許政策などを通じてインフラ整備を行い,間接的に企業の国際競争力を強化することができる。

かつて「国の競争力」などというものはないと,クルーグマンが喝破したように,国際競争力は国が直接担うものではなく,個々の企業がその担い手であることは言うまでもない。しかし,国や産業セグメントは,間接的に企業競争力を強化できるのである。圏も同様である。

今一つの要因である「地域」は,産業集積により,同種企業,関連企業の集積を通じて,情報交換,具体的取引関係(垂直かつ水平取引)の進展により,個別の企業,あるいは産業セグメントに対してプラスの作用を与えることができる。こうした「地域」については,マーシャルの古典的研究もあるが,シリコンバレー,サード・イタリー,大田区や東大阪などの独特の産業集積により,1980年代に大きな注目が集まった。そこまでの産業集積はなくとも,企業はロケーションを選ばなければならず,それがどのような地域であるかはたいへん重要な問題である。シリコンバレーに関して言えば,ハイテク産業の情報集積により,そこに現地法人を持つことはアメリカ企業のみならず(IBM,ゼロックス,AT&Tなどの企業がシリコンバレーに研究所を開設した),海外企業にとっても最新の研究開発シーズを得るため,広くは情報入手のために必須とも言えるほどであり,先に述べた国際化の契機(販売→生産→R&D)とは異なる,直接に情報入手のための現地法人R&Dセンター建設の誘因である(小

図表序-4 企業・産業セグメント・地域・国の相互関係

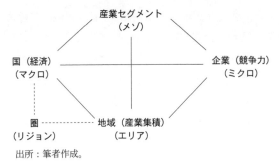

出所:筆者作成。

規模なリサーチセンターは,情報入手のためのリエゾンオフィスに類似している)。

以上を約言すれば,企業自身の経営能力・組織能力が国際競争力の基盤であり,産業セグメントや国・圏,地域は補完的位置づけを与えられる。その関係は,図表序-4に,クワッドラングル(四角形)にまとめられている。

冒頭の近代的巨大企業に関して補足すると,チャンドラーは,巨大企業(経営者企業)が特定の産業にしか誕生しないとして,他の産業における中小企業への関心は薄かった。特定産業が経済の基軸部分を構成しているからである。しかし,先の産業集積「地域」においては活動の主役は必ずしも巨大企業である必要はなく,ベンチャービジネス(スタートアップ),あるいはSME(中小企業)の活躍の余地は大きい。地域の産業集積論が脚光を浴びたのも,こうしたSMEの活躍に着眼したからに他ならない。歴史的に見れば,巨大企業だけではなく,こうしたSMEが国際化に大きな貢献をしているとの指摘がジョーンズによりなされている[18]。

4. グローバル企業の組織はどのようであるべきか

グローバル企業にとって,市場適合的な戦略の重要性については先述した(戦略能力)。同時に,それを実行する組織も劣らず重要である。企業自体の持っている組織能力や資金力に規定されて,採用しうる戦略の幅が制約される

からである。

　組織には，企業組織（ガヴァナンス組織）と管理組織の2種類があるが，前者は企業者企業，経営者企業，後者はUフォーム，Mフォームにそれぞれ対応する。だが，企業が国際化していく際に，管理組織には国際企業特有の問題が生ずる。ここでは，企業組織の問題は考察しないが（株式所有のテーマになるので，国際企業の所有関係については，別途考察したい），管理組織に関しては，特有の管理組織のタイポロジーが国際経営論において考えられている。以下で解説する組織タイプについては，ストップフォード&ウェルズ，およびWestney and Zaheerに詳しい。まず，企業が輸出を開始すると，輸出業務を担当する輸出部が設置される。その企業が業容の拡大に伴い，海外販売会社を設置したり，海外工場を建設したりすると，自律的海外子会社が形成される。さらに，複数の国において海外子会社が設立されると，それらを統括する国際事業部（タイプⅠ）が本社内に設置される。さらに成長すると，各国ごとの地域事業部制（タイプⅡ）を採用し，それらが欧米亜にまたがる世界規模になってくると，グローバルな地域事業部が形成される。これとは別の形態として，各国の地域事業部に権限委譲するのではなく，各製品ごとに世界中の子会社を，あるいは子会社のなかの製品事業部を統括するグローバルな製品別事業部（タイプⅢ）が生まれる。さらに地域，製品と同じように，職能によってグローバル子会社を管理することも可能であるが，このタイプ，グローバル職能別組織（タイプⅣ）は実際には稀である。以上のタイプについては，Westney and Zaheerで図解されている[19]。

　以上のように，グローバルな組織として3種類のタイプが考えられるが，実際には地域別と製品別のグローバル組織が多く，両者の葛藤が問題となる。地域別事業部制では，本社の製品別事業部の指示が届きにくいし，グローバル製品別事業部制では，その国特有のローカルな事情が考慮されにくい。そこで，この矛盾を解消する組織としてマトリクス組織が考案された。各国の特有な事情と，本国の製品別事業部の方針の両方を考慮できるグローバルマトリクス組織（タイプⅤ）である。しかし，バートレット&ゴシャールが指摘しているように，このマトリクス組織は，ファヨールの命令一元化の原則と矛盾し，各国のマネジャーは地域事業部の指示に従えばよいのか，それとも本社の製品事業

部のヘッドの指示に従えばよいのかに惑い，組織は混乱することが多かった。結局，マトリクス組織は現在ではほとんど見られなくなった。誰が指示をするかは明快でなくてはならず，2人からの指示という体制では効率は上がらなかったのである[20]。

最後に紹介するのは，第1章で取り上げるアップル社で採用され，おそらく多くの企業でも採用されているであろう「バックエンド・フラントエンド組織」（タイプⅥ）を紹介しておこう。このタイプは教科書などで記述されることが比較的少ないのではなかろうか。このタイプは，研究開発や製造はバックエンドの製品別事業部で行い，販売やサービス（フラントエンド）は地域別事業部でおこなう混合型である（図表序-5参照）。このタイプでも，すべての問題・矛盾が解決されるわけではないが，グローバル製品別事業部，グローバル地域別事業部の問題点をかなり解決できるのではなかろうか。

この管理組織に関しては，別の視点から考察したマイケル・ポーターのセントラル，マルチドメスティックの類型もある。

活動の配置と活動の調整という視点から，ポーターはグローバル企業を分析した。配置問題とは，部品，最終製品の工場をどこに置くか，販売・マーケティングでは製品ライン，国（市場）の選定やサービス拠点をどこに置くか，技術開発ではR&Dセンターをどこに置くか，調達拠点の場所をどうするか，

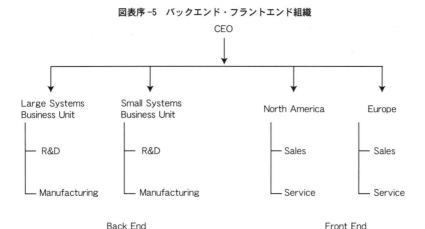

図表序-5　バックエンド・フラントエンド組織

出所：Westney & Zaheer（2001），p.375.

といったことが中心である。調整問題では，製造，販売・マーケティング，技術開発，調達の各ハードの拠点をどのように調整していくか，という問題である。この調整を高いレベル，すなわち集中して行うか，低いレベル，すなわち各地域子会社の自由度を認めるかという，2つの調整方式である。強い調整か，弱い調整かというようにも言い換えられる。活動の配置に関しては，工場を集中する型と工場を分散する型であり，両方のマトリクスを考えれば，例えばトヨタは集中・強い調整型となる。この反対は，弱い調整，分散型の工場配置を取っている GM であり，フォードは両社の中間となる。

　独立性・自由度の高い調整，分散型の工場配置を採用するマルチドメスティック型と，その正反対の集中型（セントラル型）の両類型が考えられるが，一義的にどちらが優れているかという問題ではなく，製品特性および企業トップの考え方によると思われる。（例えば先の GM とトヨタ，集中型の P&G とマルチドメスティック型のユニリーバ。）

5. グローバル統合企業からグローバル脱統合企業へ？

　「チャンドラー＝ウィルキンズ・モデル」では，巨大統合企業が，U フォームであれ，M フォームであれ，その競争優位を活かして海外に進出し，販路，生産拠点を拡大し，多国籍企業あるいはグローバル企業に成長する図式を考えている。確かに 1980 年代までは，グローバルに企業内に統合された MNC が通例であった（globally integrated enterprise）。しかし，1990 年代以降，ファブレス・ファウンドリ・タイプの委託生産（生産者中心のネットワーク producer-driven commodity chains），SPA（アパレル産業における買手中心のネットワーク buyer-driven commodity chains）[21]，あるいはアウトソーシング（外注）が，エレクトロニクス，アパレルなどの分野で目立つようになった。これは，統合型から脱統合への流れと考えられる。工程管理を徹底することによって，大掛かりな委託生産が可能になり，アップル，デル，GAP，H&M，ユニクロなどの先端的企業が，ホンハイ，フレクトロニクス，SCI システムズなどの受託企業と組んで，巨大なサプライチェーンを創りあげている。その意味で，

もはや MNC は統合企業というよりも，脱統合の象徴とも言えるのではなかろうか。

　こうしたネットワークは以前から議論の的になっていた。トヨタなどの日本企業に見られる垂直ケイレツは，戦後まもなくから存在していたが，このケイレツは海外においても展開され，ティア1の企業（例えば，デンソー）がアセンブラーのトヨタに引っ張られ，海外に工場を建設することもしばしばであった。さらに，ティア2の企業も，ティア1企業の海外進出に引きずられて，海外に進出することも珍しくない。このようなケイレツ自体の国際展開をどのように考えるかという問題がある。また，それ以前に，こうした日本流のケイレツをどのように位置づけるかという問題もある。統合型のチャンドラー・モデルと LRT（Lamoreaux, Raff, Temin）などのネットワーク論との対立である[22]。チャンドラーは，トヨタの垂直ケイレツのような事例も巨大企業がロジカルであれば成功する事例としてあげるのに対し，LRT はトヨタのケイレツのような事例は，チャンドラー・モデルと矛盾する，むしろネットワークの成功事例とする。

　こうした日本のケイレツをどのように位置づけるかはひとまず置くとして，アップルやデル，GAP，ナイキ，リーヴァイスなどのファブレス・ファウンドリ型のネットワーク組織は，チャンドラーの想定外のことであった。しかし，ジョーンズはこの点に関し，LRT に批判的である。曰く，確かにアウトソーシングを通じて，いくつかの産業では国際的生産システムは非常に外部化された。これは，チャンドラーの大企業優位の古典的な時代の終焉を告げるようであるが，しかし，ブランド・マネジメント，製品企画（product definition），品質標準の決定のような重要な機能を大企業は支配し続けている。つまり，こうしたサプライチェーンの中でも，大企業の優位は続いているというのである[23]。

　グローバリゼーションに関するもう1つの論点は，企業内貿易（intra-firm trade）をどのように評価するかということである。親会社と海外子会社（工場，販売拠点）の間の取引，海外子会社間の取引，こうした企業内貿易は，グローバル化と共に拡大してきた。世界平均では，20世紀末には貿易総額の40％に達している[24]。アメリカでは，工業製品輸入の48％が，工業製品輸出の30％

(2009年)が企業内貿易であった[25]。企業内貿易がグローバル化の1つの重要な尺度であることは明らかである。だが,トヨタグループとしてのグループ内貿易という考えももちろん成立するが,一応別会社である。さらに,先のファブレス・ファウンドリ・ネットワークの取引は企業内貿易には入らないであろう。その点で,企業内貿易の国際化尺度としての意義は,ファブレス・ファウンドリ・ネットワークの登場を考慮すると減じざるを得ないので,別の視点,契約型ネットワーク貿易とでも呼ぶパターンの比率が重要であろう[26]。

6. グローバリゼーションは過大評価されているか

　グローバリゼーションが進展していることは明らかである。だが,それはどれほど重要なのだろうか。とくに,国家との関係においてそれは国家の主権を脅かすほど強力な存在となったのだろうか。1980年代にも,巨大MNCの売上は,小さな国家のGDPを凌駕すると喧伝されたことがあった。しかし,売上を,付加価値であるGDPと比較するのは適切ではないし,おそらく売上の半分以下が付加価値であろう。しかし,そうした技術的な点はさておき,国家権力を覆すほど,MNCは強力だろうか。おそらくこの点は否である。最近のアップルの事例——アップルはアメリカ合衆国と中国で,プライバシーをめぐる対応で欺瞞的な態度をとっていることが暴露された——や,AT&T,IBM,マイクロソフト,グーグルなどが独占禁止法のサスペクト(被疑者)として,司法省反トラスト部に長年睨まれていたこともある。しかし,国家権力を最も意識させる最大の要因は中国の国有企業であろう。中国の国有企業は,かつては民進国退(1990年代)として民間企業の側に勢いがあったが,中国企業が本格的に国際企業となり始めた2000年代には,逆の動き,国進民退が有力となった。さらに,ある新聞報道によれば,年間2000万元以上の売上をもつ民間企業の96％に共産党組織がある[27]。ということは,人事の決定などで民間企業においても共産党組織の影響が大きいと推測できる。また,直接に政府中央からの様々な指示,行政指導に従わざるを得ないことからしても,たとえ中国民間企業が規模の点で世界最大級のグローバル企業となっているとしても,

国家権力を凌駕するなどということはありえない。国有企業の場合はなおさらである。

ジョーンズは,「無国籍企業」(stateless firms) が20世紀末に言の葉に上ったが,もし国境なき企業というものがかつて存在したとするならば,パスポート制度も,ビザ制度もなかった1914年以前の時代であったと指摘する。その後,資本主義と民間企業は,「企業の国籍」を問題とされる厳しい状況に入った(第一次大戦期の在米ドイツ企業資産の敵性資産としての接収)。さらに,MNCは政治環境を作り上げるというよりも,その受け手であるというように,MNCが政治に対して受け身であることを強調する[28]。また,フィッツジェラルドも「1990年代以降,グローバリゼーションを語る人は,多国籍企業の力を過大評価する傾向があった」し,「国民国家(nation state)に十分な注意を払わなければ,MNCを研究することは不可能である」と論じる[29]。

もう1つの論点は,グローバル企業が今後,同じような構造・性質を持つ企業へと収斂していくだろうか,という問である。チャンドラーは,基本的にいずれの国においても巨大統合企業,経営者企業に収斂していくと考えていたが,現実は,アメリカの市場資本主義だけではなく,ドイツ・日本の共同体資本主義(かつてはアングロサクソン型に収斂するのではないかと考えられていたが,必ずしもそうではない),中国の国家資本主義の3タイプへと拡散し,まさに「資本主義の多様性」(Varieties of Capitalism) 状況に立ち至っている[30]。

ところで,発展モデルには2つの類型がある。1つは収斂モデルであり,もう1つは企業の樹木モデル(branching tree) である。後者は,生物界の系統樹が示すように,単純なものから複雑なものへと分岐し(突然変異),生物多様性が生じ,生物の存続可能性・安定性が拡大するシステムである。こうした樹木モデルは,まさに資本主義の多様性と通底するところがある。これに対して,前者の収斂モデル,これにはチャンドラー・モデルやガーシェンクロン・モデルが含まれるが,最適者生存の法則(the fittest survival) が示すように,環境に最も適合的なものが存続し,発展するというモデルである。これは,自然選択(淘汰)の法則によってもたらされる。現実の企業,グローバル企業も,こうした最適者生存の法則の下に置かれているのだが,同時に,樹木モデルが

示すように，システム全体の存続と安定のためには多様化の方向も望ましい。結局，現実世界がそうなっているように，収斂とこれに逆の動き（拡散）が同時に生起し，複雑な現実の動きを形作っていると言えよう。

これと関連して，需要の面に関して言えば，世界が同じようなタイプのグローバル企業に収斂していくとしても，市場の構造，需要の性質がどこでも同質化するとは言えないであろう。たしかに便利さの追求で，至る所に類似したスーパーマーケット，ショッピング・モールが見られるようになってきたが，そうした画一化の動きとは逆の個性的消費を求める流れも強力になってきている。とりわけ嗜好性の点では，食品，パーソナル・ケア製品のような「文化依存製品」(high cultural content product) は，収斂化の傾向に阻止的に働くであろう。また自動車のような製品においても，消費者は決して「ワールド・カー」のような平均的車を好みはしない[31]。それゆえ，需要の面においても，決して単純な収斂化は起きないと推測されるのである。

以上をまとめれば，生産の面（企業類型）でも，需要の面（最終消費者需要の質）でも，単純には収斂はしないという結論が導かれる。

最後に，グローバリゼーションの今後の運命についても触れておこう。グローバリゼーションは1980年代以降の勢いを持続し，このまま伸長していくのだろうか。それとも，何らかの大きな変化が訪れるのだろうか。ほんの1か月前の"Brexit"は大きな衝撃を世界に与えた。それまで拡大一辺倒のEUは，成立以来初めての大きな危機を迎えた。イギリスに続き，スペイン，イタリア，ギリシャなどがEUを離脱していくのだろうか。その傾向は世界に及び，グローバリゼーションは転換点を迎えるのだろうか。

碩学，ハロルド・ジェイムズは，15年前に『グローバリゼーションの終焉』という本を書いた。そのなかで彼は次のように述べている。「労働力の移動は，国際経済においていまでも，最も規制が難しい分野である。第一次産業革命の下では，1914年まで労働力の移動は比較的自由に行われていた。もっともアメリカでは1880年代以降，アジアの移民を規制しはじめた。保護主義論者の攻撃を受けやすいのが，移民の分野である。1920年代には，まさにこの問題で・グ・ロ・ー・バ・リ・ゼ・ー・シ・ョ・ン・への激しい反動が起こった。同時に，不愉快で偏狭な国粋主義的議論が高まった」（傍点引用者）[32]。

以上のように，戦間期には「グローバリゼーションの終焉」とも形容できるような動きが発生した。第一次大戦の発生に始まった民族主義の高揚や1929年の大恐慌が引き起こした逆流は，戦間期の世界を窒息させ，それが第二次世界大戦をもたらしたのである。そうした歴史は，2010年代，"Brexit"に代表される反グローバリゼーションの動きと瓜二つである。2010年代は，1920年代と同じように，グローバリゼーション終焉の先駆けとなるのであろうか。それとも，1920年代の教訓を踏まえ，健全なグローバリゼーションの発展・維持は可能なのだろうか。God knows!

7. 本書の構成

　以下の章では，アップル，ユニリーバ，GE，任天堂などのゲーム産業，キッコーマン，岩塚製菓と旺旺集団の国際活動が分析される。そこでは，先に述べた，欧州・アメリカ・アジアの3大経済圏にまたがるアップルやGEもあれば，ヨーロッパの合併活動をめぐるユニリーバ，キッコーマンの対米進出，岩塚製菓と台湾の旺旺の国際技術提携など，グローバル化の程度はさまざまである。国際化を自ら志向したか，あるいは相手方の意向によって国際化したかも区々である。だがそこには，国際化・グローバル化なしには，企業の発展・存続が危ういという状況がある。

　以下，本書の構成を示すと，第1章，安部悦生「アップルの紆余曲折」では，アメリカのスタートアップ企業であるアップルの成立から2000年ごろまでを分析し，アップルがどのような戦略と組織をもって，国際化していったのかを明らかにする。

　第2章，坂本旬「ユニリーバの国際展開とその失敗」では，ユニリーバが合併活動によって成功裏に巨大化していったと言われている半面，逆に失敗した事例もあったとの，ユニリーバの合併活動における負の側面を取り上げている。

　第3章，宮田憲一「GEの国際戦略と組織の歴史的展開──『鉄の拳』から『見える手』による国際競争力の構築」では，世界的な電気企業GEがどのように

国際化していったのかが分析される。

　第4章，近藤光「ゲーム産業におけるサプライチェーンの国際化」では，任天堂，ソニー，セガ，マイクロソフトのゲーム機に使われる主要部品がどのような国際的サプライチェーンから調達されるのかを検討している。

　第5章，鷲見淳「キッコーマンとアメリカ進出」では，キッコーマンの典型的な日本的特徴が，アメリカのキッコーマン工場でどのように受容されているのか，あるいは受容されていないのかを分析している。

　第6章，松本和明「岩塚製菓と旺旺集団」では，新潟県を代表する製菓企業である岩塚製菓が，台湾の旺旺に技術を供与し，その後，旺旺が中国大陸で大成功を収める過程を描き出している。

　以上，本書の構成を略述したが，ここを1つの出発点として，大企業だけではなく中小企業も含め，一層の国際化，グローバル化を取り上げることにより，企業の国際的な競争状況，それが現代経済にどのようなインパクトを与えているのか，それが最終的に我々のQWL（quality of work life）やQSL（quality of social life），広く言えば，グローバル化が生活にどのように影響してくるのかを分析したいと考えている。

（安部悦生）

注
1) 図表序-1の作成に関しては，明治大学経営学部助教の近藤光氏の助力を得た。
2) ジョーンズ『国際経営講義』27頁。
3) 同上，28頁。
4) 黒澤・西村『グローバル経営史』2頁。
5) Jones, "Global Capitalism", pp.169-170, 173.
6) ウィルキンズ『史的展開』255頁。
7) Fitzgerald, *Global Company*, pp.7, 415-416.
8) したがって，フェイズIは1840年代ではなく，1850年代から始まるとするのが妥当と思う。
9) Jones, "Global Capitalism", p.190.
10) Vernon, "International Investment"，および『多国籍企業の新展開』71-85頁。
11) 私見では，プロダクト・ライフ・サイクルは誕生（導入）・成長・成熟・衰退という人間のライフサイクルを模したものだが，製品は人間とは異なり，脱成熟化を図ることができ，必ずしも衰退・死滅するものではない。その意味で，製品と人を単純になぞらえることはできない。もう一点，このライフサイクルは製品であって，企業ではない。企業は成熟・衰退製品に代って，新しい製品を開発・導入し，成長を続けることができる。企業の生命は，その意味で何百年も続くことが可能なのである。企業成長・企業存続の論理からは，製品と企業とは異なることが強調されるべきである。「会社の寿命」を無くすことは可能なのである。

12) アバナシー，アッターバック，カントロウ『インダストリアル・ルネッサンス』およびアッターバック『イノベーション・ダイナミクス』参照．
13) ヴァーノン『多国籍企業の新展開』79-80 頁．
14) 小島「雁行形態論」7 頁．
15) Jones, "Global Capitalism", pp.169-170.
16) この 4 要素に関しては，黒澤「産業固有の時間と空間」参照．
17) ポーターは，セグメントという言葉を多用している．「競争分野（スコープ）」には，4 つの次元があり，第 1 に「セグメント・スコープ」，すなわち企業が対象にするセグメントの範囲（たとえば，製品の種類，顧客タイプ）があると述べる．あるいは，「製品ライン内の下級品といった，言い換えるならば『望ましくない』と考えたセグメント」といったような使い方である．ポーター「グローバル業界における競争」28，49 頁．
18) Jones, "Globalization", p.146.
19) Westney and Zaheer, "Globalization", pp.371-375.
20) バートレット＆ゴシャール『地球市場時代』42-43 頁．
21) Fitzgerald, *Global Company*, p.489.
22) 安部「チャンドラー・モデルの行く末」49 頁．
23) Jones, "Global Capitalism", p.189.
24) ジョーンズ『国際経営講義』55 頁．
25) Jones, "Global Capitalism", p.169.
26) フィッツジェラルドは，1990 年代に台頭したデルのような契約型取引は，19 世紀に盛んであった企業間の契約的関係に近似していると述べる（Fitzgerald, *Global Company*, p.495）．
27) 「ある国有企業の人事担当役員は『社内の共産党組織トップである書記の権限は会長，社長を上回る』と打ち明ける．企業統治は，採算より共産党の意向が優先される仕組みだ」『日本経済新聞』2012 年 11 月 29 日．
28) Jones, "Globalization", p.147.
29) Jones, "Global Capitalism", p.192.
30) 安部「資本主義はどこへ向こうのか」，ピーター＆ソスキス『資本主義の多様性』参照．
31) Tallman and Yip, "Strategy", p.330.
32) ジェイムズ『グローバリゼーションの終焉』289 頁．

参考文献
アッターバック（大津正和ほか訳）（1998）『イノベーション・ダイナミクス』有斐閣．
アバナシー，ウィリアム，キム・クラーク，アラン・カントロウ（日本興業銀行産業調査部訳）（1984）『インダストリアル・ルネッサンス――脱成熟化時代へ』TBS ブリタニカ．
安部悦生（2009）「国際競争とチャンドラー・モデル――チャンドラーは国際競争をどのように見ていたか」湯沢威ほか編『国際競争力の経営史』有斐閣．
安部悦生（2009）「チャンドラー・モデルの行く末」『経営史学』44 巻 3 号．
安部悦生（2012）「企業の境界（市場と組織の相互浸透）――ポスト・チャンドラー・モデルの探求」明治大学『社会科学研究所紀要』51 巻 1 号．
安部悦生（2012）「資本主義はどこへ向かうのか」『エコノミスト』10 月 8 日号．
ウィルキンズ，マイラ（ミーラ）（1973）（江夏健一ほか訳）『多国籍企業の史的展開――植民地時代から 1914 年まで』ミネルヴァ書房．
黒澤隆文（2011）「産業固有の時間と空間――産業史の方法・概念・課題と国際比較研究の可能性」『経済論叢』（京都大学）185 巻 3 号．

黒澤隆文・西村成弘（2016）「グローバル経営史とは何か」橘川武郎・黒澤隆文・西村成弘『グローバル経営史——国境を超える産業ダイナミズム』名古屋大学出版会.
小島清（1975）「雁行形態論とプロダクトサイクル理論——赤松経済学の一展開」『世界経済評論』19巻3号.
ジェイムズ，ハロルド（高遠裕子訳）（2002）『グローバリゼーションの終焉——大恐慌からの教訓』日本経済新聞社.
ジョーンズ，ジェフリー（安室憲一・梅野巨利訳）（2007）『国際経営講義——多国籍企業とグローバル資本主義』有斐閣.
ストップフォード，J・M ＆ L・T・ウェルズ（山崎清訳）（1976）『多国籍企業の組織と所有政策——グローバル構造を超えて』ダイヤモンド社.
ゼノフ，デービッド「国際ビジネス・マネジメント」ジャーメイン，ゲイトン編（石川泰彦ほか訳）（1987）『スタンフォード・ビジネススクール　エグゼクティブのための経営学講座』TBSブリタニカ.
バートレット，クリストファー＆スマントラ・ゴシャール（吉原英樹監訳）（1990）『地球市場時代の企業戦略——トランスナショナル・マネジメントの構築』日本経済新聞社.
バーノン（ヴァーノン），レイモンド（霍見芳浩訳）（1973）『多国籍企業の新展開——追いつめられる国家主権』ダイヤモンド社.
ポーター，マイケル「グローバル業界における競争——その理論的フレームワーク」マイケル・ポーター編著（1989）『グローバル企業の競争戦略』ダイヤモンド社.
ホール，ピーター＆デヴィッド・ソスキス（遠山弘徳ほか訳）（2007）『資本主義の多様性——比較優位の制度的基礎』ナカニシヤ出版.

Chandler, Alfred (1986), "Technological and Organizational Underpinnings of Modern Industrial Multinational Enterprises: The Dynamics of Competitive Advantage", in Alice Teichova et al.(eds), *Multinational Enterprise in Historical Perspective* (Cambridge: Cambridge U.P.).

Dunning, John H., (1983), "Changes in the Level and Structure of International Production: The Last One Hundred Years", in: Mark Casson, *The Growth of International Business*.

Fitzgerald, Robert (2015), *The Rise of Global Company: Multinationals and the Making of the Modern World* (Cambridge: Cambridge U.P.).

Jones, Geoffrey (2007), "Globalization", in Geoffrey Jones and Jonathan Zeitlin (eds), *The Oxford Handbook of Business History* (Oxford: Oxford U.P.)

Jones, Geoffrey (2014), "Firms and Global Capitalism", in Larry Neal and Jeffrey Williamson (eds), *The Cambridge History of Capitalism: Vol.II, The Spread of Capitalism: From 1848 to the Present* (Cambridge: Cambridge U.P.).

Rugman, Alan and Thomas Brewer (eds) (2001), *Oxford Handbook of International Business* (Oxford: Oxford U.P)

Tallman, Stephen and George Yip (2001), "Strategy and Multinational Enterprise", in Rugman and Brewer.

Vernon, Raymond (1966), "International Investment and International Trade in the Product Cycle", *Quarterly Journal of Economics* (May).

Westney, Eleanor and Srilata Zaheer (2001), "The Multinational Enterprise as an Organization", in Rugman and Brewer.

Wilkins, Mira (2010), "Multinational Enterprises and the Varieties of Capitalism", *Business History Review*, vol.84, no.4 (Winter).

Wilkins, Mira (2015), "The History of Multinationals: A 2015 View", *Business History Review*, vol.89 (Autumn).

第1章

アップルの紆余曲折（1976 – c. 2000）
―― 製品戦略，管理組織，国際展開の軌跡 ――

はじめに：課題の所在

2011年には，3420億ドルの株式時価総額を記録し，世界トップに立ったことからも分かるように，ここ10年のアップル社の快進撃は誰しもが知るところである。また，B2Cの典型的な市場をターゲットにしていることから，最終消費者にとって，きわめて身近な企業でもある。さらには，伝説的な企業家であったスティーブ・ジョブズがアップル発展のダイナモであり，創業者のジョブズは，19世紀のロックフェラーやカーネギー，あるいは20世紀のヘンリー・フォードに匹敵するような，傑出した企業家と言ってよい。彼の企業家活動は，20世紀を専門経営者の時代とするチャンドラー的大企業論とは大きく異なっている。（チャンドラー・モデルでは，GMの専門経営者＝組織人としてのアルフレッド・スローンが典型。）ジョブズは，良かれ悪しかれ，スローンとは異なる，19世紀的な，ダイナミックかつヒロイックなカリスマ経営者であった。

本章では，1976年の創設から，2000年ごろまでのパーソナル・コンピュータ産業（＝マイクロ・コンピュータ産業）に的を絞り，アップルの製品戦略の変化，企業組織（ガヴァナンス）とは異なる管理組織の変容，またこれまであまり論じられてこなかったアップル社の生産・販売組織の国際展開を取り上げたい。なお，本章の理論的ベースとなる「（拡張）チャンドラー・モデル」＝「M-SSGCモデル」については，安部「チャンドラー・モデルの限界」参照[1]。

これまでアップルに関しては，主に国内外のジャーナリスト，特にコンピュータ産業評論家による夥しい数の著作がある。実際，文献収集を行ってみ

図表 1-1　シリコンバレー

サンフランシスコ・ベイ・エリアとシリコンバレー（シリコンバレーは公式な地理名称ではなく，北はサンカルロスから南はサンノゼまでの，サンマテオ郡とサンタクララ郡の大半を含む区域のことである）。
出所：ケニー『シリコンバレーは死んだか』を基に加筆。

ると，驚くほど浩瀚な文献リストが出来あがる。しかしながら，経営史的視点からのアカデミックな文献はきわめて少ないのが現実である[2]。そこで，できるだけ客観的な数値を基礎に，アップルの製品戦略，管理組織，また海外での生産活動・販売活動を本章では取り上げたい。

1. アップルのアウトライン

　1976年4月1日，スティーブ・ウォズニアック（以下，ウォズ）とスティーブ・ジョブズという20代の若者によって，アップルは創業された（年表参照）。以後，本格的ビジネス展開を目指した1977年1月3日の会社登記，史上最短の4年でのナスダックへの上場（1980年12月），1983年の「フォーチュン500」入り（411位）などのように，アップルはベンチャービジネスの典型とも言える，目覚ましい躍進を示してきた[3]。しかし，1980年代に入り，最初は「IBM　PC」の参入，1990年代にはマイクロソフトが強力なライバルとなり（半導体のインテルと組んだウィンテル連合 Wintelism の成立），アップルは徐々に衰退していった。そして，90年代半ばには10億ドルもの赤字を出し，倒産の危機が訪れる。この危機は創業者スティーブ・ジョブズの復活によって打開され，その後の成長がもたらされる。この復活劇は，経営史におけるデュラントのGMへの復帰（1910年代）とも類比される劇的復活であった[4]。

　1970年代におけるアップル急成長の理由は，ウォズが開発したアップル II がコンピュータ市場に受け入れられたことによる。最初は，ホビイストに，次いで表計算スプレッドシートの VisiCalc が登場するに及んで，個人やビジネス界でもアップル II の利用者が激増した。しかし，IBM が1981年に PC 販売を開始すると，徐々にアップル II は劣勢になった。ただし，1984年にマッキントッシュが発売された後も，アップル II は1992年まで生産・販売が継続され，1987年ごろまでは「IBM　PC」に対抗するアップル社の最大商品であったことは記憶されるべきである。

　しかし，アップル II の人気は根強く継続したが，新たな製品開発の必要性を感じていたアップルでは，1970年代末にはアップル III を開発し始めていた。またハイエンド機リサ（Lisa）の開発も行っていたが，それらのプロジェクトはいずれも失敗に終わった。そうした中で，ジョブズが開発の先頭に立ったマッキントッシュが1984年に，スーパーボールの決勝戦で，ジョージ・オーウェルの「1984」をモチーフにしたセンセーショナルなコマーシャルを皮切り

に，多大な期待を背負って販売を開始した。だが，マッキントッシュは必ずしも期待通りの売上をあげられず，1985年には四半期利益でアップル始まって以来の赤字を計上する状況に立ち至った。その結果，1983年にペプシからCEOとして招かれていたスカリーとジョブズが衝突し，創業者のジョブズはアップルを離れることになった。(すでに創業者のウォズは，アップルⅡへの冷遇が原因で同社を去っていた。)

その後，アップルの経営を，CEOならびに会長として担ったスカリーは，ジョブズの遺産であるレイザーライターなどの周辺機器 (peripherals) と結合したDTP (desktop publishing) を活用し，アップルを，デザイナーや出版関係者に必須のPCとして，その存在意義を確立していく。また，アップルはそれ以前から教育関係に強みを発揮していたこともあり，消費者用・家庭用市場 (consumer market, home market) に競争優位を持った。だが，最大マーケットのビジネス市場 (corporate market) では，IBMに，後にはウィンテルに後れを取った。ビジネス界では，当時，IBMブランドは絶大な力を持っていたのである。

1990年頃，スカリーは1985年の危機を乗り越え，アップルを成長させ，高収益を維持した優秀な経営者として，ビジネス界での評価はきわめて高かった。しかし，1990年を過ぎるころから，スカリーは社外活動に力を入れ始め（例えばクリントン政権誕生への肩入れ)，アップルの経営にはあまりエネルギーを注いでいないとの批判が出るようになった。アップルの市場シェアはさらに低下し（図表1-2，図表1-3，図表1-4参照)，またマイクロソフトのウィンドウズ3.0が1990年に発売されるに及び劣勢は明らかとなった[5]。加えて，1995年の「ウィンドウズ95」の登場は，アップルにとって決定的なダメージとなった。1993年に四半期利益で赤字となったアップルでは，スカリーが罷免され，スピンドラー，その後アメリオがCEOとなったが，通年でも巨額の赤字を出すなど倒産も噂されるようになった（図表1-5参照)。そうした中でアップルに復帰したのが，創業者のジョブズである。

ジョブズは1985年にアップルを実質的に追放された後，すぐさまハイエンドのPCないしワークステーションを製造するNeXT社を立ち上げた。同社は，ネクストキューブ (NeXT Cube) などの新製品を世に出し，一定の存在感を

図表1-2 PCの世界市場シェア（1980～1991）

（台数ベース，%）

	Apple	Commodore	Compaq	IBM	NEC	PackardBell	Toshiba
1980	13.6	13.0	----	----	4.6	----	0.8
1981	13.6	12.8	----	1.1	4.5	----	1.2
1982	7.3	18.4	----	3.2	5.3	----	0.7
1983	7.0	23.9	0.5	5.4	3.9	----	0.6
1984	8.9	19.4	1.0	12.3	3.3	----	0.6
1985	7.9	13.2	1.5	17.3	4.1	----	0.8
1986	7.8	11.4	1.8	12.9	5.3	----	0.6
1987	9.1	9.7	2.4	13.3	5.0	----	1.4
1988	9.2	8.5	2.8	11.7	4.8	0.8	1.2
1989	7.4	8.1	3.1	11.8	5.4	2.1	2.8
1990	7.5	7.1	3.9	12.4	5.6	2.2	3.7
1991	9.1	8.3	4.0	11.4	5.8	2.5	2.0

出所：Richard N. Langlois, "External Economies", *Business History Review*, 1992, pp.34-5.

図表1-3 アメリカのPC市場シェア（金額ベース）

（%，万台，億ドル）

	1984	1986	1988	1990	1992	1994	1996	2002	2005	2007
デル				1.4	3.1	5.8	6.8	25.5	33.1	31.4
HP	5.0	4.0	3.0	2.0	2.2	2.4	5.3	24.0	19.0	26.1
コンパック	4.0	4.0	4.0	4.0	3.9	12.3	14.0	↗		
IBM	32.0	28.0	23.0	18.0	13.4	8.8	8.0	6.0	↘	
レノボ									5.4	5.4
アップル	18.0	9.0	10.0	11.0	11.4	11.7	6.4	4.0	3.7	6.1
東芝				2.0	2.3	2.5	5.0	2.5	3.8	5.4
エイサー							4.7	2.0	5.7	9.0
ゲイトウェイ				1.0	3.1	5.1	6.3	7.5	6.9	↗
パッカード・ベル				5.0	8.3	11.5	11.4	0.5		
出荷台数	519	585	739	925	1184	1829	2658	4216	6023	6815
売上	119	139	171	236	308	354	399	632	738	835

注：1984年のビジネス市場マーケットシェアは，IBM36.1%，アップル12.7%。1997年10－12月のアップルのシェアは，4%。

出所：Noam, Elie (2009), p.195.

図表 1-4　アップルの PC シェア

(%)

アップルの PC 世界 市場シェア				US の市場シェア		
	台数ベース	混在		金額ベース		
1980	13.6	16		アップル	IBM	アップル
1981	13.6	11.4				
1982	7.3	6.2		20	18	
1983	7.0			21	26	
1984	8.9			18	32	
1985	7.9					
1986	7.8			9	28	14.6
1987	9.1					14.6
1988	9.2			10	23	11.9
1989	7.4					12.1
1990	7.5	7.5		11	18	9.1
1991	9.1	8.1		10.7	14.8	11.6
1992		8.5		11.4	13.4	10.9
1993		9.4		13.0		12.1
1994		8.3		11.7	8.8	11.8
1995		8				10.3
1996		5.2		6.4	8.0	6.2
1997		3.1				3.5
1998.2		2.6				
1998		4				
2000		3				
2001			（全世界）	5		
2002			(1 億 3654 万台)	4.0	6.0	
2004		3	(1 億 7881 万台)			
2005			(2 億 858 万台)	3.7		
2007			(2 億 6914 万台)	6.1		
2011	-		(3 億 6452 万台)			
2012		4.9	(3 億 4920 万台)			
2013		5.4	(3 億 1512 万台)			
2014		6.4	(3 億 817 万台)			

注：第 1 欄は Langlois，第 2 欄は種々の文献から，第 3 欄，第 4 欄は主に Noam，第 5 欄は *Time*。第 2 欄 2012－2014 は台数ベース。第 3 欄 1993 は 1－6 月，1998.2 は第 1 四半期。
出所：Langlois（1992），M. Malone（1999），p.569，Noam（2009），*Time*, Aug.18, 1997.『日本経済新聞』など。全世界の台数は日本経済新聞社編『日経業界地図』から。

示したが，経営は不安定であった。1993 年にハードウェアを切り離し，ソフトウェア企業となって，ようやく 1994 年に最初の黒字を出すことができる状態であった[6]。しかし，マック OS に代る新たな OS を探していたアップルの CEO アメリオは，ネクスト社の OS である「ネクストステップ OS」に飛びつ

図表 1-5　アップルの歴代 CEO（実質）と会長

	CEO	会長
1977 年 5 月から 1981 年 3 月	スコット	マークラ
1981 年 3 月から 1983 年 3 月	マークラ	ジョブズ
1983 年 3 月から 1985 年 9 月	スカリー	ジョブズ
1985 年 9 月から 1993 年 6 月	スカリー	スカリー（1986.1〜）
1993 年 6 月から 1996 年 2 月	スピンドラー	マークラ（1993.10〜）
1996 年 2 月から 1997 年 7 月	アメリオ	アメリオ
1997 年 7 月から 2011 年 8 月	ジョブズ	
2011 年 8 月から現在	クック	

出所：Annual Report。リンツメイヤー＋林，上，178 頁。

き，同時にジョブズをアップルにアドバイザーとして迎え入れたのであった。

　ジョブズはアップルに復帰後，取締役会の支持を得てアメリオを追放し，実権を握った。ジョブズは，アメリオが行なおうとした改革（製品ラインの簡素化）を徹底し，在庫削減を実行し，また製品デザイン，使い易さ（ease of use）に象徴される「look and feel」コンセプトを追及した。この新動向には，デザイナーであるジョナサン・アイブの存在が大きい（付表 2 参照）。アップルは，1998 年には iMac をヒットさせ，さらにはジョブズが創業したネクスト社の OpenStepOS（ネクストステップ OS の後身）と，従来のマック OS を統合し，最終的に Mac OS X を完成させた（2000 年）。このマック OS X は，その後の iPhone，iPad につながったといわれている。その前の iPod を含め，iPhone や iPad こそ，今日のアップルの躍進を牽引した製品であった。

2.　アップルの収益性

　製品戦略の分析を始める前に，アップルの収益性を確認しておこう。
　アップルは，先述のように 1977 年 1 月に会社として登記された。同年にはアップル II を発売し，それは爆発的な売れ行きを示した。1977 年はわずか 77 万ドルの売上だったが，1978 年には 10 倍増の 786 万ドル，翌 79 年には 6 倍増の 4787 万ドル，上場した 1980 年には 2.5 倍増の 1 億 1713 万ドル，1981 年

には3倍増の3億3478万ドルに達した。このような急激な売上の増加にともなって、営業利益、純利益も著増した（図表1-6参照）。純利益は1977年の4万ドルから1981年には3942万ドルを記録し、4年間で約1000倍増となった。売上もまた同期間に400倍増であった。売上営業利益率も20％程度、売上純利益率も10％程度と高収益を誇っていた（図表1-7参照）。株主資本（自己資本）純利益率も高いときは50％超と、他の企業に見られない程の急成長・高収益企業であった。創業から、わずか4年での上場は、1950年代のフォードの上場に匹敵するほどの注目をウォールストリートで集めたのであった。

この後も、1985年まで快進撃が続く。図表1-8から分かるように、1985年まで売上は右肩上がりに伸びていく。営業利益も同様である（半対数グラフなので、赤字、1億ドル以下は表示できない）。しかし、1985年には、マッキントッシュの販売が期待に反して低迷し、売上が横ばいとなり、初めての四半期損失を出すなど、アップルは問題を抱え込むことになる。しかし、スカリーの下

図表1-6 アップルの財務分析（1977－1981）

(万ドル)

	売上	営業利益	純利益	資産	研究開発	販売経費	株主資本
1977	77		4	56	10	20	
1978	786		79	434	60	130	225
1979	4787	1010	507	2117	360	410	968
1980	1,1713	2359	1170	6535	730	1210	2595
1981	3,3478	6614	3942	2,5484	2100	4590	1,7739

注：1977年会計年度は、1976年10月から1977年9月まで。
　　営業利益（operating income）、純利益（net income）、株主資本（shareholders' equity）
出所：Annual Report of Apple, 1981.

図表1-7 アップルの財務比率（1977－1981）

(％)

	売上営業利益率	売上純利益率	株主資本純利益率	研究開発率	販売経費率
1977		5.2		12.9	26.0
1978		10.1	35.1	7.6	16.5
1979	21.1	10.6	52.4	7.5	8.6
1980	20.1	10.0	45.1	6.2	10.3
1981	19.8	11.8	22.2	6.3	13.7

出所：Annual Report of Apple, 1981.

2. アップルの収益性　31

図表 1-8　アップルの売上と営業利益

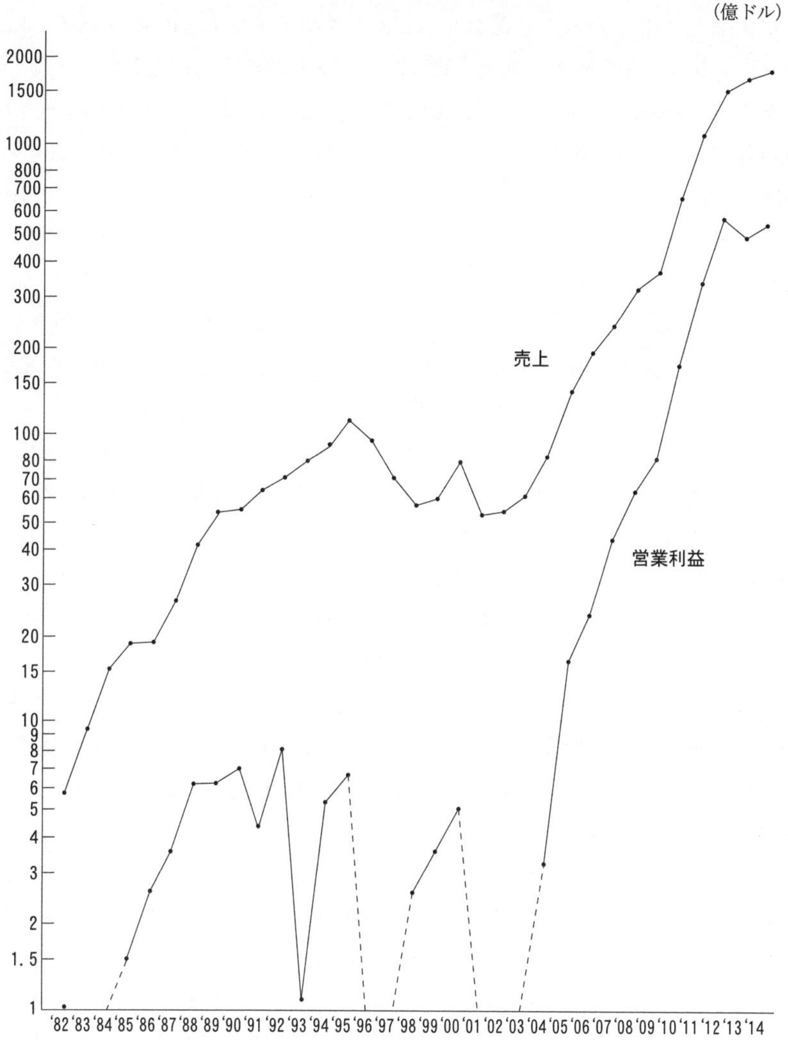

(億ドル)

出所：Annual Report, Form 10-K.

で，DTPやスロットの付加により，またファットマック（Fat Mac）の発売によりメモリーを4倍増にした結果（128キロバイトから512キロバイトに），マッキントッシュの販売は軌道に乗り，アップルの収益も向上した。

その後，売上は1995年まで増加したが，これには大きな問題があった。1990年ごろまでは新製品は毎年1〜5程度であったが，1992年から1997年にかけて毎年2桁の新製品を出し，1994年には42もの新製品を市場に送り出した（図表1-9参照）。しかしながら，この新製品ラッシュは，活発な新製品開発の結果というよりも，少しでも売上を伸ばし，市場シェアの低下を食い止めようとする戦略から出されたもので，却って，製品ラインの混乱を引き起こし，アップル製品に対する信頼を損なった。マッキントッシュ・クラシック，マッキントッシュ LC（Low Costの略），単に目先を変えたマッキントッシュ・パフォーマ・シリーズなど悪名高いローエンド製品を続々と発売した。特に1993年の37機種，1994年の42機種，1995年の36機種，1996年の25機種という新製品ラッシュは批判の的となった。確かに，これによって売上は維持どころか増大した。その結果，アメリカ市場の金額ベースでのマーケットシェアも1990年から1995年まで10％強を維持することに成功した（図表1-3，図表1-4参照）。だが，製品あたり利益は減少し，利益率は低下した。図表1-10によると，1990年の売上は56億ドルで，それが1995年には110億ドルと倍増している。だが，営業利益は逆に7.1億ドルから6.8億ドル，純利益は4.8億ドルから4.2億ドルへと減少している。したがって，各種利益率（売上営業利益率，売上純利益率，自己資本利益率）は半減以下となった。

このように，収益性の悪化は明らかであった。1996年から1998年にかけては売上も減少に転じ，ほぼ半減したのである。一層悪いことに，1996年，1997年の営業利益，純利益はマイナスに転じた。四半期利益を見ると（図表1-11参照），1993年に2度赤字を計上しているが，それでも年間利益は確保していた。だが1996年，1997年は，それぞれ年間損失が8億ドル，10億ドルと倒産の危機とも呼べるほど収益は悪化したのである。

PC産業では，売上高から製造原価を差し引いた粗利益（gross margin）の尺度が重要である。販価にたいして製造原価がどのくらいの割合を占めるかという粗利益率の変化が図表1-12の最終欄に示されている。PC産業では，この比

2. アップルの収益性

図表 1-9　アップル社の主要製品

年	製品名（CPU, OS）	新製品数
1976	Apple I（MOS Technology 6502）	1
1977	Apple II（MOS Technology 6502）	1
1979	Apple II Plus	1
1980	Apple III（Synertek6502A）（ビジネスユース）	1
1983	Apple IIe, Lisa（モトローラ MC68000, LisaOS）（ビジネスユース）	2
1984	Mac（MC 68000, Mac OS:1.0）, Apple IIc	5
1985	AppleIIe Enhanced	1
1986	Mac Plus（MC68000, OS:3.0）, Apple IIGS	5
1987	Mac II（MC68020, OS:3.0）, Mac SE	2
1989	Mac Portable（MC68000, OS:6.0）	5
1990	Mac Classic（MC68000, OS:6.0）, Mac LC	4
1991	PowerBook（MC68HC000, OS:7.1）, Mac Quadra（MC68040, OS:7.1）	7
1992	Mac Performa（MC68030, OS:7.1）, PowerBook Duo（MC68LC040, 7.1）	12
1993	Newton Message Pad（ARM610, NewtonOS 1.0）, Workgroup Server	37
1994	PowerMac（PowerPC, OS:7.1）, PowerBook Duo（MC68LC040, OS:7.1）	42
1995	PowerBook Duo（Power PC, OS:7.5）	36
1996	Newton Message Pad 130（ARM610, Newton OS:2.0）	25
1997	PowerBook G3（Power PC, OS:8.0）	14
1998	iMac（Power PC, OS: 8.1）	5
1999	iBook（Power PC, OS: 8.6）	7
2000	PowerMac G4（OS:9.0）, iBook（OS:9.0）	9
2001	iPod（ARM7TDMI）, PowerBook G4（OS:9.1）	10
2002	Xserve（Power PC, OS:10.1）	11
2003	iBook G4（OS:10.2）, PowerBook（OS:10.2）, PowerMac G4（OS:10.2）	15
2004	iMac G5（OS:10.3）, Xserve（Power PC, OS:10.3）	12
2005	iPod nano（ARM7TDMI, iPod nano OS:1.0）, iPod shuffle	15
2006	MacBook（Intel Mobile Core 2 Duo, OS:10.4.6）, MacBook Pro	15
2007	iPhone（ARM11 core, Samsung, iOS）, iPod touch（iPhoneに同じ）	10
2008	MacBook Air, iPhone3G（ARM11 core, Samsung, iOS4.2）	13
2009	Mac Pro（Intel Xeon3500, OS:10.5.6）	22
2010	iPad（Apple A4（ARM）, iOS）, iPhone4（iPadに同じ）	17
2011	MacBook Pro　iPad2（A5（ARMCortex）, iOS 4.3.5）	15
2012	iPhone5（A6, iOS6）, iPad mini（A5, iOS 6.0）	15
2013	iPhone5s（A7, iOS7）	8
2014	iPhone6（A8, iOS8）	6
2015	MacBook Pro（Intel core i5, OS:10.10.2）	3

注：年度は、原則的に発売年。ただし、プロジェクト立ち上げ、発表年も含む。
　　1978、1981、1982 年は新製品はゼロ。
出所：アニュアルレポート、http://apple-history.com など。

図表 1-10 アップルの収益性 (1982-2014)

(単位:億ドル, %, 万人)

	売上	営業利益	純利益	利益率[1]	利益率[2]	従業員	総資産	自己資本	利益率[3]
1982	5.8	1.0	0.6	17.2	10.3	0.3	3.6	2.6	23.1
1983	9.8	0.3	0.8	3.1	8.2	0.5	5.6	3.8	21.1
1984	15.2	0.9	0.6	5.9	3.9	0.5	7.9	4.6	13.0
1985	19.2	1.5	0.6	7.8	3.1	0.5	9.4	5.5	10.9
1986	19.0	2.7	1.5	14.2	7.9	0.6	11.6	6.9	21.7
1987	26.6	3.7	2.2	13.9	8.3	0.7	14.8	8.4	26.2
1988	40.7	6.2	4.0	15.2	9.8	1.1	20.8	10.3	38.8
1989	52.8	6.3	4.5	11.9	8.5	1.5	27.4	14.9	30.2
1990	55.6	7.1	4.8	12.8	8.6	1.5	29.8	14.5	33.1
1991	63.1	4.5	3.1	7.8	4.9	1.5	34.9	17.7	17.5
1992	70.9	8.1	5.3	11.4	7.5	1.5	42.2	21.9	24.2
1993	79.8	1.1	0.9	1.4	1.1	1.5	51.7	20.3	4.4
1994	91.9	5.2	3.1	5.7	3.4	1.5	53.0	23.8	13.0
1995	110.6	6.8	4.2	6.1	3.8	1.8	62.3	29.0	14.5
1996	98.3	-13.8	-8.2	-14.0	8.3	1.3	53.6	20.6	-39.8
1997	70.8	-10.7	-10.5	-15.1	-14.8	1.0	42.3	12.0	-87.5
1998	59.4	2.6	3.1	4.4	5.2	1.0	42.9	16.4	18.9
1999	61.3	3.6	6.0	5.9	9.8	1.0	51.6	31.0	19.4
2000	79.8	5.2	7.9	6.5	9.9	1.2	68.0	41.1	19.2
2001	53.6	-3.4	-0.0	-6.4	-0.5	1.1	60.2	39.2	-0.0
2002	57.4	0.2	0.7	0.3	1.1	1.2	63.0	41.0	1.7
2003	62.1	-0.0	0.7	-0.0	1.1	1.4	68.2	42.2	1.7
2004	82.8	3.3	2.7	3.8	3.2	1.3	80.5	50.7	5.3
2005	139.3	16.5	13.3	11.8	9.5	1.7	115.5	74.7	17.8
2006	193.2	24.5	19.9	12.7	10.3	2.0	172.1	99.8	19.9
2007	240.1	44.1	35.0	18.4	14.6	2.4	253.5	145.3	24.1
2008	324.8	62.8	48.3	19.3	14.9	3.5	395.7	210.3	23.0
2009	365.4	76.6	57.0	21.0	15.6	3.7	538.5	278.3	20.5
2010	652.3	183.9	140.1	28.2	21.4	4.9	751.8	477.9	29.3
2011	1,082.5	337.9	259.2	31.2	24.0	6.3	1,163.7	766.2	33.8
2012	1,565.1	552.4	417.3	35.3	26.7	7.6	1,760.6	1,182.1	35.3
2013	1,709.1	490.0	370.4	28.9	21.7	8.4	2,070.0	1,235.5	30.0
2014	1,828.0	525.0	395.1	28.7	21.6	9.7	2,318.4	1,115.5	35.4

注:会計年度は,2014:2013 年 10 月 1 日から 2014 年 9 月 30 日。他年も同様。
利益率[1] は売上営業利益率。利益率[2] は売上純利益率。利益率[3] は自己資本純利益率。
出所:Annual Report, Form 10-K など。

図表 1-11　アップルの四半期純利益

年・月	百万ドル	年・月	百万ドル
1992/10-12	161	1996/4-6	△ 32
1993/1-3	111	1996/7-9	25
1993/4-6	△ 188　a	1996/10-12	△ 120
1993/7-9	△ 3	1997/1-3	△ 708
1993/10-12	40	1997/4-6	△ 56
1994/1-3	17	1997/7-9	△ 101　c
1994/4-6	138	1997/10-12	47
1994/7-9	115	1998/1-3	55
1994/10-12	188	1998/4-6	101
1995/1-3	73	1998/7-9	106
1995/4-6	103	1998/10-12	152
1995/7-9	60	1999/1-3	135
1995/10-12	△ 69	1999/4-6	203
1996/1-3	△ 740　b	1999/7-9	111

注：△は損失。a: スカリー辞任。b: スピンドラー辞任。c: アメリオ辞任。

出所：Form 10-K。

率が 40％から 50％以上であると健全であるとされるが、図表 1-12 を見ると、1990 年の 53.1％を頂点に、この比率は 1996 年には 9.9％にまで急降下している。アップルの収益性がどれほど悪化しているかが読み取れる[7]。

　ジョブズが暫定 CEO になった 1997 年 9 月以降は純利益が好転しているが、それは在庫削減を中心とした流通経費の縮小、新製品発売の抑制に基づいている。その後、1998 年にエポックメイキングな新製品である iMac を発売してからは業績も本格的に回復した。2001 年から 2003 年にかけては、ドット・バブルの崩壊という外的事件、iMac の人気一巡などにより、営業利益、純利益が赤字に転じた年もあったが、それらの落ち込みは軽微であった。ただし、同時期には売上も伸び悩み、その結果、利益率も低空飛行状態であったことに留意する必要がある。

　しかし、iPod が好調に売れ始めた 2003 年以降、アップルの業績はうなぎのぼりに改善されていく。さらに iPhone、iPad の発売に伴って、売上、利益は信じられないほど激増した。ちょうど、1970 年代におけるアップルの爆発的成長を思い起こさせるほどである。図表 1-8 が示すように、売上、営業利益は

第1章 アップルの紆余曲折（1976−c. 2000）

図表 1-12　アップルのコスト分析（1982-2014）

(単位：億ドル，％)

	製造原価	粗利益	研究開発費	販管費	総営業費	総費用	留保利益	粗利益率
1982	n.a.	n.a.	n.a.	n.a.	n.a.	4.8	n.a.	n.a.
1983	5.1	4.8	0.6(6.1)a	e.2.6	3.2(32.7)b	8.3	n.a.	49.0
1984	8.8	6.4	0.7 (4.6)	n.a.	n.a.	14.3	n.a.	42.1
1985	11.1	8.0	0.7 (3.6)	5.8	6.5 (33.9)	17.7	n.a.	41.7
1986	8.9	10.1	1.3 (6.8)	6.1	7.4 (38.9)	16.3	n.a.	53.2
1987	13.0	13.7	1.9 (7.1)	8.0	9.9 (37.2)	22.9	4.7	51.5
1988	19.9	20.8	2.7 (6.6)	11.9	14.6 (35.9)	34.5	5.7	51.1
1989	26.9	25.9	4.2 (8.0)	15.3	19.5 (36.9)	46.5	7.8	49.1
1990	26.1	29.5	4.8 (8.6)	17.3	22.1 (39.7)	48.5	11.8	53.1
1991	33.1	29.9	5.8 (9.2)	17.4	23.2 (36.8)	58.6	13.1	47.4
1992	39.9	31.0	6.0 (8.5)	16.9	22.9 (32.3)	62.8	14.9	43.7
1993	52.4	27.3	6.6 (8.3)	16.3	22.9 (28.7)	78.7	19.0	34.2
1994	68.4	23.4	5.6 (6.1)	13.8	19.4 (21.1)	86.7	18.4	25.5
1995	82.0	28.6	6.1 (5.5)	15.8	21.9 (19.8)	103.8	21.0	21.2
1996	88.7	9.7	6.0 (6.1)	15.7	23.5 (23.9)	112.1	24.6	9.9
1997	57.1	13.7	4.9 (6.9)	12.9	24.4 (34.5)	81.5	16.3	19.4
1998	44.6	14.8	3.0 (5.1)	9.1	12.2 (41.9)	56.8	5.9	24.9
1999	44.4	17.0	3.1 (5.1)	9.7	13.4 (21.9)	57.7	9.0	27.7
2000	58.2	21.7	3.8 (4.8)	11.7	16.4 (20.6)	74.6	15.0	27.1
2001	41.3	12.4	4.3 (8.0)	11.4	15.8 (29.5)	57.0	22.9	23.1
2002	41.4	16.0	4.5 (7.8)	11.1	15.9 (27.7)	57.2	22.6	27.9
2003	45.0	17.1	4.7 (7.6)	12.1	17.1 (27.5)	62.1	23.3	27.6
2004	60.2	22.6	4.9 (5.9)	14.2	19.3 (23.3)	79.5	23.9	20.7
2005	98.9	40.4	5.3 (3.8)	18.6	23.9 (17.2)	122.8	26.7	29.0
2006	137.2	56.0	7.1 (3.7)	24.3	31.5 (16.3)	168.7	39.3	29.0
2007	158.5	81.5	7.8 (3.2)	29.6	37.5 (15.6)	196.0	56.7	33.9
2008	213.3	111.5	11.1 (3.4)	37.6	48.7 (15.0)	262.0	91.0	34.3
2009	234.0	131.4	13.3 (3.6)	41.5	54.8 (15.0)	288.8	138.5	36.0
2010	395.4	256.8	17.8 (2.7)	55.2	73.0 (11.2)	468.8	233.5	39.4
2011	644.3	438.2	24.3 (2.2)	76.0	100.3 (9.3)	744.6	371.7	40.5
2012	878.5	686.6	33.8 (2.2)	100.4	134.2 (8.6)	1012.7	628.4	43.9
2013	1066.1	643.0	44.8 (2.6)	108.3	153.1 (9.0)	1219.1	1012.9	37.6
2014	1122.6	705.4	60.4 (3.3)	119.9	180.3 (9.9)	1302.9	1042.6	38.6

注：販売原価は cost of sales。粗利益は gross margin。販管費は selling, general and administrative expense。総営業費は total operating expenses。留保利益は previous retained earnings。a は，研究開発費・売上比率。b は，総営業費・売上比率。売上−製造原価＝粗利益，粗利益−総営業費＝営業利益，営業利益−税など＝純利益。

出所：Annual Report, Form 10-K など。

右肩上がりに上昇し，2014年には，売上は1828億ドル，営業利益は525億ドル，純利益は395億ドル，粗利益率（グロス・マージン）は39％に達した。累積留保利益は1000億ドルを超えていた。

こうした状況を反映し，株価は，1980年の上場時と比べると，262倍になった（株式分割調整後）。図表1-13，図表1-14を見ると，株価の変動，株式時価総額が，2011年にエクソンモービルを抜いて，世界1位になったことが判る。2015年でも時価総額は7000億ドルに達し，2位のエクソンモービルを大きく引き離している。以上は，図表1-15でも概観できる（2006年まで）。約言すると，アップルの収益性は①1970年代から80年代前半の急成長の時代，②1985年の落ち込み，③1990年から1995年の売上増にもかかわらず利益率が低下した時代，④1996年，1997年の未曾有の収益・製品・組織の大危機，⑤1997年以降のジョブズによる建て直し，⑥2001年から2003年の足踏み状態，⑦2003年以降の大躍進時代のように区分できる。以下，このような収益性の変動はどのような原因によって引き起こされたのかを明らかにしていきたい。

PC産業における業績，収益性は，まず第1に製品が消費者市場に受け入れられるか否か，しかもそれは，B2BではなくB2Cの消費者市場であることか

図表1-13 アップル社の株価変動

(単位：ドル)

年月日	終値	修正終値	年月日	終値	修正終値
1980.12.12	28.75	0.44	1998.9.29	39.50	1.32
1984.12.12	25.50	0.39	1997.7.21	54.06	1.75
1985.7.14	14.75	0.22	2000.1.20	113.50	3.79
1986.7.1	35.37	0.54	2000.7.21	2:1 stock split	
1991.3.13	66.25	2.10	2000.7.21	55.63	3.72
1993.4.13	48.50	1.56	2000.9.29	25.75	1.72
1993.5.12	53.25	1.72	2001.8.23	17.81	1.19
1994.7.19	25.63	0.83	2005.1.12	65.46	4.37
1994.8.3	33.13	1.09	2008.1.11	172.69	23.07
1995.2.9	43.63	1.44	2010.1.20	211.73	28.28
1996.2.27	28.63	0.96	2012.2.23	516.39	68.98
1996.12.6	25.12	0.84	2014.6.18	7:1 stock split	
1997.3.13	16.37	0.55	2015.1.12	109.25	108.84
1997.8.7	29.19	0.97	2015.10.28	115.28	115.28 (262倍)

出所：Yahoo Finance（2015年10月27日アクセス）。

図表 1-14　株価・株式時価総額

(ドル，億ドル)

	株価	時価総額
1980	22	18
1982	70	
1983	35	
1985	14	9
1987	58	77
1991	70	
1992	60	
1994.10		48
1995.3	35	
1995.6	47	
1995.7	45	
1995.9	35	
1196.7	16	
1196.12	25	
1997.7	13	20
1999	99	
2000		160
2010		2800
2011.10		3420（エクソンモービルを抜いて首位になる）
2012.1	407	
2012.9	702	
2013.1	500	
2015	122	7000　（2位エクソン　3820）

出所：『日本経済新聞』など。

ら，高性能だけではなく，デザイン，使い易さによっても決定される。言い換えれば，消費者心理を十二分に考慮した製品・技術戦略（product and technology strategy）のタイムリーな策定（policy formulation=strategizing）がきわめて重要である。第2に，そうした製品戦略・技術戦略がどのような組織，人々によって効率的に遂行（implementation）されるかが問題になる[8]。もちろん，pricing，在庫削減，マーケティング，販売手法，宣伝広告など多岐にわたる要因が業績に影響するのは当然である。だが，B2CのPC企業の場合，製品戦略，その実行組織こそ，要であると言えるだろう。そこで，以下では，先ず製品戦略を取り上げ，次いで組織の問題を考察し，最後に，グローバル企業としてのアップルの国際展開（国際戦略）を分析する。

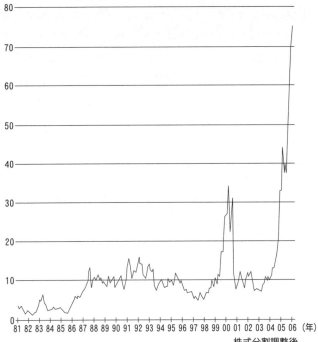

図表1-15　アップルコンピュータ株の推移

注：単位ドル。
出所：リンツメイヤー&林（上），176頁。

3. 製品戦略の推移

　既述のように，アップルはPCなどのエレクトロニクス・メーカーであり，しかもB2C企業なので，どのような製品を開発製造しているか，あるいは市場の動向にフィットしているかが決定的に重要である。高性能，デザイン，使い易さなどが消費者にとって重要なのである。もちろん，この3要素のウェイトは時代のニーズにより変化するが，現代では後2者のウェイトが相対的に高まっていると言えよう。

(1) アップルⅠとアップルⅡ

アップル起業の出発点となったアップルⅠは，ホビイスト用で，剥き出しのマザーボードなど商品としては未成熟であったが，高性能と使い易さが際立っていた。そこでは拡張スロットが装備され，ホビイストを満足させる拡張性がとりわけ重視されていた。1976年に発売されたアップルⅠは，666ドルの価格で約200台売れた。この好調さに乗って，ジョブズは本格的な企業の設立を目論み，ウォズにアップルⅡの製作を持ちかけ，アップルⅠと同様，アップルⅡもウォズが製作することになった[9]。

1977年に発売されたアップルⅡは，価格も手ごろ（1298ドル）で，かつ製

図表1-16 アップルⅡとマックの設置台数（生産台数）

	アップルⅡ		マッキントッシュ	
	設置台数	生産台数	設置台数	生産台数
1977	570	570		
1978	8,170	7,600		
1979	43,270	35,100		
1980	121,300	78,160		
1981	301,370	180,000		
1982	580,370	279,000		
1983	100	42		
1984	200	100	30	30
1985		e.100	50	20
1986		e.100	80	30
1987		e.70	136	56
1988			225	89
1989			337	112
1990			465	128
1991			674	209
1992			924	250
1993	累積で500万台以上出荷		1,255	331
1994			1,640	385
1995			2,090	450
1996			2,488	398
1997			2,776	288
1998			3,000	224

注：1983年以降は，万台。e.は推定。1987年でも，アップルⅡの売上の方がマックより大きい。

出所：リンツメイヤー『アップル・コンフィデンシャル』17-18，160-4頁。

品もオール・イン・ワンの発想で剥き出しではなく，外形にお洒落なベージュ色のプラスティックカバー（筐体(きょうたい)）を用いていた。アップルIIは，ホビイストの作業場だけではなく，リビングルームやオフィスでも使えるデザイン構造となっていたのである。こうした理由で，アップルIIは，当時盛んになり始めていた各種のコンピュータ展示会，例えばWCCF（West Coast Computer Fair）で好評を博し，飛ぶように売れ始めた。その製造台数は，図表1-16に示したとおりである。アップルIIは総計で500万台以上売れ，アップルがナスダックに上場されたり，「フォーチュン500」入りする原動力となった。

アップルIIも，基本はホビイスト用であったが（拡張スロットの取付），カセットテープではなく，フロッピー・ディスク・ドライブであるアップルディスクII（ウォズの発明）が1978年に発売されると，アップルIIの有用度は増した。さらに1979年に，ハーヴァードの学生であったブリックリンとフランクストンによって，表計算ソフトのヴィジカルクが登場すると，アップルIIの有用性は個人だけでなく，ビジネスでも明らかとなった。そこでアップルIIの生産は，瞬く間に，年間数千台レベルから数十万台へと激増した。

(2) アップルIII，リサ，マッキントッシュ

当時のPC業界では，技術革新は日進月歩で，アップルでも，アップルIIに続く機種の開発を計画していた。アップルIII・プロジェクト（ビジネス・ユース）が1978年に早くも始まり（これにはウォズは参画していない），1979年にはリサ（Lisa）・プロジェクト，マッキントッシュ（Macintosh）・プロジェクトが開始された。

しかし，アップルIIIは1980年に発売されたが（4340ドル），品質に問題があり，早期に開発中止となった。リサ・プロジェクトやマッキントッシュ・プロジェクトは，ジョブズの1979年12月のゼロックスPARC（Palo Alto Research Center）訪問をきっかけに誕生したと言われている[10]。最初，ジョブズはリサ・プロジェクト（ビジネス・ハイエンドユース）に関わっていたが，ジョブズの経営能力に不安を感じた社長のスコットや会長のマークラにより，リサ・プロジェクトの責任者の任を外されていた。

当時のガヴァナンス体制を簡単に説明しておくと，創業者はウォズとジョブ

ズの2人であるが，25万ドルという資金を提供したマイク・マークラも実質的な創業者であり，3人で株を3等分していた（株式上場以前）。マークラのナショナル・セミコンダクター時代の知人であるマイケル・スコットが経営者として呼ばれ，1977年に社長となり，マークラ（取締役会会長），スコット（社長），ジョブズ（副社長＝リサ担当）が経営にあたっていた。ウォズは経営にはタッチしていなかった。

しかし，上記の理由で，マークラとスコットはジョブズをリサ担当から外した。そこで，ジョブズは自分の自由にできる製品部門として，ジェフ・ラスキンが担当していたマッキントッシュ部門に目を付け，それを乗っ取り，自分の管理部門とした。マッキントッシュ部門はリサよりもはるかに小規模であったが，「海軍に入るよりも，海賊と成れ」との趣旨から海賊旗を掲げるなど，エリート意識を持ち，よく言えば意欲的な部門であった。このようにアップルでは，1980年代前半，アップルⅡ，アップルⅢ，リサ，マッキントッシュの4部門が開発，製造を並行して行っていたのである[11]。

先述のように，アップルⅢは発売早々クレームが続出し，品質問題が多発し，まもなく開発中止となった。さらに，ひじょうに期待されていたリサは高性能ではあったが，価格が高く（9995ドル），売行きは芳しくなかった。これに対し，同じようにGUI（graphical user interface＝視覚的で使い易いこと，例えば，アイコンやマウスの利用，プルダウン・メニュー）を目指していたリサ姉妹機とも言えるマッキントッシュは，ローエンド機であり，2000ドル前後の販売を予定していた。実際には販売経費などを勘案して2495ドルに落ち着いたが，最終消費者にとって手が届く価格であった。マッキントッシュは，スーパーボールでの人目を惹く画期的なコマーシャル，PARC訪問によって得られたアイデアであるGUI，それによる使い易さ（ease of use），性能的に優れたマックOS，高いデザイン性などが組み合わさって，初年度はまずまずの売れ行きであった。しかし，対応するソフトの不足，パワー不足（128キロバイト），ライバルの「IBM PC」のブランド力に押されて，売行きは下降線をたどった。もっとも，IBMも「PCジュニア」という廉価品で手痛い失敗をしたので，マーケティング戦略の失敗はどこにでもあるのだが[12]。

こうした販売不振によって，アップル史上最初の1720万ドルの四半期赤字

(1985年4月から6月）が計上される事態となった。同年5月には，こうした不振が引き金となって，ジョブズとスカリーの対立が激化し，ジョブズは，マッキントッシュ担当から外されることになった。スカリーは，ジョブズが経営の担当者・自身の師範として，ペプシコーラから，「一生砂糖水を売っているつもりですか，一緒に世界を変えてみませんか」という有名な「殺し文句」によって招聘した経営者であった。一時は「ダイナミック・デュオ」として蜜月の時期もあったのだが，最後には，皮肉にも両者の争いは，実質的なジョブズの追放という結末になった。同年9月，ジョブズは会長職も辞し，1株を残して全株売却し，アップルから完全に去ったのである。1株を残したのは，アニュアル・レポートを送ってもらうためだったと言われている。同時に，ジョブズはアップルから気心の知れた5人を引き連れ，NeXT社を立ち上げた。5人を引き連れていくことに対し，ジョブズが会長時代から独立を計画していたとして，アップル社は背任行為としてジョブズを訴えたが，その裁判は和解で決着した[13]。

　その後，スカリーは，マーケットシェアこそ低下したものの，収益面でアップルの経営を立ち直らせ，1992年ごろまで好調を持続する。その理由は，1985年に発売されたレイザーライターによって高品質の印刷が可能になったこと，マイクロソフトのエクセル・フォー・ザ・マッキントッシュ（スプレッドシート）によって表計算や他の業務が行い易くなったこと（スカリーとビル・ゲイツの交渉の結果），アルダス社のページメーカー（DTPソフト）の発売によって，マッキントッシュとの組み合わせが可能となったことにより，出版関係者，デザイン関係者の高い評価を勝ち得たこと，さらには1987年にマッキントッシュⅡが発売されたことにより，拡張スロットが装備され，様々な用途に活用できるとの安心感を与えたことなどが挙げられる。ただし，実際には拡張スロットはあまり活用されなかったようである[14]。DTPの好調な展開に関しては，DTPに必須なレイザーライターなどの製品は，ジョブズが手掛けたものであり，スカリーはその果実を手にしただけであるという評価もある。ただし，拡張スロットやファイルソフトなどの向上がなければ，DTPも実行不可能であったのだから，スカリーの功績を評価する意見もある[15]。

(3) ニュートンとローエンド製品群

アップルIIはウォズの成果，マッキントッシュはジョブズの成果として，世間に広く認知されていた。そこで，スカリーは自分の業績として何かを生み出したい情熱に駆られていた。また未来の予言者としてもある程度の資質を持っていたスカリーは，世界をネットで結びつける「ナレッジナビゲーター」構想を立て，その手段としてPDA (personal digital assistant) であるニュートンの開発に傾注した。この頃，対外的な業務に熱意を示していたスカリーだが，この未来志向的なトゥールには非常な期待を寄せ，社内活動では最優先の課題として推進していた。ペプシコーラという食品消費財分野で，「ペプシ・チャレンジ」という対コカコーラのマーケティングで力を発揮し，その力を見込まれてアップルに招聘されたスカリーは，1990年，自らCTO (chief technology officer) に就任した。PC技術を本当の意味では理解できなくても，市場のニーズに応えられる技術の開発という意味では，門外漢の自分がCTOになってもおかしくはないとの判断からであったが，社内では冷笑をもって迎えられた[16]。

ニュートンは，ある意味でアップル大発展の原動力となるiPhoneの先駆と言う人もいる。実際，CPUにはARMを使い（図表1-17参照），スマートフォンとの類似性はある。だが，時代はそうした未来志向的な機器に追いついていなかった。当時から，手書き入力の困難性，CPUのパワー不足などを危ぶむ声は多かったが，スカリーは積極的にニュートン・プロジェクトを推し進めた。1989年にプロジェクトを開始し，1990年にはCPU開発のため，イギリスのARM (Advanced Risc Machines) 社に投資し，1993年にはニュートンの発売にこぎつけた。だが，発売当初から，重い，かさばるなどの悪評が絶えず，また懸念通り，正確に読み込まないなどの手書き入力の問題が起きた。もっとも，アップル・フェローで，PARCにおけるワークステーション開発で有名なアラン・ケイなどは，1993年時点で，数年すればニュートンは大成功するとの予想を立てている人もいた[17]。

こうしたニュートンの不発と共に，肝心のPC事業でも変調が起きていた。「IBM PC」が売り出された1981年，IBMがPC市場を席捲するのではないかと思われていたが，当の「IBM PC」は失速し，IBMにOSを供給するマイク

図表1-17 OS・CPUの変化（1976～）

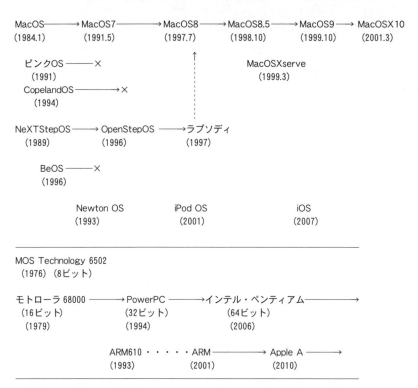

出所：リンツメイヤー，林『2.5J』，アニュアル・レポート，http://apple-history.com　各種文献から。

ロソフトと，最重要部品のCPUを供給するインテルが業界の中心に躍り出てきた。IBMの収益は下がり，またメインフレーム＆ミニコンから，ワークステーション＆PCへの劇的な移行が起きた（ダウンサイジング現象）。1985年のメインフレーム・ミニコンピュータ市場とPC・ワークステーション市場の比率は7対3であったが，10年後の1995年には3対7へと逆転した（490億ドル対1630億ドル）[18]。さらにワークステーションでさえも，PCの上級機種とつぶし合いになり，結局PCが一人勝ちのような状況となった。2004年における比率は，PC81％，ワークステーション3％，ミニコン9％，メインフレーム3％であった[19]。こうした状況の中で，IBMはメインフレームは振るわず，

PCでは利益をウィンテルに持って行かれ，さらにPCの売上自体ではコンパックやデルなどの新興勢力に追い上げられ，1992年頃には四面楚歌に陥り，倒産の瀬戸際近くまで追い込まれたことはよく知られている[20]。

こうしたダウンサイジング現象のなかで，スカリーが経営するアップルは，売上減，シェアの低下をカバーすべく，従来以上の新製品を次々と繰り出した。それも数多くのローエンド製品を市場に送り込むことによって，事態を打開しようとした。既述のように，1990年代前半に異様なほどアップルが新製品を繰り出していることが判る。その中心は，マッキントッシュ・クラシック，マッキントッシュLC，パフォーマ・シリーズなどのローエンド製品であった。こうしたローエンドに大量の新製品を送り込むアップルの戦略は，高級ブランドとしてのアップル社のイメージを損ない，売上は上がったものの，利益は落ち込むこととなった。

以上の製品戦略とともに，1991年，アップルは旧敵のIBMと組み，またアップルへのCPU供給企業であったモトローラを巻き込み，3社で新しいCPUの開発に乗り出した（AIM連合）。これは，インテルなどがCISC型CPUであったのに対し，RISC型と呼ばれるCPUの開発を行なおうとするもので，後にパワーPCとして世に出たCPUである（1994年）。CPUであるパワーPCを搭載した製品は，パワーマックと呼ばれ，アップル起死回生の製品と思われたが，そうはならなかった。RISC型の方がCISC型より有利と当時は言われていたが，CISC型CPUを開発するインテルは猛然と反撃し，RISC型に引けを取らないCPUを開発し，AIM連合に反撃したからである。もっとも，スマートフォンにはRISC型のARM製CPU（低電力消費）が使われ，今日のインテル地盤沈下の1つの理由となっている。

さらに，スカリーはIBMと組み，当時，マルチメディアが叫ばれていた状況に乗り遅れないように，合弁でマルチメディア・デバイス開発のためにカレイダ社を立ち上げた。他方で，IBMは，マックOSや，マイクロソフトの「MS DOS」，ウィンドウズに対抗して，IBMのPC用OSであるOS/2を開発した。だが，このOSを搭載した製品PS/2（Personal System2）は市場に受け入れられず，結局，PS/2，OS/2はマイクロソフトに取って代わることはできなかった。そこで，IBMとアップルは，ウィンテルに代る新しいOS，ピンクOSの

開発会社であるタリジェント社を設立した。さらにアップルは，インターネットが脚光を浴びつつあり，次世代のマルチメディア通信のために，IBM，ソニー，ATT，松下と共同で，ジェネラル・マジック社を設立した。

このように，スカリーも様々な手段を講じて，マイクロソフト，コンパック，デルなどに対抗しようと策を巡らせていたのであるが，ニュートンは上手くいかず，ローエンド多品種戦略は逆効果となり，IBM との提携は 4 事業とも失敗か，少なくとも所期の成果を上げることはできなかった。こうして，図表 1-11 からわかるように，アップルでは 1993 年の四半期利益の赤字転落により，スカリーは辞任を余儀なくされ，その跡を継いだスピンドラーも 1996 年には同様の事態となり，さらには改革の先鞭をつけようとしたアメリオも年間 10 億ドルに達する赤字の責任を取らされ，改革半ばで辞任を余儀なくされた (1997 年 7 月)。

アメリオ辞任の転末は，彼の著書『アップル 薄氷の 500 日』に詳しい。アメリオは製品種類の簡素化（あまりにも混乱していた製品ラインの合理化），生産の契約関係の導入を通じた合理化などを行なおうとしていたが，コンセンサス重視のアップルの企業文化（極端な分権主義）によって改革は阻まれ，また途中で復帰したジョブズにアップルを乗っ取られたことにより，アメリオの改革は挫折した。もしもアメリオがそのまま改革を進めていたとしたら，アップルは立ち直っただろうか。その解答は藪のなかである[21]。

(4) iMac の斬新さ

1996 年から 1997 年ごろ，たしかにアップルは倒産の淵に立っていた。ちょうど，IBM の 1992 年ごろの状況と瓜二つである。製品のブランド力や会社の名声は低下し，唯一の救いは，ジョブズの復帰であった。アメリオ CEO 時代の 1996 年 12 月，アドバイザーとして復活したジョブズは，オープンステップ OS を引っ提げ，技術的な面でイノベーションの中心となった。またデザイン面でも従来のこだわりを発揮し，リーダーシップを発揮した。取締役会に対しては，元デュポンの会長であったウーラード（アメリオがアップルに呼んだのだが）を自分の側に引き込み，赤字が続き，株価が下がっている状況を理由に，アメリオの罷免を認めさせた (1997 年 7 月)。

翌年，ジョブズが新たに市場に送り込んだ製品は，iMac であった。これは，技術的にはあまり目立ったものはなかったのだが，オール・イン・ワンの構想に基づく使い易さ，シェイプの斬新なデザイン，また従来シルバーか，黒などの単調な色しかなかった PC に，オレンジなどカラフルな色の要素を持ち込んだことであった。こうした親しみ易さは，特に女性や初めての購入者に好評であった。技術的な面では，ネット時代を反映して，ネットに接続しやすくした点が優れていた。これらの特徴は，ジョブズのカリスマ性，宣伝の巧みさ，彼自身のマック・ワールド・エキスポ（年に2回開催されるアップル「信者」の大会）におけるロックスター並みのパフォーマンスなどと相まって，社会現象とも呼べる熱気を生み出した。iMac は大ヒットとなり，アップルの苦境を救うことになった。アメリオによれば，iMac のような企画はすでに彼の時代に構想されていたそうだが，デザイン面，色の利用，それを売り出すマーケティングの巧みさなどは，ジョブズのカリスマ性なくしては実現しえないものであったことも確かであろう[22]。

　ジョブズは，スカリー，スピンドラー時代の混乱した新製品戦略を，アメリオより1歩進んで整理し，15種類の製品群を，デスクとノート，ハイエンドとローエンドという4つのジャンルに絞り込み，各ジャンルに1つの製品を配置する戦略を取った。デスク型ハイエンドにはパワーマック，デスク型ローエンドには iMac，ノート型ハイエンドにはパワーブック，ノート型ローエンドには iBook という配置である。これにより製品ラインが明確となり，これまでのように種類が多過ぎて，店員がアップルの製品を顧客にうまく説明できないといった状況もなくなった。その後，アップルの製品はマック・プロ，マックブック・プロ，マックブックなどレベルアップしたラインナップに代っていく。さらにアップルでは，PC領域を超えて，iPod，iPhone，iPad（音楽端末，スマートフォン，タブレット）へと，その製品戦略は PC 自体を超えていくのだが，それは別の機会に譲る。

(5) アップルのコンピュータ言語と OS（operating system）

　アップルは，原則的にソフトを外販することはなかったが，1994年にシェアアップのために，苦肉の策として OS（基本ソフト）のライセンス戦略を採っ

たことがある。

　その理解の前提として，ハードウェア，ソフトウェア（OS とアプリケーションソフト）の関係について触れておこう。PC 産業では，通常の家電とは異なり，またコンピュータのメインフレームとも異なり，機器（ハードウェア）とソフトウェアがそれぞれ独立した産業として成立した点がユニークである。マイクロソフトは典型的なソフト企業であり，かつてのヴィジカルク，ロータス，アドビなど多くのソフト企業がある。またソフトのなかにも，OS とアプリケーションソフトがあり，マイクロソフトは両方を外販している。「MS DOS」，ウィンドウズなどの OS，ワード，エクセルなどのアプリケーションソフトがあり，やや意外なことに，マイクロソフトの売上の 30% が OS から，50% がアプリケーションソフトの販売から発生していた。ちなみに，マイクロソフトのワード，エクセルはアップルにも販売されており，高収益を上げていた[23]。

　アップルは，基本的にはハードメーカーであるが，OS も自製しており，若干のアプリケーションソフトも作成している。ただし，アプリケーションソフトを多種大量に開発すると，PC 業界の特徴である OS メーカーとアプリケーションソフト・メーカーとの関係，つまりアップルと，マック OS に基づいたソフト開発ディベロッパー（サード・パーティ）との利益が相反することになるので，アプリケーションソフトの開発にはあまり力点は置かれない。ただし，マイクロソフトは，OS とアプリケーションソフトの両方を外販しているので，アプリケーション・メーカーと，しばしば激しい対立を引き起こしている（たとえば，ネットスケイプとのブラウザー戦争や抱き合せ販売の問題）。

　ここで，アップルのコンピュータ言語と OS の変化を見ておこう。

　初期のアップル I，アップル II では OS の概念はなかった。使われていたのは，コンピュータ言語で，たとえば最初の PC である MITS 社のアルテアでは，アルテア用 BASIC として，ビル・ゲイツが開発したマイクロソフト BASIC が使われていた。アップル I およびアップル II でも，それをアップル用に書き換えた ApplesoftBASIC が使われていた。BASIC (Beginner's All-Purpose Symbolic Instruction Code) とは，1963 年にダートマス大学のジョン・ケメニーとトマス・カッツが開発した PC 用の最初の言語である。

マッキントッシュ世代になって，明瞭に OS 概念が登場し，マック OS と呼ばれた。ただし，アップル II でも，AppleDOS なる表現が出てくるので，OS に接近していたように思える。

それはともかく，LisaOS が登場し，MacOS も誕生した。両社とも，ゼロックス PARC の GUI の影響を受けていることは先述の通りである。

その後，マック OS は，バージョンアップを重ね，1984 年の 1.0 から，1991 年には「マック OS　システム 7」に進化した。だがマック OS の次世代 OS として，先に述べた IBM との連携によるピンク OS は失敗し，1994 年からコープランド OS を自社で開発していたが，その進捗は捗々しくなかった。そこで，外部から OS の導入を図ろうとし，1990 年にアップルを辞めたガセー（Be 社）と 1985 年にアップルを辞めたジョブズ（ネクスト社）の OS を比較競争させて，どちらの OS が優れているかを判断し，導入しようとしたのである。その結果，BeOS ではなく，ネクストステップ OS が導入されることになった。アメリオは，同社の OS 技術をもとに，ラプソディ OS を開発しようとした（図表 1-17 参照）。アメリオは OS の導入だけではなく，ネクスト社自体の買収を行うことにし（買収金額 4.27 億ドル），同時にジョブズをアドバイザーとして迎え入れた。だが，アメリオのそうした考えは，ジョブズの作戦に引っかかり，彼の下での新しい OS 開発はできなかった。ジョブズは，権力を手に入れたのち，自身のリーダーシップで，オープンステップ OS を軸に，マック OS8，マック OS9 を開発し，最後にはマック OS X を開発したのである。その後，マック OS X のバージョンアップが図られ，OS X ジャガー，OS X タイガー，OS X ライオンなどが開発された[24]。

他方で，ハードウェアの主要部品である CPU は，アップル I，アップル II は，モステクノロジー社の 6502 を，マッキントッシュはモトローラ社の 68000 を，パワーマックにはパワー PC をそれぞれ採用した。しかし，最初こそ，モトローラ製 PC や，パワー PC は評価されていたが，インテルの 86 シリーズやペンティアムには及ばなかったと言われている。この CPU でも，アップルはウィンテル連合（Wintelism）に不利な競争状態にあった。最終的には，2006 年にジョブズの決断により，アップルもインテル製 CPU に切り替えることになった。

ところで,アップルは1994年にマックOSのライセンスを他社に認めるライセンス戦略に転換した。マックOSのシェアアップとライセンス料獲得を企図して,スピンドラーの下で,ライセンス戦略に転じたのである。しかし,カニバリズム現象が起こり,アップルのマック販売台数が減少するという事態が生まれた。しかも,ライセンス料をなぜか1台当たり50ドル程度と低く設定したために,他社(例えば,パワーコンピューテイング社)が販売を増大させると,アップルの収益がかえって圧迫されることになった。マイクロソフトのように,ハードウェアを自作せず,ソフトウェアの専売企業であれば,当然他社にライセンスすることには問題がない。アップルのように,ハードウェアとソフトウェアの両方を開発製造している場合,ライセンス戦略は両刃の剣状態になる。マイクロソフトが高収益を誇り,アップルが苦境に立った1990年代前半から中葉にかけて,アップルはライセンス戦略に転換すべきだという声と,今更ライセンス戦略に転換しても遅すぎるとの両方の見解があった。ライセンス戦略は,アップルでも長年検討されてきた課題であったが,マイクロソフトのように,初期からライセンス戦略を採っていれば,90年代のような苦境には陥らなかったとする意見もあった。だが,ハードウェアとソフトウェアの両方を開発製造しているアップルのような企業にとっては,ライセンス戦略を採用するのは簡単ではなかった[25]。

このライセンス戦略は,ジョブズが復帰し,パワーコンピューテイング社とライセンス料の値上げ交渉をしたが埒があかず,結局,高い解約金を払ってライセンス契約を破棄し,あくまで独自路線を貫くことになった[26]。

4. 管理組織の変化

アップルに関して,これまでの研究であまり注目されてこなかったのは,アップルの管理組織である。PC産業の常で,最重要の製品自体に関心が集中し,特にコンピュータ・ジャーナリストは管理組織の問題に十分な注意を向けてこなかった。集権的職能別組織か,事業部制(分権組織)か,という組織問題は,戦略の実行にとってきわめて重要である。以下,6つの時代区分にそく

して，アップルの管理組織を分析する。

(1) 集権的職能別組織（1980年秋以前）

図表1-18からわかるように，1980年以前の組織は，主要製品がアップルIIだけであったことから完全な職能別組織を採用していた。ハードウェア部門，ソフトウェア部門，マーケティング部門の3部門制であった。

(2) 事業部制の導入（1980年秋以降）

ところが，1979年に新製品開発部門として，アップルIII，リサ，マッキントッシュの3部門が立ち上がり，それぞれの位置づけが問題になった。社長のスコットは1980年秋に事業部制を導入し，アップルIIIはアップルIIの延長の側面もあったので同じ事業部で，リサ部門は既に生産段階に入っており，擁する人数も数百人単位になっていたので，独立した事業部とした。マッキントッシュ部門はまだ開発段階で，100人程度の開発要員しかいなかったので，事業部とは見做されていなかった。フロッピー・ディスクなどの周辺機器も1つの事業部となり，またこれはやや理解しがたい点であるが，製造部門は，アップルIIやリサの事業部には帰属せず，独立の事業部とされていた。また販売・サービス部門も独立していた。したがって，1980年の体制は，不完全な事業部制と言えるだろう。事業部制の本質は，独立採算（プロフィットセンター）にあるが，どのような機能を含んで独立採算を考えるかは事情に応じてバリエーションがある。

このような事業部制に関しては，アメリカ経営史ではデュポン，GMの古典的事例があり，そこでは事業部への権限委譲によって，トップマネジメントの負担を軽減し，多角化戦略（またはフルライン戦略＝ミニ多角化戦略）を効果的に遂行していくプラス面が強調されている。また同時に，本社を拡充し，総合本社が各事業部を調整し，統括していく役割，さらには将来有望な事業を開拓していく必要性も強調されている。しかしながら，このような事業部制はプラス面だけではなく，本社が本来の役割を果たさないときには，各事業部それぞれが独自性を主張し，「トップの命令は軽い感じで聞き流す」というアップル特有の過度の分権的組織，あるいは事業部間の対抗的な組織構造や企業文化

4. 管理組織の変化

図表1-18　アップル社の組織（1980−1992）

1980年秋以前（職能別組織）
 I. ハードウェア部門
 II. ソフトウェア部門
 III. マーケティング部門

1980年秋以降（スコットによる事業部制の導入）
 I. アップルII＋アップルIII部門
 II. リサ部門
 III. 周辺機器（フロッピーディスクなど）部門
 IV. 製造部門
 V. 販売＋サービス部門

1985年7月以前（事業部制の徹底）
 I. アップルII事業部（ダラス，シンガポール，アイルランドの各工場）
 II. マッキントッシュ（＋リサ）事業部（フリーモント工場）
 III. 周辺機器事業部
 IV. 国内販売事業部
 V. 国際事業部
 VI. ヨーロッパ事業部
 VII. 法務部
 VIII. 経理・経営情報部
 IX. 人事部

1985年7月以降（職能別組織への回帰）
 I. 製品事業部
   ① R&D（マックとアップルII）　②生産　③サービス　④物流
 II. 国内販売・マーケティング事業部
 III. 国際事業部
 IV. 経理・経営情報部
 V. 法務部
 VI. 人事部

1988年8月　Apple USA, Apple Europe, Apple Pacific, Apple Productsの4部門に再編

1992年5月
 I. Mackintosh Hardware Division GM: Fred Forsyth
 II. Mackintosh Software Division GM: Roger Heinen
 III. Enterprise Systems Division GM: Morris Taradalsky
  (develops systems for corporate computing networks)
 IV. Personal Interactive Electronics Acting GM: David Nagel
  (develops a new line of portable information gadgets)

出所：『スカリー』下，100-1頁。『エデンの西』上，84頁。Rebello, p.70。推測含む。

を醸成するマイナス面ももたらしたのである[27]。

(3) 本格的事業部制（1985年6月）

製品多角化にともない，アップルの管理組織は1980年に事業部制を導入したが，なお，生産や販売はアップルⅡ（＋アップルⅢ）事業部や，リサ事業部の外にあった。1984年1月にマッキントッシュが鳴り物入りで販売を開始したのにともなって，おそらくマッキントッシュ事業部が立ち上がったと思われる。本来は変則的であるのだが，マッキントッシュ事業部は会長のジョブズが事業部長として直接担当し，特有のエリート主義もあって，他部門（アップルⅡやリサ）を軽んじていた。特に，ジョブズはリサを追い払われたこともあり，またアップルⅡはウォズの領域なので，両部門に敵愾心を持っていた。マッキントッシュ事業部の人間だけが優秀で，あとは「くず」や「愚か者」だと公言するような状況であった。このように，アップルでは部門間の争いがひじょうに激しかったのである[28]。

リサ事業部は，マッキントッシュ事業部より多数の人員を擁していたが，売れ行き不振により1985年には開発中止になった。そのリサ事業部をマッキントッシュ事業部が引き取ることになり，リサ部門の人間は非占領民の扱いを受け，マッキントッシュ事業部の人間は占領軍となった。ただし，マッキントッシュ事業部の人間に言わせると，マッキントッシュを開発・出荷するに当たり，週に90時間働くような過酷な労働をしていたのに，（おそらく残業代は払われなかったと思われる，また当然労働組合はなかった），両組織が合体後，リサ事業部の人間がマッキントッシュ事業部の人間よりも高給を取っていたのが分かって，マッキントッシュ事業部の人間が憤慨したというようなこともあった[29]。

他方で，アップルⅡ事業部は，マッキントッシュも期待ほど販売が伸びない中，アップルの収益を支える稼ぎ頭であったにもかかわらず，冷遇されていた。ウォズは，アップルⅡ事業部の中でエンジニアとして働きながら，創業者であり，かつ第3位の大株主（1位はジョブズ，2位はマークラ）であるにもかかわらず，アップルⅡ事業部が研究開発費などの面で軽視されているのに憤慨し，1985年1月にアップルを実質上退職した[30]。

こうした激しい事業部間の争いがあった。事業部そのものは，いつ変化したのかは明らかではないが，図表1-19が示すように，1985年6月にはマッキントッシュ事業部，アップルⅡ事業部の両事業部とも，製造，マーケティング，財務，経営情報，人事の職能を事業部のうちに取り込んでいる。その意味で，本格的な事業部体制になったと言うことができる。周辺機器事業部も，生産，マーケティング，財務など同様の構造を採用していた。ただし，全社的には，なお販売はアメリカ販売事業部，ヨーロッパ事業部，国際事業部（ヨーロッパ以外のアジア・太平洋所管）で行われていた。

　ここで，アメリカの職能構造について簡単に触れておこう。日本では，開発，生産，営業(＝販売)というような区分けがなされることが多いが，アメリカでは，マーケティング，販売（sales），流通（distribution）のように，3機能に分けられるのが普通である。日本では，マーケティングと販売・流通の概念は，ともすれば営業という包括的な用語で括られることが多い。しかし，マーケティングの本質は，製品企画（"identifying, satisfying and increasing the buyer's demand for a company's products: *Oxford Dictionary of Business English for Learners of English*)であり，販売はどのように売っていくか，流通はどのように流通コストを下げるかということが中心である。そのように，マーケティング，販売，流通を分解して考えていくと，アップルの1985年6月時点での事業部制では，マッキントッシュ事業部やアップルⅡ事業部の中に，製品開発，製造，マーケティングがあり，他方で全社的には，例えばアメリカ国内事業部では，U. S. Sales Division という名称からも分かるように，販売を中心としていることが明らかである。アメリカ販売事業部の中には下部組織として，販売課（Sales），流通課（distribution），サービス課（service and support）があり，それらの課の名称からも分かるように，販売，流通が主たる業務であることが判る。ただし，マーケティングという言葉を冠する central marketing 課がどういった業務を行っていたかは不明である（広告宣伝活動か）。ヨーロッパの販売では，ヨーロッパ事業部が流通課，サービス＆サポート課を中心に業務を行っている。ただし，ここでもマーケティング（おそらく地域における需要の性質を考慮する local marketing）があり，また販売課が財務課，人事課などの後に，最後に記載されていることから，ヨーロッパ事業部では，

図表 1-19　1985 年 6 月の組織

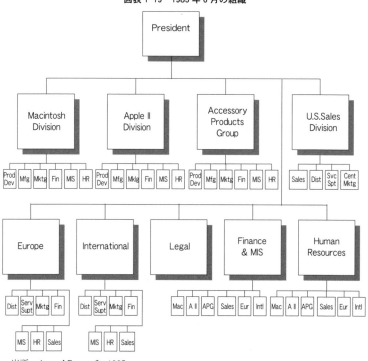

出所：Annual Report for 1985.

アメリカ販売事業部とは異なり，流通がメインの業務であると判断できる。アジア・太平洋が対象の国際事業部でも，ヨーロッパ事業部と全く同様の構造を持っていた。

　さらに全社レベルでは，法務部，財務部（＋経営情報），人事部などの組織を抱えていた。これら機能の調整は，法務を除いて，各事業部でも行われていたが，全社的な調整がやはり欠かせなかったということであろう。いずれにせよ，生産部門が各事業部の傘下に入ったことが 1980 年と比較して，重要な変更点である。アップル II は，アメリカ国内向けは主にテキサス州ダラス近郊のキャロルトンで生産されていた。海外では，ヨーロッパ市場向けはアイルランドのコーク工場，アジア・太平洋市場向けはシンガポール工場で生産されていたので，おそらくそうした工場の管理は，アップル II 事業部に移管された

と推測できる。他方で，マッキントッシュは，主にカリフォルニアのフリーモント工場で生産されていた。その後，コーク工場，シンガポール工場でも，マッキントッシュが生産されたと推測されるが（リサはシンガポールでも部分的に生産されていた），その場合，海外工場の所管がどちらの事業部にあったかは不明である。製品事業部と地域事業部との関係は，多国籍企業にとっていつでも悩ましい問題であり，単純にマトリクス組織で解決できる問題でもない。アップルでも，両者の関係は種々議論されていたと推測できるが，基本的に本国の製品別事業部（または国際事業部）の力が勝っていたと推測される。

(4) 集権的職能別組織への回帰（1985年7月以降）

1984年から1985年頃に，本格的事業部制を確立したアップルでは，1985年に入る辺りから，スカリーとジョブズの対立が激化した。スカリーはCEOであるにもかかわらず，ジョブズの存在によって，アップルを十分には掌握しきれなかった。スカリーは，ジョブズの懇請によって，ペプシコーラの社長を辞め（ちなみに，ペプシコーラの親会社のペプシコでは副社長であった。会長は有名なケンドール），アップルにCEOとして迎えられたのである。実際に，ジョブズは会長兼副社長（マッキントッシュ事業部担当）であり，全社的な経営にも容喙することがしばしばであった。かつてリサ事業部の担当責任者を外されたジョブズは，再び業績の悪化および管理能力の不足を問題にされ，取締役会決定によって，1985年5月にマッキントッシュ事業部責任者の地位を降ろされることになった。ジョブズはなお会長の地位に留まっていたが，実務に携われないという失意の状態に陥った。スカリーは，この機をとらえ，予てからアップルの問題点の1つであった事業部間の争いをなくし，効率的な体制を作り上げるべく，大胆な組織改革を行った。事業部制から職能別組織への回帰である（図表1-20参照）。

1985年7月の新たな組織では，製品開発・製造・サービス・流通は製品事業部（Product Operations）に集約された。アメリカ国内のマーケティングおよび販売は，U. S. Marketing & Sales部門に移されている。特に，マーケティング機能が製品事業部からアメリカ部門に移されたことが特筆に値する。完全に，開発・製造とマーケティング・販売を分離したのである。さらに，国際活

図表 1-20　1985 年 7 月の組織

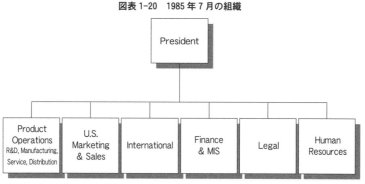

出所：Annual Report for 1985.

動でも，ヨーロッパ事業部（ここではフランス市場が成功を収めていた）と国際事業部を統合し，新たな国際事業部がヨーロッパとアジア・太平洋地区の両方を管理することになった。他の職能としては，財務，法務，人事が以前と同様に，全社レベルに設置されていた。

　以上の説明は，アップルのアニュアル・レポートに基づく解釈であるが，マイケル・マローンの著作から読み取ると，1985 年 7 月ごろは，図表 1-21 が示すような理解もできる。先の解釈とほぼ同様だが，図表 1-21 ではジョブズの処遇をどうするかに腐心している様子が分かる。マッキントッシュの担当は降ろしたが，なお最大株主であり，創業者であり，余人の追従を許さぬほどのカリスマ性の持ち主であったジョブズをどうするかは，取締役会の大問題であった。一番妥当と思われた構想は，ジョブズの独創性を活かし，新製品開発のアイデアを出してもらうために，新製品開発部を任せることであった。しかし，ジョブズはこの提案を受け入れず，同年 9 月には 5 人の仲間を引き連れ，アップルを飛び出し，ネクスト社を立ち上げることになった。

　ジョブズ後任の R&D 担当には，フランス・アップルの社長として好業績を上げ，1985 年 5 月にクパチーノの本社に呼ばれ，マッキントッシュ事業部マーケティング担当部長となっていたジャン＝ルイ・ガセー（フランス人）を任命した。またマーケティング・販売には，コロンビア大学フットボール・コーチという異色の経歴を持ち，その後，広告会社の Walter Thompson，コダック，データ・ジェネラル，IBM などでの勤務経験を持つビル・キャンベルを，

4. 管理組織の変化　59

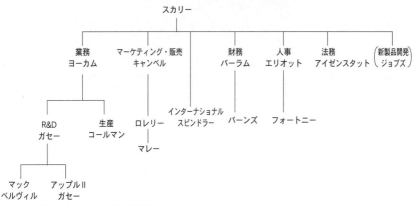

図表1-21　1985年7月頃の組織図

注：新製品開発は実現せず。推測を含む。
出所：Michael Malone（pp. 363-369）など。

1983年にマーケティング担当副社長（VP）に，1985年7月にマーケティング・販売担当上級副社長（SVP）に任命した。かれは，ジョブズ復帰後の1997年にアップルの社外取締役に任命されている（ちなみに，キャンベルは1994年にアップルを去って，ベンチャーキャピタルIntuitの取締役会長となっていた）。また，ヨーロッパとアジア・太平洋市場を統合した国際事業部のトップには，ドイツ人のスピンドラーを任命している。「ディーゼル」との綽名をもつスピンドラーは，猛烈な仕事ぶりが有名であった。ヨーロッパのアップルに1980年に入社したスピンドラーも，アップル本社のあるクパチーノの勤務となった[31]。

(5) 地域事業部への再編

1985年に，ヨーロッパ事業部と国際事業部（アジア・太平洋）を合体して，新たな国際事業部を立ちあげたアップルは，1988年に，アップルUSA，アップル・ヨーロッパ，アップル・パシフィック，アップル・プロダクツの地域事業部体制を採用した。最後の，アップル・プロダクツは，製品開発，製造を担当する事業部であり，（おそらく図表1-20のProduct Operationsと同一か），国際事業を地域事業部として細かく分割したことは明らかである[32]。

1988年の組織再編から2年後のアップルの組織を見ると（図表1-22参照），

60　第 1 章　アップルの紆余曲折（1976－c. 2000）

図表 1-22　アップルの組織　1990 年 12 月

```
                          CEO
                      John Sculley
    ┌────────┬──────────┬──────┼──────────┬──────────────┬──────────┐
  Claris     CFO       COO   Human Resources  Corporate Development  R&D &
 Campbell  John Graziano  Michael Spindler  Kevin Sullivan   Al Eisenstack    Advanced
                                                                          Technologies
                           │
                    Worldwide
                    Product Marketing
                    Randy Battat
                           │
                    Manufacturing
                    Fred Forsyth
                           │
                    Apple USA
                    Bob Puette
                           │
                    Apple Pacific
                    Ian Diery
                           │
                    Apple Europe
                    Soren Olsson
```

出所：HBS Case 9-495-044 Rev. February 11, 1997.

　スカリーが CEO であるのは変わらないが，COO としてスピンドラーが昇格している。スカリーのコントロールも直接及ぶが，COO としてのスピンドラーの傘下に，世界製品マーケティング，製造，アップル USA，アップル・パシフィック，アップル・ヨーロッパの 5 部門が置かれていた。また新製品開発部門として，先端研究開発部門（R&D & Advanced Technologies）が置かれていた。この組織は後に ATG（Advanced Technology Group）に発展していく。ちなみに，ジョブズの職能を継いだガセーは，スカリーと衝突し，1990 年にアップルを辞めている。彼もジョブズと同様に，アップル退職後，OS 開発の Be 社を立ち上げ，アップルが 1996 年にマック OS に代る新しい OS を探した時には，ネクスト社 OS との一騎打ちになった。また，マーケティング・販売を担当していたキャンベルは，アプリケーションソフトの開発を専門とするクラリス部を担当している。

　さらに，アニュアル・レポートの記述（図表 1-23）および Rebello（図表 1-18）から，1992 年の組織の状況がかなりわかる。スカリーの下に，COO の

4. 管理組織の変化   61

図表1-23　1992年の組織

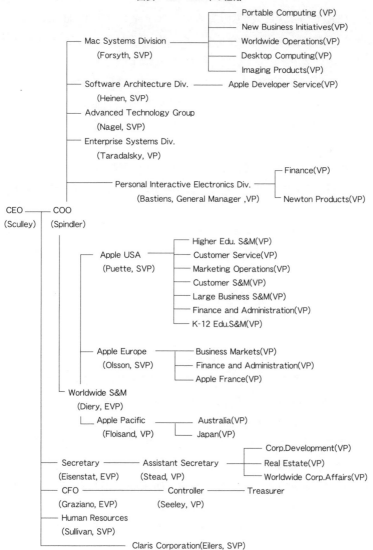

注：S&M = Sales and Marketing，カッコ内は，人名，職格．推測を含む．
出所：Annual Report of Apple, 1992.

スピンドラー，セクレタリー，CFO，人事，子会社クラリスの5部門が置かれていた。COOの下には，世界販売・マーケティング（Worldwide Sales and Marketing）があり，さらにその下に，アップルUSA，アップル・ヨーロッパ，アップル・パシフィックの3販売部門が置かれていた。

アップルUSAの傘下には，高等教育部門，カスタマー・サービス部門，マーケティング業務部門，カスタマー部門（個人部門），大企業部門，財務・管理部門，初等中等教育部門という7部門に分かれている。教育，消費者，大企業という顧客別の組織編成を採っていることが判る。

アップル・ヨーロッパでは，企業部門，財務・管理部門，フランス部門の3部門であるが，この頃のアップルでは，フランスでの成功が組織構造に反映されていた。

アップル・パシフィックでは，オーストラリアと日本の2か国を主な市場としていたことが判る。シンガポールには工場があったが，地域販売組織にはおそらく帰属していなかった。

一方，開発製造組織については，この頃にはもはやアップルIIは製造されておらず，もっぱらマッキントッシュと，PDAのニュートンが中心となっていた。

マック・システムズ事業部（Division）では，個人向けのポータブル，デスクトップ，周辺機器のイメージング・プロダクツなどが開発されていた。またWorldwide Operationsによって，シンガポール，コーク，フリーモントなどの工場が管理されていたと推測される。以上のハードウェアとともに，ソフトウェア事業部，企業向けのハイエンド製品クアドラの開発製造を行っているEnterprise Systems事業部，さらには，PDAのニュートンの開発を行っているPIE事業部（Personal Interactive Electronics Division）があった。このPIE事業部は，ゼロックスPARCからアップルに移ったラリー・テスラーを中心に活動していた。以上が，1992年のアップルの管理組織構造の骨格である。

このように，1985年に採用した職能別組織が基本であったが，全く新しい製品であるニュートンの開発事業部が誕生したことによって，若干事業部制組織の要素が発生したと思われる。ただし，ニュートンが発売されるのは1993年であり，本格的な生産はしばらく後のことであった。

(6) アメリオによる組織改革 (1996年)

　スピンドラーの下で業績の悪化が顕著になった1996年2月，スピンドラーは解任され，新たにナショナル・セミコンダクター社のCEOであったアメリオが招聘され，アップルの会長兼CEOとなった。アメリオは，Rockwell InternationalやNational Semiconductor社を立て直した再建人として評判が高く，その再建能力に期待して，CEOに就任したのであった。もっとも，その前年から彼は，マークラとの個人的関係から，アップルの社外取締役に就任していた。

　アメリオは種々の改革を行った。スピンドラーの下で肥大した製品種類の縮小，工場の売却，それを受けての製造の外部委託である。しかし，彼は半導体のプロであったが，PCのプロではなかった。半導体はB2Bの市場であるが，アップルには大企業向けの若干のB2B市場もあったが，基本的にB2Cの市場であった。同じエレクトロニクス企業と言っても，部品である半導体と，消費者市場向け完成品では，市場の性質は大きく異なるのである。最終消費者向け市場では，性能はもちろんであるが，デザイン，使い易さが極めて重要である。こうした市場の性質にアメリオはうまく切り込めなかった。これがアメリオ挫折の1つの理由である。（ただし，同じように苦境に立ったIBMを，日用品メーカーであるP&G出身のガースナーが立て直した事例もあるので，一概には言えない。）

　もう1つの理由として，アメリオの改革が成功しなかった理由は，アップルの特殊な企業文化にあった。アップルでは，通常のアメリカ企業と異なり，各事業部・セクションの対立が激しく，日本的経営ならぬコンセンサス経営が実態として行われていた。信じがたいことに，通常のアメリカ企業のようには，トップダウンで物事が決められなかったのである。極端に言えば，相手が何百人いようと，1人でも反対すると，決まらないと言われていた。当然，関連する部門が反対すれば，決定に至らないのである。アメリオは，アップルのCEOになって，この会社ではトップダウンで物事が決まらないことに愕然としたと自著で記している[33]。それを突破するには，恐ろしいまでのカリスマ性が必要であった。ネクタイ，スーツ，ワイシャツといった普通のビジネスの常識は通用せず，カリフォルニア，あるいはシリコンバレーのなかでも，アッ

プルは際立ってカウンターカルチャー的だった。ジーンズ，Tシャツが職場でも普通だった。スーツなどを着ていけば，職場で浮いてしまうのである。

通常の経営センスで言えば，アメリオの改革は，概ね妥当な方向を示していたし，彼に取って代わったジョブズの改革も，アメリオの改革を180度変えたというものでもなかった。ただ，半導体と，企業向けPCではなく消費者向けPCの場合，先にも述べたデザイン性などが重要であり（iMacが適例），また内部をまとめていくには強力な独裁制とも言えるカリスマ性が必要であった。それがアメリオとジョブズの決定的な違いであろう。

1996年にアメリオが作り上げた組織は，スピンドラーとはかなり異なっていた。アメリオは，古巣のナショナル・セミコンダクターからCTOとしてエレン・ハンコック，CAO（Chief Administrative Officer）としてジョージ・スカライズ，またナショナル・セミ社ではないが，彼がアップルに招いたCFOとしてフレッド・アンダーソンがいた。さらに彼が社内から抜擢したCOOとしてマルコ・ランディがいて，社内の枢要な部署に自分の息のかかった人物を配置したのである（ただし，マルコ・ランディの抜擢は失敗だったと，アメリオは述懐している）。しかしながら，それでも社内を掌握することはできなかった。先のアップルの企業文化を打ち破るほどのカリスマ性を持っていなかったからである。

図表1-24を見ていくと，製品開発で重要なATG（Advanced Technology Group）をCTOのハンコックが所管し，他にハードウェアのマッキントッシュ部門，サーバーやプラットフォームなどのソフトウェア部門，ニュートンなどの情報機器部門が存在していた。マーケティング・販売では，以前の地域組織は解体され，内容はよくわからないのだが，Worldwide Sales, Worldwide Corporate Marketing, Strategic Market Segments, Apple Assist（サービス部門か）に再編成されていた。長期戦略の部署Strategic Planning and Corporation Developmentも新設され，戦略を重視していることも読み取れる。

アメリオの組織改革をもう少し詳細にみると，確かにアップルの組織は集権的職能別組織のようになっていたが，研究開発部門と営業部門の反目が強く，両社の関係は容易に修復できなかった。そこで，アメリオは，1996年5月，「組織再編の時，私は，製品部門を分野ごとに独立させ，それぞれにゼネラル

4. 管理組織の変化   65

マネジャーを置くことにした。各ゼネラルマネジャーは，自分たちの製品の成功に責任があるので，必然的に営業部門と協力し合うほかない」。これは，部

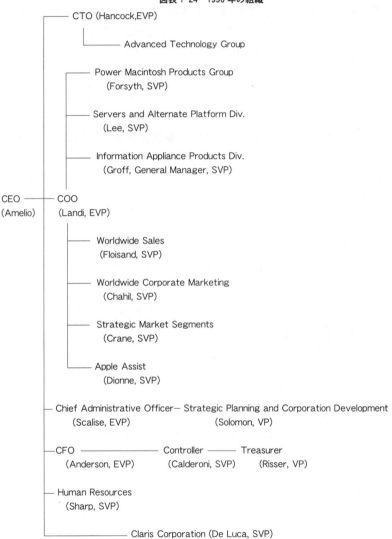

図表1-24　1996年の組織

注：カッコ内は，人名，職格。推測を含む。
出所：Annual Report of Apple, 1996.

分的な製品別事業部制に他ならない。

また機能不全として，機能や責任のはなはだしい重複，またマーケティング組織の非能率が存在していた。「長年，アップルの各製品事業部にはそれぞれマーケティング組織があるのだった。私が CEO に就任したとき，アップルには 22 のマーケティング組織があった。‥‥‥まったく驚くべきことだ。22 のマーケティング組織がめいめい代表者を出して，マーケティング・カウンシルという協議会をつくり，この協議会が定期的にミーティングを開き，歩調を合わせていた。意図はわかるが，22 人もの代表者が何らかの合意に達するのは至難の業だ」

そこで，アメリオは，1997 年 2 月，逆に，管理組織を中央集権的な組織に移行させた。「一般には，分権的な組織のほうが好ましい。戦略を決定する人間が，その結果をじかに感じることになるからだ。とくにアップルの場合，企業文化のせいで，つねに個人の自由が尊重されており，めいめいの独断で動くのがよいとされる傾向にある。中央集権的な組織は，二〇年の歴史に相反する（傍点は引用者）。しかし，そうはいっても，分権的な体制の弊害にもう目をつぶってはいられない段階に来てしまった。これまでは，パワーブック部門，ハイエンド・デスクトップ部門などというふうにわかれていて，それぞれの監督者がそれぞれの損益の責任を負ってきた。だが，新体制では，職能に従って，単純な階層型の構造をとる。つまり，製造部門，マーケティング部門，エンジニアリング部門，というふうに。」[34]。

このようにアメリオは種々の改革を行ったが，既述のように 1996 年 12 月に，マック OS に代る新たな OS を自社で作り出すことができないとわかり（ピンク OS, コープランド OS の挫折），他社から OS を買おうとした。最初はいくつかの候補があったが，最終的に Be 社の BeOS と，ネクスト社のネクストステップ OS のいずれかに絞られた。最終的な結論は，ジョブズのオープンステップ OS になり，単に OS を買うのではなく，ネクスト社を買収して，人員もろともアップルに迎え入れることになった。それと共にジョブズがアドバイザーとしてアップルに復帰すると，たちまち CTO のハンコックと衝突し，他方でネクスト社のエンジニアを重用しはじめた。アップル社内では，買収前からジョブズが復帰すればアメリオはその地位を追われるだろうと噂されていた

のだが，アメリオは耳を貸さなかった[35]。

1997年7月に，厖大な赤字と株価低落の責任を問われてアメリオが解任されると，ジョブズは暫定CEOとなり，直ちに大幅な組織変更を行った。アメリオの時には，17人の執行役員（executive officer）がいたが，それを7人に減らし，CFOのアンダーソンを除き，後の5人はすべてネクスト社からの人間とした。ハンコック以下，従来の執行役員は全員解任した。組織はシンプルとなった。ハードウェアにはジョナサン・ルービンスタイン，ソフトウェアはアヴァディス・テヴァニアン，Worldwide Salesはミッチェル・マンディッチ，サービス&サポートはシーナ・タマドン，総務（General Counsel & Secretary）にはナンシー・ハイネンという100%，ジョブズの布陣であった。またスカリーの始めたニュートン事業部やATG（Advanced Technology Group）は廃止，スピンドラーの始めたライセンス戦略も中止となった。

また，ガヴァナンスも，創業以来の取締役マークラを追放し，ジョブズの返り咲きに功労のあったウーラードと，ヒューズ・エレクトロニクスのガレス・チャンの2人しか取締役として残さず，後は総入れ替えとなった。友人のローレンス・エリソン（オラクルCEO），ビル・キャンベル，IBMやクライスラーのSVP，CFOを務めたジェローム・ヨーク，それにジョブズの合計6人に絞り込んだ。ちなみに，1996年の取締役数は9人であった。

(7) ジョブズの組織（2011年）

ジョブズは1996年12月に復帰すると，たちまちアップルの実権を握った。アメリオには，ジョブズのカリスマ性──現実歪曲空間（reality distortion field）が有名である──に対抗する術はなかった[36]。「普通のCEO」が，特異な才能を持つ企業家に打ち勝つことはできなかった。また，ネクスト社を買収するとき，最初は1億ドル程度と言われていたのに，実際は4億ドル以上の高い買い物になった理由はよくわからない。だが，この金額は，ジョブズに多大な資金的ゆとりを与えることになった。アメリオも高過ぎる買い物になったと述懐している。その巨額の買収金額の一部分を，アップル社はアップルの株で支払ったのだが，6か月間はその株を売却しない約束にもかかわらず，ジョブズは約束を破り，アップルの株価下落に力を貸した。そしてアメリオの追放を

より確実にしたのである[37]。ジョブズの約束破り，ごまかしは，ウォズとの間でも起こったことは有名である[38]。その結果，ジョブズとウォズは決定的な仲違いをすることになった。共同創業者で，ここまで仲が悪くなる例も少ないだろう。もっともこの時点で，ジョブズが強気でいられたのは，ジョブズが所有していたアニメ制作の会社であるピクサー社の長編アニメ「トイ・ストーリー」が爆発的にヒットし（1995年11月），同社の上場成功によって，10億ドル以上の資産を有する大資産家になっていたことも影響していたと思われる。その前までは，ネクスト社も不振，ピクサー社も金食い虫で，ジョブズの個人資産は減る一方だったからである[39]。

　ジョブズの改革が成功したのは，組織をシンプルにしたこと，製品種類を徹底して少なくしたこと，iMacのような魅力的な製品を発売したこと，製品在庫の削減を徹底したこと，「パワーブックG3」のような売れ筋の製品が1997年に存在した幸運，需要予測を的確に行い，需要時に適切な製品投入を行ったこと（以前のアップルではクリスマスなどの大需要期の予測失敗が原因で品不足が起きていた）[40]，BTO（build to order）に基づくオンライン・ストアの開設，新たな顧客キャンペーン「Think Different」の成功[41]，以上を遂行しうるジョブズのカリスマ性・リーダーシップ，これらの要因であった。

　この中で，在庫削減について触れておくと，図表1-25-1から分かるように，ジョブズが実権を握った1997年7月から9月，すなわち1997年第4四半期には，在庫は第3四半期の5億3400万ドルから4億3700万ドルに減少し，1998年の第4四半期には，わずか7800万ドルに激減している。この理由は，アップルがデルやコンパックを模範に在庫削減を目指したからである[42]。これに対して，出荷量は1998年第3四半期（1998年4月から6月）までは横ばいであったが，第4四半期（7月から9月）にはiMac，「パワーブックG4」の好調により，出荷量も増大に転じた。またアメリカの市場シェアは図表1-3から分かるが，世界市場シェアが図表1-26に示されている。そこでは1997年まで，つるべ落としに低下していたシェアが，1998年には横ばいに転じたことが判る。だいぶ後になるが，2011年のアップルの組織が，『フォーチュン』に掲載されている。図表1-27を見ると，ジョブズを除くと，46人のVP以上の執行役員がいた。アップルでは委員会は存在せず，DRI（directly responsible

4. 管理組織の変化　69

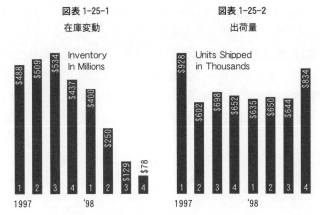

図表 1-25-1　在庫変動　　図表 1-25-2　出荷量

注：会計年度は，10月から翌年9月まで。1998年1期は，1997年10月から12月を指す。
出所：*Fortune*, 1998.11.9, p. 48.

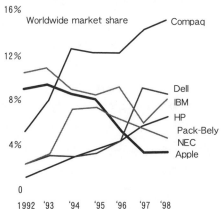

図表 1-26　PCの世界市場シェア

原出所：INTELLIQUEST; IDC.
出所：図1-25に同じ。

individuals) という言葉が象徴するように，個人の直接的な責任が強調されていた。したがって最高意思決定機関という言葉は意味を持たず，もしあるとすれば取締役会 (Board of Directors) だけであろう。経営側 (officer) では，アメリカ企業における通常の経営委員会 (executive committee) は存在せず，ジョ

ブズを入れて10人からなる「執行チーム」(executive team) が存在していたが，それは，ジョブズが全てを決める独裁的な円心構造であった。

　ジョブズは，執行チームと頻繁に意見を交換するが，それ以外にもジョブズに直接報告するVPを6人持っている。アメリカでは，だれに報告するかということが決定的に重要であり，報告すべき人が上司（ボス）ということになる。合計15人（執行チームの2人を含む）のVP以上の人間がジョブズに報告する義務を持っているのであり，ピラミッドではなく，この同心円的構造はジョブズの経営スタイルを表している。2005年にCOOになったティム・クックは，7人しか報告すべき者を持っていない。ジョブズがいかに全般的に，かつ細部まで掌握しようとしていたかが分かる。

　1998年以降のジョブズの体制には，2人の重要人物がいた。1人は，後にCOOになり，2011年に亡くなった後を受けて，CEOになったティム・クックである。クックは，従来アップルでは軽視されていたロジスティクスや在庫削減の専門家であり，1998年3月にジョブズに請われてアップルに入社した。IBMとコンパックで勤務した経験があり，特に，コンパックでは同社の有名なサプライチェーンの構築に尽力した経歴を買われて，ジョブズがアップルに招いた。彼がアップルのサプライチェーンを担当して以降，1998年末には在庫が前年の4分の1程度に減少した（図表1-25-1参照）。

　もう1人の柱は，ジョナサン・アイブで，アップルのデザインを飛躍的に向上させた原動力であった。アイブは，元々イギリス生まれで，ロンドンの工業デザイン学校で頭角を現し，1992年からアップルで働いていた。しかし，ジョブズがアップルに復帰すると，その才能を開花させ，iMacを初めとして，iPod, iPhone, iPadのデザインチーフとなった[43]。アップルでは従来からデザインは重視されていたが，それでも開発が花形で，その次がデザイン，さらにその次が製造，ロジスティクスは最も低い評価しか与えられていなかった。そこに，開発よりもデザインを重視する風潮あるいは企業文化が誕生した。ハードウェアのトップであるルービンスタインがデザイントップのアイブと対立すると，ルービンスタインはネクスト社からの古参であったにもかかわらず，アップルを退社することになった。製品デザインが製品技術開発よりも，優位に立った象徴と言われている[44]。

図表1-27 2011年のアップル社

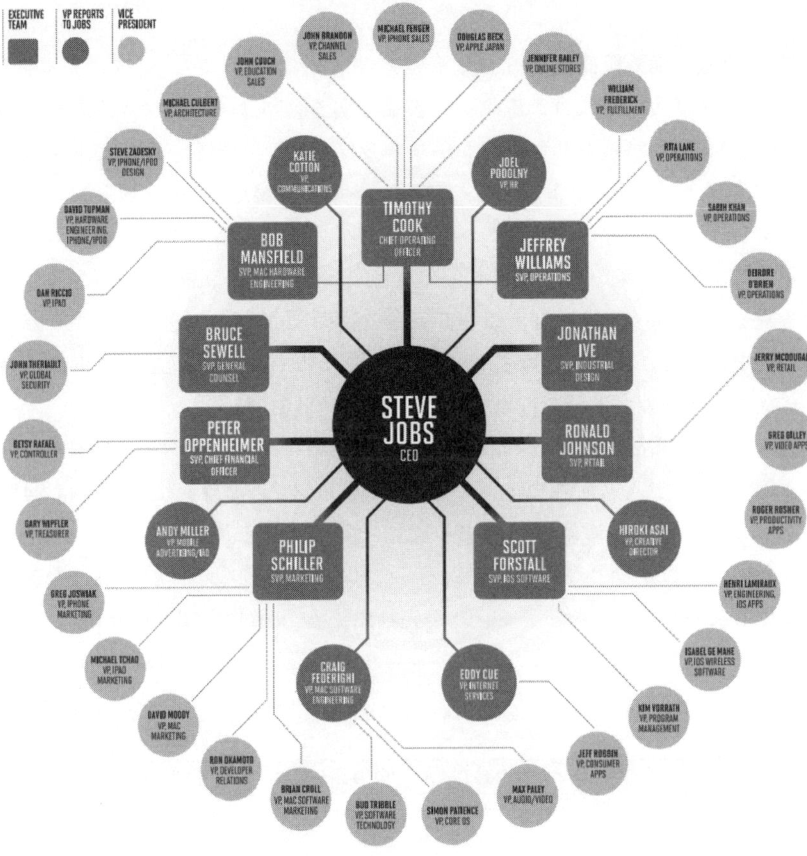

出所：*Fortune*（http://fortune.com/2011/5/9）．

5. 販売と生産の国際展開

　ところで，アップルはグローバル企業なのだろうか。もしそうであるとすれば，いつなったのであろうか。アップルの国際活動に特に焦点を当てた研究は皆無なので，本節では，アップルの国際活動がどのように行われていたのかを

明らかにしたい。

(1) 米国・海外販売比率

PCはアメリカで生まれ，広まった製品である。ニューメキシコ州のアルバカーキ（MITS）からシリコンバレー（アップル）へ，あるいはシアトル（マイクロソフト），ボカラトンおよびアーマンク（IBM），ヒューストン（コンパック），オースティン（デル）へと拡大していった。海外では，タイムラグをおいて，NEC，東芝などの日本企業が台頭した。世界のPC出荷（生産）台数を見ると，1984年には世界で900万台の出荷のうち，アメリカが500万台と過半を占めていた。この比率は1995年になっても，5000万台中，2500万台と，なおアメリカが半分を占めていた（図表1-28参照）。

図表1-29から分かるように，1982年には金額で見て，アップルの国内売上が4億4100万ドル，海外売上が1億4200万ドルで，海外売上の比率は24%であった。アップルは既にナスダックに上場している大企業ではあったが，24%というのはかなり高い比率である。この傾向は1980年代前半には大きくは変化しないが，マッキントッシュが売れ始める1986年以降，徐々に増加し，1991年には45%に達した。ただしアップルが組織的に国際的体制を築くのは

図表1-28　PCの出荷台数

(100万台)

	アメリカの出荷台数	アメリカの使用台数	世界の出荷台数
1984	5	16	9
1988	7	23	14
1992	12	36	31
1995	25	74	50
1998	39	129	96
2000	48	164	125
2001	43	177	131
2002	42	206	138
2003	53	255	155
2004	58	280	178
2005	60	320	195
2006	62		239
2007	63		271
2008	68		293

出所：Noam, Eli (2009), p.194.

図表 1-29 国内・国外の販売比率

(100万ドル, %)

	国内売上	海外売上	同比率
1982	441	142	24
1983	764	218	22
1984	1,187	328	22
1985	1,490	428	22
1986	1,411	490	26
1987	1,940	721	27
1988	2,766	1,305	32
1989	3,401	1,882	36
1990	3,241	2,317	42
1991	3,484	2,824	45
1992	3,885	3,201	45

出所：Annual Report of Apple, 1992.

1980年代前半である。というのも，1980年には国際部は存在しなかったが，1985年以前に，ヨーロッパ事業部と国際事業部が設置されていたからである。この期間にアップルは国際企業としての内実を備えていくことになる。

地域別市場を明らかにしたのが図表1-30である。この表での「アメリカ」は厳密にはカナダを含む北米，あるいは南北アメリカを意味する年度もあるが，概して「非アメリカ」は1993年には41％で，2001年（44％）くらいまであまり変動がない。しかし，iPod，iPhone，iPadなどが発売される頃，特に2004年になると「非アメリカ」の比率は50％を超え，2011年には65％に達する。ただし，これは「小売」（直販・通販）を参入した数値で，アメリカ国内で販売された分もこの中に入っている。「小売」は2001年から項目に挙がってくる。最初は2000万ドルと少なかったが，2013年には202億ドルと巨額になった。アップルストアでの直販は，現在では10％を超えると言われている。そこで，小売りを除いた「アメリカ」のシェアを計算すると，2009年まで50％台で，1993年から2009年ごろまであまり変化はない。合衆国の比率はおおよそ55％，海外販売比率は45％程度ということになろう。ただし，2010年になると小売りを入れた「アメリカ」の比率は38％（前年は44％），小売りを除いた比率は44％（前年は52％）となり，海外販売比率は55％前後と，かなり海外比率が高まったことが判る。これは，中国での販売が激増したことによると

図表 1-30 アップルの地域市場

(億ドル, %)

	アメリカ	ヨーロッパ	日本	アジア太平洋	中国	小売	合計
1993	46.9 (59)	20.0	8.4	4.5			79.8
1994	52.9 (58)	21.0	12.3	5.7			91.9
1995	61.3 (55)	23.7	18.2	7.5			110.6
1996	47.4 (48)	22.2	17.9	5.6			98.3
1997	35.1 (50)	16.7	10.7	4.9			70.8
1998	32.9 (55)	13.5	7.3	2.9			59.4
1999	35.3 (58)	13.2	8.6	3.1			61.3
2000	43.0 (54)	18.2	13.5	3.6			78.3
2001	30.0 (56)	12.5	7.1	3.9		0.2	53.6
2002	30.9 (54)	12.5	7.1	4.1		2.8	57.4
2003	31.8 (51)	13.1	7.0	4.0		6.2	62.1
2004	40.2 (49)	18.0	6.8	6.0		11.9	82.8
2005	66.6 (48)	30.7	9.2	10.0		22.8	139.3
2006	94.2 (49)	41.0	12.1	13.5		32.5	193.2
2007	116.0 (48)	54.6	10.8	17.5		41.2	240.1
2008	165.5 (44)	92.3	17.3	26.9		72.9	374.9
2009	189.8 (44)	118.1	22.8	31.8		66.6	429.1
2010	244.9 (38)	186.9	39.8	82.6		98.0	652.3
2011	383.2 (35)	277.8	54.4	99.0	126.9	141.3	1082.5
2012	575.1 (37)	363.2	105.7	107.4	225.3	188.3	1565.1
2013	627.4 (37)	378.8	134.6	111.8	254.2	202.3	1709.1

注:アメリカ(1993〜1995 は北米, 1996〜1998 は合衆国, その他は南北アメリカ, ちなみに 1998 年の南北アメリカは 34.7 億ドル), ヨーロッパ(中東, アフリカ, インドを含む), アジア太平洋(オーストラリアを含む), 中国(2010 年以前はアジア太平洋に含まれていたが, 2011 年から独立)。小売は直販, 通販。括弧内はアメリカ市場の比率。

出所:Annual Report, Form 10-K of Apple.

推測される。結局,最近数年の合衆国の販売比率は 45% 程度,海外販売比率は 55% 程度と推定できる。

アップルの初期,とりわけ 1980 年代の海外市場では,数字的には明示できないが,ヨーロッパ,とくにフランス市場が好調だったようであり,これにはフランス・アップルの社長であったガセー,あるいはヨーロッパ・アップルの社長であったスピンドラーの貢献も大きい。これに対し,日本はアップルの売上にはあまり貢献しなかった。一つには漢字の問題があり,1986 年に漢字 Talk が発売されてようやく輸出が軌道に乗った。もっとも,日本では,1977 年のウェスコン(West Coast Computer Fair)にアップル II が出品された時,

いち早く目を付けた人がいて，輸入代理店の第1号となった。その後，東洋レーヨン，次いでキヤノンが輸入代理店となったが，先の漢字フォントが完全には解決できず，漢字 Talk の発売以降に輸入が増加することになった。キヤノンは日本での組み立てを希望したが，アップルは技術漏えいを恐れて，日本での生産を許可しなかった[45]。

現地生産こそ実現できなかったが，1983年にはアップル・ジャパンが設立され，1992年には日本での販売も軌道に乗り，VPクラスの人材が日本担当となり，フランスに比肩するほどであった。ただし，アメリカ本社の都合により，日本担当者は頻繁に入れ替わっていた。

1993年の日本における売上は8.4億ドルで11％であり，ヨーロッパは25％であった。この後，日本のシェアは1995年には16％，1996年は18％，1997年は15％，1998年は13％，1999年は14％，2000年には17％を記録する。この頃は，日本がアップルにとってきわめて重要な市場となっていた。その後，減少傾向になり，2007年には4％の最低を記録するが，その後漸増に転じ，2013年には8％に達する。これは，「小売」を除いた数値なので，日本にも直営店があり，この数字は若干高まると推定される。

(2) 工場の設置

アップルを取り上げた文献では，製品開発に関心が集まり，どこに工場があったのか，どのような運営が行われていたのかの記述は乏しい。またアップル自体でも製品開発に主眼があり，生産活動は二の次という状況があった。流通が軽視されていたのと同様に，生産も軽視されていたのであるが，ここでは，アップルがどのように国内・海外工場を展開していったのかを明らかにしたい。

1970年代にどこで生産が行われていたのかを明確に確認することは難しいが，本社があり，研究開発が行われていたクパチーノでも生産も行われていたと思われる[46]。その後1980年11月に，早くも海外工場の先駆けとして，アイルランドのコーク（Cork）に組立工場が設置された。なぜアイルランドであったのかはこれも明瞭ではないが，当時アメリカのハイテク企業はこぞってアイルランドに工場を建設するブームが起き，アイルランド経済の活性化に役

立った時期があった。低廉な労働コストや資材，イギリスや大陸市場への市場アクセスの有利さが主たる理由であろう（図表1-31参照）。最近，話題になったアップルの税金問題に関する報道では，コークには現在でも6000名の従業員がいる。

次いで，アップルは1981年7月に，シンガポールに同じく組立工場を設置した。当時，シンガポール政府は，外資の導入を積極的に働きかけていた。1977年に，HPが電卓の工場を立ち上げ，1979年にはSeagate社がディスク・ドライブの製造工場を建設し，次いでアップルが2年後の1981年に組立工場を建設した。その後，コンパック，HP，IBM，DEC，TI，Intel，ナショナル・セミなどがPC関係の工場を陸続と建設した。こうして，シンガポールは製造だけではなく，倉庫，パッケージ，流通の拠点となった[47]。

アップルの場合は，1981年にアップルIIとリサ用のPCB（printed-circuit board）工場を立ち上げた。1985年までには，アップルIIの最終組み立てを行い，

図表1-31　アップルにおける工場の展開

1980.11	アイルランドのCorkに，組立工場設置
1981.7	シンガポールに製造施設設置
1981.8	ダラス（Carrolton）に工場設置
1981	組立工場は，6か所（ダラス，コーク，シンガポール，カリフォルニア3か所〔クレモントほか〕）
1983	Fremont工場建設
1985	工場：Fremont（自動化工場），Garden Grove (LA) #，Carrolton#，Singapore，Cork，Mill Street#（アイルランド）（#はこの年に閉鎖）
1990	工場：Colorado Springs，シンガポール，コーク。〔サクラメント〕Austinにテクニカル・サポートセンター
1994	アメリカ市場はカリフォルニア，コロラドから。アジア・太平洋市場はシンガポールから，ヨーロッパ市場はアイルランドから製品供給。子会社は，オランダ，フランス，アイルランド，イギリス，日本。
1995	コロラド・スプリングズ工場売却（SCI Systemsと契約）。サクラメント工場閉鎖。
1998	サクラメント，コーク，シンガポールの工場売却。ただし，後2者にはCompany's facilitiesの言葉あり。子会社は，オランダ，アイルランド，日本。
2002	組立は，Company's facilities, Cork and Singapore, or third-party vendors in Taiwan, Korea, Mexico, People's Republic of China and Czech Republic（Hon Hai Precision, Samsung Electronics, LG Electronics, Matsushita, etc.）
2007	組立は，Company's manufacturing facility in Cork, and by external vendors in California, Korea, China and Czech

出所：Annual Report, 1981, 1994－2015。各種文献。

1989年には若干の部品デザインも行うようになった。さらに1990年には，MacPCの最終組み立て責任を持つようになった。シンガポールにおけるアップルの部品は，CPUを除くと，アジアで全量が調達されていた。特に，部品生産では日本の重要性は高く，ジョブズが頻繁に日本に来ていたのは，和食を食べることもさることながら，キヤノンやアルプス電気などからの部品調達のためであった。

アップル・コンピュータ・シンガポールは，130の部品調達先を持ち，アジア太平洋地域には他の製造拠点のほぼ半分のコストで市場アクセスができた。このため，1992年には，シンガポールは全アジア太平洋地域の最終組み立ての責任を持つようになった。翌年には，マッキントッシュ製品のデザインセンターが設置され，1994年には，シンガポールはアジア太平洋地域の流通，ロジスティクス，販売，マーケティングのセンターとなった。部品の調達額20億ドルの半分は日本から，5億ドルは地元シンガポールから，2.5億ドルから5億ドルが台湾からの調達であった[48]。

シンガポール工場とほぼ同時に，アップルはテキサスにアップルII用の組立工場を建設した。ダラス近郊のキャロルトンCarroltonに大規模な工場を建設した理由もはっきりとは分からない。しかし，こうしてアップルの生産体制は1981年には6工場体制，すなわちコーク，シンガポール，ダラスの主要工場と，カリフォルニアに3か所の合計6工場体制となった[49]。

1983年には，シリコンバレーに近いフリーモントに，マッキントッシュ用の工場を建設した。マッキントッシュはジョブズが推進した企画なので，その製造工場もジョブズの理念を大幅に取り入れ自動化を進めた。その結果，他のPC組立工場と比較して，自動化の進展した工場となったが，当初は販売が思わしくなく，操業時間は大幅に短縮され，閑散とした工場となった。このように，ジョブズが自動化工場に執心した理由は，日本での工場の有り様に影響されたからであると言われている[50]。彼は，ネクスト社の工場も同じフリーモントに建設し自動化を推し進めたのであったが，ネクスト社はあまり業績が上がらず，1993年にはハードウェア部門をキヤノンに売却せざるを得なくなった。したがってネクスト社はソフトウェア部門だけになり，自慢の自動化工場もネクスト社の所有ではなくなってしまった。

アップルでは 1985 年，スカリーが実権を握り，工場のスクラップ・アンド・ビルドに着手した。いつ設置されたのかは不明だが，ロスアンジェルスに周辺機器の製造工場が存在した。1981 年には，カリフォルニア州に 3 つの工場があったが，そのうちの 1 つの可能性がある。また，これも小規模な工場であったが，アイルランドにミル・ストリートと呼ばれる工場があった。これにテキサスのキャロルトン工場（アップル II の主要工場）を加えて，上記の 3 工場を閉鎖する決定がなされた。最初の 2 工場は小規模であまり問題は起きなかったが，キャロルトンは大工場であったので，従業員の反発もあったが，結局はフリーモントに統合された。したがって，1985 年にはフリーモント，コーク，シンガポールの 3 工場体制になった[51]。

1990 年には，コーク，シンガポールの工場に加えて，コロラド・スプリングズに工場が存在していた。これも，いつ建設されたのかは不明だが，マッキントッシュの販売が好調となるに及んで，そのための工場建設であったのは確かである。この他に，サクラメント工場，クレモント工場もあったようである。またテキサスのオースティンには，テクニカル・サポートセンターが設けられていた。

以上から，1990 年代前半の市場と生産体制を概括的に言えば，アメリカ国内市場はカリフォルニアとコロラドから製品を供給し，ヨーロッパ市場はアイルランドのコークから，アジア太平洋はシンガポールからという 3 極体制が構築されていた。

しかし，このような工場建設という直接投資体制は大きな変化を受ける。コンパックが先鞭をつけた委託生産方式が脚光を浴び，自身で工場を建設するのではなく，他企業と委託契約を結んで製造を任せた方が効率的であるという新たなビジネスモデル，すなわちファブレス・ファウンドリー方式が有力となった[52]。これは委託契約を，海外企業とだけ行うというものではなく，アメリカ国内企業と結ぶ委託生産方式も盛んとなったことは興味深い。アップルの場合も，スピンドラー経営下の 1995 年に，コロラド・スプリングズの工場を売却し，その運営を受託会社である SCI Systems, Inc. に任せた。SCI Systems は，アラバマ州の会社で 1961 年に設立され，1980 年代には，IBM の PC 生産も手掛け，スコットランド，シンガポールにも進出し，1987 年ごろには，世

界最大の製造請負企業と言われ,「フォーチュン500」にもランクインしていた[53]。そのSCIに委託し,コロラド州の工場を売却したのである。1995年にはサクラメント工場を閉鎖している。

さらに,ジョブズが復帰した1998年にはサクラメント,コーク,シンガポールの工場を売却,コーク,シンガポールでは委託契約を結び,生産は継続したと思われる。ただしアニュアル・レポートには,コーク,シンガポールは"Company's facilities"との文言があることから,売却はせず委託契約を結んだ可能性もある。いずれにせよ,自社で工場を所有し,運営し,出荷するというスタイルから脱皮したことは明らかである。1990年代のトレンドであるファブレス・ファウンドリー方式をアップルも忠実に実践したと言えよう。

この傾向は,PCからiPod,iPhone,iPadになると,さらに強まった。その理由としては,PCの部品点数は価格にもよるが,だいたい2000点から3000点であるのに対し,iPodは500点,iPhoneは1000点ときわめて少なくなる。これはファブレス・ファウンドリー化を推し進める1つの要因ではなかろうか。ちなみに,自動車は2万点から3万点の部品点数であり,安全性ということもあり,そう簡単にはファブレス・ファウンドリー化が進展してはいない。

いずれにせよ,従来の国際経営論,多国籍企業論が想定していた,輸出→直接投資(リエゾンオフィスの設置,営業所の設置→工場の建設)といった流れの中には収まらない新しい動向である。現在の,アップルとサムスン,ホンハイ(フォックスコン),TSMC,LGなどとの委託契約方式でのアップルの国際展開には,コンパック,デルなどと同様,統合型経営モデルとは異なる,ファブレス・ファウンドリー型の新しいビジネスモデルの台頭が注目に値する[54]。

(3) 販売活動の展開

PCの販売は,家電製品,大型コンピュータ(メインフレーム)とは異なり,ハードウェアとソフトウェアとの関係から,PCメーカー,小売業者,ユーザーの関係が極めて複雑になる。アプリケーションソフトの存在が理由の1つである。図表1-32が示すように,アップルの場合,OSはアップル自身で開発し,CPUはモトローラから,後にはインテルから購入する。他の部品は,アメリカのサプライアーや主に日本・韓国のサプライアーから購入する。それを

図表1-32　アップルのビジネスモデル（1976 – 1997）（PC）

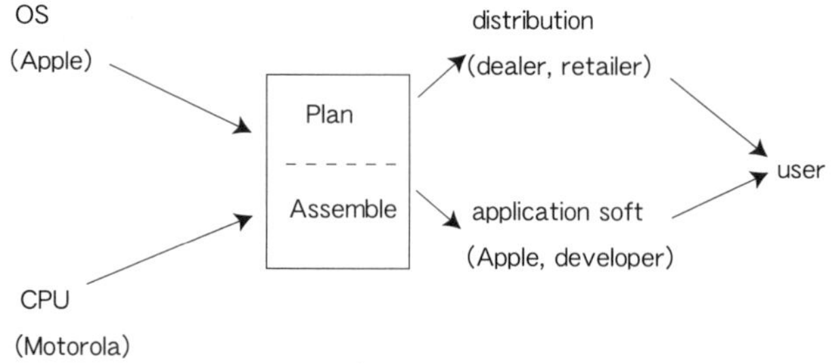

```
OS
(Apple)   ──→ ┌─────────┐ ──→ distribution
              │  Plan    │     (dealer, retailer) ──→
              │ ------- │                              user
              │ Assemble │ ──→ application soft    ──→
CPU       ──→ └─────────┘     (Apple, developer)
(Motorola)
```

　国内外の工場で組立し，流通業者であるディーラーや大口小売業者（例えば，ベストバイ，シアーズ，コンプUSA）に出荷し，流通業者がユーザーに販売する。ところが家電と異なり，それで完結するわけではない。アプリケーションソフトをディベロッパー（サード・パーティ）が開発し，それをユーザーに販売するからである。アップルがこのアプリケーションソフトを作成販売することもある。この構造は，アプリケーションソフトだけではなく，プリンターや外付けデバイスなどの周辺機器にも当てはまる。したがって，市場とメーカーとの関係は，生産がファブレス・ファウンドリーになって複雑化したのと同じように，初発から家電市場やメインフレームとは異なる複雑な構造を持っていた。

　アップルでは当初より，PC販売は国際化していたので，1980年11月にはオランダのZeistに流通サービスセンターを設置した。ヨーロッパ市場は，初期にはアップルにとってきわめて重要だった。翌年1月にはイギリスの販売業者を買収し，販売拠点を構築した。さらに，ドイツのミュンヘンにも拠点を設けた。他方，アメリカ国内市場は1000以上のディーラー拠点を有し，1980年にはアップルはPC販売の全米1位の座を占めていた。ある統計によれば，1980年の世界市場で，アップルは27％，タンディ21％，コモドール20％，NEC9％，HP5％であった[55]。

　アップルにおける売上の4分の3は合衆国ないしは北米市場であり，また売上の3分の1以上がビジネス分野であった。アップルの市場が消費者市場（個人・家庭市場），教育市場，プロフェッショナル市場，ビジネス市場の間で，どのような構成を持っていたかは定かではないが，1982年以降，IBMがビジ

ネス市場に浸透してくるにつれて、アップルのビジネス市場におけるシェアは急降下したと推定できる。1984年のビジネス市場では、IBMが36.1%、アップル12.7%という統計がある[56]。逆に、コンパックは同社製品の市場は85%がビジネス市場との記述もある。

1988年、すでに管理組織のところで触れたように、販売組織は、アップルUSA、アップル・ヨーロッパ、アップル・パシフィックの3地域体制となった。これは、アップルが文字通り、グローバル企業となったことを示している。

アップル製品の販売方法で、ディーラー、リテイラーに加えて、デルやコンパックが通販で成長したのに倣い、アップルも1997年にオンラインショップを開設した。これは後のiTunes Storeに繋がっていく。さらにジョブズの下で、2001年には、お洒落な直営店アップルストアが開設された。アップルストアでは、ジーニアス（天才）と呼ばれるアップル製品を熟知した店員が顧客の相談に乗り、極めて効率の良い店舗を作り上げた。1平米あたりの売上高では、ティファニーをも凌ぐと言われるほどである。直営店は、急速に拡大し、2004年には86店舗を数えた。その中には、海外1号店である東京、2号店の大阪の2店舗を含んでいる。2007年には国内店174、海外店23店、合計世界で197店舗を展開することになった。2012年には世界で390店に達している[57]。

図表1-33 アップルの販売活動

1980.12	オランダのZeistに、流通サービスセンター設置
1981.1	イギリスの販売業者買収
1981	ディーラーのサービス拠点、北米で1,000以上。6か所の国内独自流通センター。海外3拠点（Zeist, Munich, UK）。北米の販売比率は76%。売上の3分の1以上はビジネス分野。
1988	販売組織：アップルUSA、アップルヨーロッパ、アップルパシフィック
1997.11	オンラインショップ開設。
2001.5	直営店（アップルストア）開設。
2002	直営店数40。最大distributorはIngram Micro Inc.（売上の11.5%）
2003.4	iTunes Music Store開始。
2003	直営店数65。
2004	直営店数86。内、海外店舗2（東京、大阪）。
2005	直営店数125（売上の2割）。
2007	直営店数197。内、海外店舗23。
2008	iTunesStoreの売上、全米で1位。
2011	直営店数326。
2012	直営店数390。

出所：Annual Report, 1981, 1994−2015。各種文献。

また2003年には，iPodと連動したiTunes Music Storeを開設し，さらに音楽だけではなく製品全般を取り扱うiTunes Storeへと発展していく。音楽関係では，2008年にはダウンロードされる楽曲のロイヤルティなどの売上で，ウォルマートストアを凌ぐことになった[58]。このように，アップルの販売組織は，直営店，iTunes Storeなど，多面的に広がっていて，さらにアプリの製作，販売，購入のプラットフォームであるApp Storeの設置など，この面でのジョブズの経営者としての独創性は目覚ましい[59]。

結　語

　アップルの企業活動は，ジョブズを核にして，20世紀末から21世紀初めにおけるアメリカ企業の歴史において，19世紀後半のカーネギー，ロックフェラー，20世紀前半のヘンリー・フォードにも比肩する輝きを放った。

　アップルは，パーソナル・コンピュータという製品を引っ提げて，消費者生活に多くの変革をもたらした。さらに，21世紀にはiPodという音楽端末，iPhoneというスマートフォンによって，2回目の変革を引き起こした。まさに，ジョブズが試みようとしたこと，すなわち世界を変えたのである。個人の生活スタイルに，PC，iPod，スマホを持ち込むことによって，それまでの文書中心の生活スタイルから，電子媒体を通じて，日々の生活のエレクトロニクス化を実現したのである。

　本章では，そうした変革の中核を担ったアップルの製品戦略，管理組織，国際展開の3側面から，アップルの活動を分析した。時代の流れに棹をさす製品群，それを支える管理組織の形成，変容，そうした活動がアメリカ国内から海外に広がっていく様相，これらの事柄を描いた。

　アップル，あるいはジョブズは，経営史的にも様々な興味深い「新語」をもたらした。主観主義の極致とも言える「現実歪曲空間」（reality distortion field），委員会を否定した「直接個人責任制」（DRI=directly responsible individual），発明自前主義（NIH=not invented here，ゼロから自由に作る），デザインやタッチ重視の"look and feel"（外観と感触）。

またジョブズないしアップルを特徴づける言葉の数々。シンプル主義（simple is the most sophisticated），無駄を排した極小主義（minimalism），仕事への猛烈主義"（eighty hours a week and loving it），芸術家志向（not worker but artist），細部にこだわる完璧主義（perfectionism），縦ラインの情報共有，社内他部門・外部への秘密主義，会議における徹底した長時間討論，行動の迅速さ，成果主義，短期のウィンウィン関係，使命感，自由な発想，カウンターカルチャー。こうした言葉がアップルを，ジョブズを特徴づける。ただし，ジョブズがいなかった10年余りの時期には，こうした特徴は失われるか，極端に変形した形で残った。何事も決められないコンセンサス主義（合議制），命令への面従腹背，社外への情報リークの横行。

今後，筆者が果たすべき課題は，21世紀におけるPC以外の新たな製品展開，および上記で列挙した特徴を持つアップルの企業文化，その解明である。それらについては，稿を改めたい。

（安部悦生）

注

1) 拡張チャンドラーモデル＝M-SSGC（market---strategy, structure, governance, culture）モデルについては，安部「QCDから，QCFDへ」参照。
2) 経営史視点からの分析は，LangloisとChandlerしか，探し出せなかった。
3) 史料に関しては，Annual Report, Form 10-Kをベースとし，一次史料的な文献としては，当事者であったアメリオ，スカリーの著書がある。またウォズニアックの自伝も，一次史料的である。ジョブズ自身は，時折のインタビューはあるものの，著作は残していない。ただし，公認伝記と言われるアイザックソンの『スティーブ・ジョブズ』がある。アップルに関しては，多数の臨場感に溢れた優れた著作があるが，リンツメイヤーの2つの著作が，データ的には詳しい。参考文献参照。
4) GMに関しては，安部ほか『ケースブック アメリカ経営史』参照。
5) シェアについては，文献によってかなり区々であり，概数および傾向と見なされるべきである。また，コモドア，タンディを，家庭用の玩具ではなく，本格的なPCと見なすかどうかについても，微妙なところがある。シェアそのものでも，台数ベースか，金額ベースでも異なるが，明示していない場合もある。また，PCは初期にはアメリカが半分の売上を占めていたので，アメリカの市場シェアなのか，世界の市場シェアなのか，不明確な場合もある。

図表1-2は，明確に台数ベースの世界市場シェアであるが，1991年までしか統計がない。図表1-3は，アメリカの金額ベースの市場シェアで，1984年から2007年まであるが，断片的である。特に1997年から2001年まで欠けているのが分析するのに使いづらい。図表1-4は，新聞や各種文献から集めたが，おそらく第5欄のTimeからの数字は，金額ベースのアメリカ市場シェアであろう。また図表1-26は，世界の市場シェアであるが，1992年から1998年までの数値（読み取り）は，図表1-4の第2欄の数値に近い。

コモドアは，Noam の表では，1984 年は 25.7%であるが，1985 年以降は登場しない。しかし，ラングロアでは 1991 年まで登場している。タンディも，Noam では，1984 は 7.0%，1986 は 6.0%，1988 は 3.%で 1990 年以降登場しない。

別の資料（リンツメイヤーでは，アップルのシェアは，1981 年 29%，1982 年 24%（または 20%），1983 は 21%である。IBM のシェアは 1982 年 18%，1983 年 26%である（73 頁，120 頁）。

さらに，チャンドラーでは，1978 年のシェアはタンディ 50%，コモドア 12%，アップル 10%，1980 年にはアップル 27%，タンディ 21%，コモドア 20%，HP5%，NEC9%とされている（135 頁）。

6) ヤング＆サイモン『スティーブ・ジョブズ』第 5 章「NeXT ステップ」。
7) この時期に，留保利益が増加している。この理由については，今後検討したい。
8) 安部「チャンドラー・モデルの限界」参照。
9) アップルに関しては，参考文献にあげたように数多くの文献がある。大部分は，ジャーナリスト的視点からであるが，アイザックソン，カールトン，ケイン，デウッチマン（ドイチュマン），モーリッツ（スティーブ・ジョブズの王国），ヤング＆サイモン，ヤング，ラシンスキー，リンツメイヤー，リンツメイヤー＆林，ローズ，Malone などが特に優れている。どれも手に汗を握るような感覚で読める。逆に，アカデミックな分析は弱い。
10) 最初にマッキントッシュ・プロジェクトを立ち上げたジェフ・ラスキンは，次のように述べている。「ジョブズは PARC で触発されて Lisa と Macintosh のプロジェクトをスタートさせた，などというまったくの作り話がでっちあげられ，確認されないままいろいろな書物にそのまま引用されていますが，これはまったくの根拠のないことです」（斎藤由多加『マッキントッシュ伝説』143 頁）。
11) このように，今まで単一製品であったのに，いきなり複数製品を立ち上げることになり，組織的な混乱が起きたことは容易に想像できる。
12) Malone, p.273.
13) ヤング＆サイモン，第 4 章「敗北を学ぶ」。
14) アラン・ケイのインタビュー「スロットのついた Macintosh II が発表されるまで Macintosh はそれほど売れませんでしたね。// 一番奇妙なのは，Macintosh II を買った人のほとんと（ママ）がスロットを使わずにいたことです」（斎藤由多加『マッキントッシュ伝説』130 頁）。
15) スカリー『スカリー』下巻，第 9 章「崩壊の瀬戸際」。
16) リンツメイヤー『アップル　コンフィデンシャル』200 頁。
17) 斎藤由多加『マッキントッシュ伝説』131 頁。
18) Deadrick and Kraemer, p.13.
19) Noam, p.187.
20) ファーガソン＆モリス『コンピューター・ウォーズ』第 5 章～第 8 章。ファーガソン＆モリスの本は，IBM の没落を的確に描いている。よく言われていることだが，コンピュータのセットメーカーは，スマイルカーブの底辺にいて，川上では，ソフトウェア，CPU，DRAM，LCD，モニター，ASIC，HDD，マザーボードなどの主要部品メーカーが高利益を上げ，また川下では，ブランド，流通チャネル，ロジスティクス企業が高利益をあげているのに対し，真ん中のセット企業が，激烈な価格競争の只中にいて，十分な利益をあげられない状況にある。その中で，デル，コンパックのように利益をあげるためには，在庫を削減し，回転率を上げる必要があるが，IBM の高賃金構造，スピード感の無さでは到底太刀打ちできなかったのである。Deadrick and Kraemer, p.156.
21) アメリオの評価に関しては，別稿を予定している。
22) かつてアップルで働いた経験がある松井博は，「アメリオはもっと高く評価されていい人だと思いますが，踏み込みが浅かったのも事実だと思います」と述べている（『僕がアップルで学ん

だこと』30 頁。
23) 相田『新・電子立国』第 1 巻参照。
24) マック OSX が，iOS とどのような関係にあるのかは今後探求したい。
25) リンツメイヤー『アップル　コンフィデンシャル』第 22 章，互換機のジレンマ。
26) 同上。
27) 事業部制は，多角化戦略と連動して，アメリカビジネスの黄金の方程式ともなった。企業が成長し，業績を上げるためには，多角化戦略が不可避であり，それを成功させるためには，分権組織である事業部制が必須となった。多角化戦略⇒事業部制という方程式である。だが，この方程式は 1980 年代に入り，多角化戦略から「選択と集中」（refocusing）に戦略が変化し，それに伴って管理組織も変容せずにはいなかった。1980 年代，GM は事業部制から「グループ制」へと組織改革を行った。しかし，5 事業部から大型車グループと小型車グループの 2 つに集約する組織変更は，従前の事業部制を根本的に変更しているようには見えない。また，事業部制で有名な松下電器（パナソニック）も，2000 年代に事業部制を変更し「マーケティング本部制」を導入した。これは，N と P の 2 つのマーケティング本部に分けるものであり，製品企画をマーケティング本部の中枢に据えようとする考えは十分理解できるが，従来の事業部制でもそれは可能だったはずである。さらに，2016 年 4 月からは，これまで集権的職能別組織を採ってきたトヨタがカンパニー制（事業部制のバリエーション）を採用するという新聞記事が出た（『日本経済新聞』2016 年 3 月 3 日）。集権的組織が市場環境にフィットするのか，それとも分権組織の 1 つである事業部制が採用されるのかは，時代環境によると言えるのだろう。
28) デウッチマン，リンツメイヤー，ヤング，モーリッツ『王国』などの文献に詳しい。
29) ヤング＆サイモン，参照。
30) ウォズニアック，376-377 頁。ウォズは，正式にはアップルを退職しておらず，少なくとも 2006 年まではフルタイムの社員がもらう最低賃金はもらっていた。
31) スピンドラーについては，リンツメイヤー，284-295 頁参照。
32) この組織変更には，理由は不明だが，大きな反発があった。
33) アメリオ『アップル』167-169 頁。
34) 上記 3 か所の引用は，同上書，168, 175, 331 頁から。
35) ジョブズ復帰後のアップルについては，ヤング＆サイモン，349-361 頁，399-420 頁に詳しい。
36) 現実歪曲空間とは，物事を自分に都合の良いように解釈し，それを他の人にも信じ込ませる能力。そうした力の磁場。上手くいくときもあるが，病気など客観的に進行するものに対しては無力な時もある。新興宗教と似た感覚であろう。ただし，「病は気から」という格言もあるが。
37) 注 35 参照。
38) ウォズニアック『怪物』197-198 頁。
39) ヤング＆サイモン，269-273 頁。
40) 一般消費者を対象としている PC は，ある意味で「生もの」で，タイミングを逃すと売れ残る危険性が高いと言われている。特に，クリスマスは最大の商機なので需要予測が重要だが，アップルはパワーマックの品不足が 1994 年のクリスマス商戦において起こり，収益悪化に拍車をかけた。
41) リンツメイヤー＆林「第 31 章　アップルの流通・販売革命」参照。
42) ヤング＆サイモン によれば，「スティーブがアップルにもどった四半期，在庫レベルはギル［アメリオ］の努力により 4 億ドルレベルにまで圧縮されていた。その後，スティーブがさらに圧縮し，9 か月後，1998 年度の数字が出るころには，7500 万ドルにまで低下する。……後にスティーブは，ギルから在庫管理の重要性を学んだと語る。特に，マイケル・スピンドラー時代に積み上がった 20 億ドルの在庫を 15 億ドルのキャッシュに変えた手腕に驚いたという」（402 頁）。

43) ケイニー『ジョナサン・アイブ』6章, 8章, 10章, 11章参照。
44) 同上, 277頁。
45) 斉藤『林檎の樹の下で』168-171頁。
46) スタンフォード大学所蔵のアップル・アーカイヴズを調べたところ, クパチーノにも製造施設があることが確認できた。製造施設はクパチーノ（2カ所）, サンノゼ（San Jose）, Garden Grove（2カ所）, Sunnyvale, Newbury Park（以上, カルフォルニア）；キャロルトン（テキサス）, コーク（アイルランド）の合計9カ所であった（1981年5月8日）。なお, コークは自社所有だが, 他はリースである。また, シリコン・グラフィクス社の例だが, マウンテンビューにある本社では,「30棟のうち,［わずか］1棟が工場で, 残りのビルディングの多くは研究開発とマネージメントのために当てられていた」相田『新・電子立国』第6巻, 122頁。シリコンバレー企業では, 研究開発が主で, 生産＝工場のウェイトがいかに低いかが分かる。
47) Dedrick & Kraemer, pp.185, 187（本書の入手に関しては, 日本大学経済学部の山下雄司准教授のご助力をえた。）, Borrus, pp.71-72.
48) Borrus, ibid.
49) Annual Report of Apple for 1981. 注46と工場数が異なるがカウントの仕方と思われる。
50) ジョブズはしばしば日本を訪れていたが, その際に日本の工場を訪問し, 大いに共鳴したと言われている。
51) Annual Report of Apple for 1985.
52) PC産業におけるファブレス・ファウンドリーの展開とその意義については, ファーガソン＆モリスが詳しい。第12章「ハイテク企業の経営戦略」, とくに「シリコンバレー・モデル」参照。
53) Wikipedia, 英語版。
54) 最近の動向については, ケイン『沈みゆく帝国』参照。
55) Chandler, p.135.
56) スカリー（上）, 320頁。
57) アップルのマーケティングに関しては, リンツメイヤー＆林,「第31章 アップルの流通・販売革命」参照。
58) 同上, 参照。
59) アップルのスマートフォン, それに伴うビジネスモデルに関しては, 顧方毅「iPhoneのビジネスモデル」が的確である。

付表1 アップルの主要人物（1976年から1997年）

アイゼンスタット，アル（Eisenstat, Al）：法務担当，副社長，上級副社長。

アトキンソン，ビル（Atkinson, Bill）：1978入社。ソフトウェア，アップル・フェロー（1983），リサ，MacGraphicsoft, MacPaint, MacDrawの設計者。後，General Magic。

アメリオ，ギル（Amelio, Gil）：アップルのCEO兼会長（1996.2-1997.7）（マークラは副会長）。Fairchild Camera→Rockwell International→1991-1996ナショナル・セミコンダクター（NS）のCEO。1994.11アップル取締役。

アンダーソン，フレッド（Anderson, Fred）：CFO, EVP。Automatic Data Processingから。1996-2004。

ウィギントン，ランディ（Wigginton, Randy）：ソフトウェア（MacWrite）。

エヴァーハート，ジョージ（Everhart, George）：US SalesのVP。

エスピノーザ，クリス（Espinosa, Chris）：ドキュメンテーション，マック・チーム。

エリオット，ジェイ（Elliot, Jay）：IBMの人事担当からアップルの人事担当副社長。1994取締役。

カーター，ジーン（Carter, Gene）：NS出身。販売担当副社長（1978-1984）。

カウチ，ジョン（Couch, John）：元HP。1978入社。リサ事業部GM（1980-1983）。

ガセー，ジャン＝ルイ（Gassee, Jean=Louis）：1985.5マック事業部マーケティング担当部長，1985.7.-1990製品開発担当副社長。フランス・アップルのGeneral Manager（1984-1985）。HP, Data Generalで勤務。

カニンガム，アンディ：広報コンサル。

カワサキ，ガイ（Kawasaki, Guy）：マーケティング・コーディネーター（1984-1987, 1995-）

キャバリエ，ジョン：アップルII事業部ジェネラルマネジャー。アメリカン・キャン→アタリ→アップル。

キャップス，スティーブ（Capps, Steve）：マック・チーム（finder）。

キャンベル，ビル（Campbell, William）：1941年生まれ。コロンビア大学フットボールコーチ, J. Walter Thompson, コダック，データ・ジェネラル，IBMから。1983マーケティング担当副社長，1985販売・マーケティング担当上級副社長。1997取締役。

クイン，ピーター：1983-1984アップルII事業部技術担当マネジャー。

グラジアーノ，ジョー（Graziano, Joe）：CFO, VP, 1993取締役。アップル→サンマイクロ→アップル。

クロウ，ジョージ*（Crow, George）：マック事業部（エンジニアリング）（電源回路担当）（ディスクドライブ）。

クワム，フロイド（Kvamme, Floid）：1982-1984販売・マーケティング担当上級副社長。1984ベンチャーキャピタルのクライナー・パーキンズ社に。NS出身。

ケア，スーザン：グラフィック・デザイナー。フォントChicagoの開発。アイコン。

ケイ，アラン（Kay, Alan）：アップルフェロー。PARCから。1984入社-1993-。

コールマン，デヴィ（Coleman, Debi）：1981入社。TI, HPから。マック事業部会計監査。1984製造担当役員，1985.6アップルの製造担当。1987.8 CFO。1989退社。

ザーブ，ケン：経理・総務担当上級副社長（-1984） 1984海外担当副社長兼ジェネラルマネジャー。

サリヴァン，ケヴィン（Sullivan, Kevin）：人事担当。DECから。

スカリー，ジョン（Sculley, John）：ペプシコ副社長（ペプシ社長）からアップルへ。1983.4アップ

ル CEO 兼社長（1993 まで）。1985.9 会長兼務。1939 生。1990CTO。
スカライズ，ジョージ（Scalise, George）: 1996. 3NS から。Chief Administrative Officer。
スコット，マイケル（Scott, Michael）: 社長（1977－1981.3）。ベックマン・インスツルメント→フェアチャイルド→ NS →アップル。
スミス，バレル（Smith, Burrell）: マックのハードウェア設計者。レーザープリンタ開発。1985 退社。
スピンドラー，マイケル（Spindler, Michael）: ヨーロッパ・アップル（ヘッド）から（1980－1996）。1990COO。1993.6－1996.2 CEO。
ソロモン，ダグ : SVP, corporate development。
ダイアリー，イアン（Diery, Ian）: SVP（マーケティング），1989－ ワングから。
ダビンスキー，ドナ : マーケティング。のちパームの CEO。
ダリ，ポール : アップルⅡ事業部副ジェネラルマネジャー（1983－）。
チャヒル，サジーブ : コーポレット・マーケティング担当副社長。
テスラー，ラリー（Tesler, Larry）: アップルの上級幹部。PARC から（1980.5）。PIE 部門（ニュートン）。
デンマン，ドン : Apple BASIC の開発。
トリブル，バド*（Trible, Bud）: マックのソフトウェア（－1981），1984 同部門のマネジャー。サンへ。
ノーマン，ドナルド : UI 開発グループトップ。
ネイゲル，デビッド（Nagel, David）: VP. 1988－ ATG ヘッド（advanced technology group）。
ハーツフェルド，アンディ（Hertzfeld, Andy）: マックのソフトウェア，社員証第 8 号。
バーラム，デイブ（Barram, Dave）: HP の会計監理，1985 アップルの会計担当役員。
バーンズ，スーザン*（Barnes, Susan）: ウォートン MBA。1984 アップルのコントローラー。セールスとマーケティング。
パターソン，デイブ : 1983 アップルⅡ事業部の副ジェネラルマネジャー。
バックリー，ジム（Buckley, Jim）: アップル・アメリカの社長。
バワーズ，アン（Bowers, Ann）: VP, human resources, インテルから。ロバート・ノイス夫人。
ハンコック，エレン（Hancock, Ellen）: 1996. 3NS から。－1997. エンジニアリング担当。
ヒガ，ジェイムズ（Higa, James）: 1984.9 入社, Mac Division の International Section。漢字 Talk。
フォーサイス，フレッド（Forsyth, Fred）: 1989 年入社。VP (Worldwide Manufacturing Division), 1990SVP, 1991 マック事業部, 1993worldwide operations。
フォートニー，メアリー : 人事。
フラーディン，デイブ : 1983－1984 アップルⅢ担当マネジャー。
フロイサンド（Floisand）: 1986 入社（as director of sales, Apple Computer UK）。1988 Apple Pacific Div. 1992 VP, 1994 SVP and Pres. of Apple Pacific. 1996 SVP, worldwide sales。
ペイジ，リッチ*（Page, Rich）: 1983.2 アップル・フェロー。リサのハードウェア設計者。ビッグ・マック。
ベルヴィル，ボブ（Belleville, Bob）: マック事業部の技術部長。元ゼロックス。
ベンナード，ベン : －1983 ハードディスク事業部のジェネラルマネジャー。元 NS。
ボーガン，デイブ : 製造。
ボーゼンバーグ，チャック : マーケティング担当。
ボイチ，マイク（Boich, Mike）: ソフトウェア。
ホフマン，ジョアンナ（Hoffman, Joanna）: 1980 入社。ターボ・マック，海外マーケティング。マルチリンガルマシン。ソビエト生まれ，ポーランド育ち。後，General Magic。
マークラ，マイク（Markkula, Mike）: フェアチャイルド，インテル出身。1977－81 会長，1981－83 社長。1977－1997 取締役。

付表1　アップルの主要人物（1976年から1997年）　89

マレイ，マイク（Murray, Michael）：スタンフォードMBA。1985.5マック事業部マーケティング，HPから。
マンデル，アルフレッド：マーケティング・チーフ（スペシャル・プロジェクト）。
モラード，ロイ（Mollard, Roy）：NSから。Director of manufacturing。
ヨーカム，デル（Yocam, Del）：元フォード，フェアチャイルド。1979入社，1984アップルⅡ事業部ジェネラルマネジャー。1985開発・製造・流通担当上級副社長。1986COO，1988.8降格，1989退社。
ラーソン，デイビッド：－1985アップルⅡ事業部（マーケティング）。
ラスキン，ジェフ（Raskin, Jef）：1977入社～1982.3。PARC見学発案。マック・プロジェクト（1977.4），1980夏，始動。
ルウィン，ダニエル＊：教育市場のマーケティング担当マネジャー。
ルカ，デゥ，ゲルリノ（Guerrino de Luca）：1989入社。1992 VP, marketing for Europe. 1993 GM of PIE group for Apple Europe。1995クラリスの社長。
ローレン，アラン（Loren, Allan）：情報システム担当，シグナ社から。
ロージング，ウェイン：リサ事業部技術部長。同部ジェネラルマネジャー。アップルⅡ事業部技術部長。
ロイゼン，ハイディ（Roisen, Heidi）：developer relations。
ロック，アーサー（Rock, Arthur）：フェアーチャイルド，インテル（初代会長），アップルへのベンチャー資本家。1977－1994取締役。
ロレリー，マイク（Lorelli, Michael）：Playtex（シャンプーなどの消費財企業）から。1985.5アップルⅡ事業部マーケティング，1985.6アップルのマーケティング担当役員。

〔ネクスト社〕
シップル，カレン：マーケティング。
トマス，アリソン：広報コンサル。
バイス，ポール：マーケティング・マネジャー。
ルロン＝ミラー，トッド：VP（販売）。
ワーゼイマー，デイヴィッド

注：＊は，1985年にジョブズとともにアップルを退社した5人。
出所：Annual Report, 1981－1995, Form 10-K 1994－2015.『エデンの西』『再臨』など各種文献から。付表2，付表3も同様。

付表2 アップルの主要人物（1997年〜2015年）

アイブ，ジョナサン（Ive, Jonathan）：1992.9入社〜（イギリス人）。2012ナイト。1967ロンドン生。Industrial design chief。
アーレンツ，アンジェラ（Ahrendts, Angela）：2014 SVP, retail and online stores。
アンダーソン，フレッド（Anderson, Fred）：CFO, EVP。
イオンバイン，ジミー：音楽ビジネス（iPod, iTunes）。
ウィリアムズ，ジェフ（Williams, Jeffrey）：2010 SVP, operations, クックの副官。
オッペンハイマー，ピーター（Oppenheimer, Peter）：CFO, SVP。
キュー，エディ（Cue, Eduardo）：SVP, 対外交渉, iTunes, internet softwares and services
クック，ティム（Timothy Cook）：1998入社。IBM, コンパックから。サプライ・チェーン, 2000セールス・カスタマーサポート責任者。2004マックハードウェア責任者, 2005COO, 2011CEO。オーバーン大学生産管理工学科卒。アラバマ州出身。
ジョンソン，ロナルド（Johnson, Ronald）：小売。アップルストア立上げ。ターゲットで勤務。HBS・MBA。
シラー，フィル（Schiller, Philip）：マーケティング。ボストン出身。ジョブズの脇役。
セウェル（Sewell, D.）：2009 SVP, General Counsel, Secretary。
タマドン，シーナ（Tamaddon, Sina）：SVP, サービス＆サポート。
テバニアン，アヴィ（Tevanian, Avadis）＊：ソフトウェア, SVP。カーネギー・メロンで博士号。
ハイネン，ナンシー（Heinen, Nancy）＊：総務。
フェデリギ，クレイグ（Federighi, Craig）：2012 SVP, software engineering。
フォーサイス，フレッド（Forsythe, Fred）：製造, エンジニアリングのヘッド。
フォーストール，スコット＊（Forstall, Scott）：ユーザーインターフェイス, モバイルソフト部門）。iOSソフトウェア。
マエストリ，ルカ（Maestri, Luca）：2014 CFO, SVP, Principal Accounting Officer。
マンスフィールド，ボブ（Mansfield, Robert）：ハードウェア・エンジニアリング。
マンディッチ，ミッチェル（Mandich, Mitchell）＊：SVP, worldwide sales chief。
リッシオ，ダニエル（Riccio, Daniel）：2012 SVP, hardware engineering。
ルービンスタイン，ジョン（Rubinstein, John）＊：ハードウェアのトップ, のち, iPodに。HPで勤務。2006にパーム社に転進。

注：＊はネクスト社から。

付表3　アップルの関連企業・関連人物

BBDO 社：広告
クロウ，リー：シャイアット・デイ社。
シャイアット，ジェイ（Jay Chiat）：シャイアット・デイ社創業。
スワロー，オズワルド：経営コンサルタント（意思決定と組織管理）。
デイ，シャイアット（Chiat/Day）：広告代理店，「1984」，Think different など考案。1968 設立。
バレンタイン，ドン（エンジェル）：フェアチャイルド→NS→セコイア・キャピタル。
ヴェンロック（Venrock）：ロックフェラー系の VC，ハンク・スミスがマークラと知り合い。
ホルト，フレデリック・ロドニー：アタリ出身。
マッケナ，レジス（McKenna, Regis）：広告会社創業。アップルの PR 顧問。General MicroElectoronics→NS→独立広告会社（1970）。インテルの売出に貢献。
ローレンゼン，リー（PARC 出身）：GEM（GUI ベースのソフトウェア）を用いてマックに似た look & feel を実現（MS-DOS で動く）。

〔ピクサー社〕
アダムズ，ビル（Adams, William）：販売担当副社長。
カーウィン，パム：マーケティング・チーフ。
キャットマル，エド（Catmull, Edwin）：founder and chief technologist, 1984－，keeper of free-spirited culture。モルモン教徒。1991－1995 社長。IPO。
グッゲンハイム，ラルフ（Guggenheim, Ralf）：アニメーションチームの管理，ユダヤ系。トイ・ストーリーのプロデューサー。IPO
スミス，アルビー・レイ：ピクサー社長（1986－1991）。ニューヨーク大学の元助教授（数学とコンピュータ）。1991 ジョブズと対立して退社。
ソンシニ，ラリー：取締役。
ブリッテンハム，スキップ：取締役。
マッカッサー，サラ（McArthur, Sarah）：Disney（executive producer of animation unit）から。1997 入社，big-studio process。
マッケンジー，リサ：マーケティング。
ラセター，ジョン（Lasseter, John）：元ディズニー，クリエイティブのトップ。IPO
リーブズ，ビル：技術監督。
レヴィ，ローレンス（Levi, Lawrence）：EVP, CFO, 1995 joined from Electronics For Imaging, Graphics Company（$140m IPO）。

注：IPO は株を得たことを示す。

アップル年表

1950	スティーブ・ウォズニアック (Stephen Wozniak), カリフォルニアで誕生。
1955	スティーブ・ジョブズ (Steven Jobs), サンフランシスコで誕生。
1968	ウォズ, コロラド大学, のち, ディアンザカレッジ, バークレーで学ぶ。
1973	スティーブ, リード・カレッジ (オレゴン州) で学ぶ。
1974	スティーブ, アタリ社で働く。
1976.4.1	アップル社設立 (1977.1.3 登記)。アップルI発売 (200台×$666, MOS6502)。
1977.3	アップルII発売 (1298ドル, MOS6502)。
1977.4	第1回ウェスコン (West Coast Computer Fair)
1977.5	マイケル・スコット社長となる (1981.3 まで)。
1978	アップルIIIプロジェクト (ビジネスユース) (価格7800ドル)。アップルディスクII発表 (495ドル, FDドライブ)。
1979.7	Lisaプロジェクト (ビジネスユース) (価格1万ドル, mouse, hand-controlled pointer, displayed picture)。
1979.9	マッキントッシュプロジェクト (ローエンドユース)。
1979.12	ゼロックスPARC見学 (後, ゼロックス, アップルに100万ドル投資)。
1979	AppleII+ (VisiCalc, Silentype (first printer), Apple Writer (ワープロ) 発売。
1980.3	Apple Fortran 発売。
1980.7	アップル DOS3.3 リリース。
1980.9	アップルIII発売 ($4340)。
1980.12	アップル社上場 (460万株×$22)。ジョブズ2.56億ドル (15%), ウォズ1.36億ドル。
1981	マイク・マークラ CEO。リサ発表。
1981.2	40人レイオフ (1500人中) (Black Wednesday)。
1981.3	ウォズ, 休職。(1983.6 復帰。1985.2 実質的に退社)。
1983.10	ProDOS1.0 リリース。
1983	ジョン・スカリー, CEO になる。フォーチュン500に入る。銀行に10億ドルの資金。アップル・ジャパン設立。リサ発売 ($9995)。フロッグデザイン社 (エスリンガー) と契約。
1984.1.	マック (Macintosh) ($2495, マック OS, モトローラ CPU 使用) 発売。CM "1984"。
1984	第1四半期 (10-12月) は4610万ドルの黒字。
1985	第2四半期 (1-3月) 1000万ドルの黒字。第3四半期 (4-6月) に初の赤字 (1720万ドル)。第4四半期 (7-9月) は黒字。
1985.1	Laser Writer 発売。
1985.5	MS, エクセル・フォー・ザ・マッキントッシュ発表 (9月発売, ゲイツ=スカリー協定)。
1985.7	アルダス社, ページメーカー (DTPソフト) 発売。アップルリンク開始。
1985.9	ジョブズ, アップルを去る。ネクスト (NeXT) 社設立 (Web Object 技術)。
1986.1	マッキントッシュ・プラス発売。
1986.2	ジョブズ, ピクサー (Pixar) に投資 (1000万ドル)。
1986.5	漢字 Talk 発表。

アップル年表 93

1986.9	AppleIIGS（999 ドル）を発売。
1986 末	ロス・ペロー，ネクストに投資（2000 万ドル，16%の株所有）。
1987	マック II 発売。ニュートンプロジェクト開始。ネクスト，Droidworks をルーカスフィルムから引き取る。
1988.3	MS と HP を訴える（1992 敗訴）。
1988.8	組織再編（Apple USA, Apple Europe, Apple Pacific, Apple Products の 4 部門に，flattening)。
1988.10	NeXT Cube 発売。
1989.5	マック OS System7.0 プロジェクト（オブジェクト指向）開始（1993 発売）。
1989.12	ゼロックスとの訴訟（1990 勝訴）。
1989	ガセーのハイエンド戦略。NeXT（MachOS）。マック・ポータブル発売（不評）。キヤノン，ネクストに投資（1 億ドル，16%の株所有）。ピクサー，ハードウェアビジネス中止。
1990	このころ，コロラド・スプリングズ，シンガポール，アイルランドに工場。オースティンにテクニカル・サポート・センター。グラジアーノ，スピンドラーのローエンド戦略：マック・クラシック（$999)，マック LC。
1990.11	ARM に投資（Acorn Computer, VLSI Technology と)。
1991.5	ネクスト，ディズニーとトイ・ストーリーの契約。
1991.10	IBM，モトローラと PC 事業で提携（Taligent（ピンク OS)，Kaleida（マルチメディアソフト)，パワー PC 開発)。PowerBook（モトローラ PC）発売（アップル最初のノート型)。
1991	キヤノン，ネクストに追加投資（3000 万ドル，1992 年にさらに 5500 万ドル)。
1992	ニュートン発表（1993 発売)。CPU に ARM を採用。パフォーマ・シリーズ発売。
1993.6	マイケル・スピンドラー CEO。2500 人（16%）リストラ。
1993	ネクスト社，ハードウェア部門をキヤノンに売却。
1994	パワーマック（PowerPC）発売。MacOS をライセンス。
1995.2	パワーマック，需要予測外れ品不足。
1995.11	トイ・ストーリー公開。のち，バグズ・ライフ，ファインディング・ニモ，モンスターズ・インクなどヒット連発。ピクサー社，株式公開（時価総額 15 億ドル，ジョブズ 75%)。
1995	世界シェア 8%，1 万 7000 人の従業員。第 1 四半期 6900 万ドルの赤字。アップルジャパンは，全体の 5 分の 1 の売上げ。連邦最高裁でアップルの上告棄却（対 MS, 1989）
1996	販売台数 300〜400 万台。CHRP（チャープ）開発（アップル，IBM，モトローラの 3 社で，MS のウィンドウズ NT, IBM の UNIX 用 OS, AIX も作動させる意図)。サン・マイクロへの身売り話。マック OS のライセンスを IBM に。第 4 四半期，1.2 億ドルの赤字。パワーブック品不足。
1996.2.2	ギルバート・アメリオ CEO（1997.7 辞任)。再建策 ① 製品群を半分に　② 6 の基本ソフトを 1 に。③ 2800 人（全体の 2 割）のリストラ　④ コロラド州のファウンテン PC 工場売却，カリフォルニア州のサクラメント基板工場閉鎖。⑤ eWorld のアメリカ・オンラインへの売却，⑥ タリジェント（IBM との共同出資会社）解散。
1996.12	アップル，ネクスト社買収（4.27 億ドル)。ジョブズ，アップルに復帰（アドバイザー)。アップルは，コープランド OS を開発，ネクストはオープンステップ OS を開発（→マック OS8, OSX に，さらに iOS に)。BeOS（ガセー)，WindowsNT, SunOS を検討。
1997	ラリー・エリソン（オラクル)，取締役となる。オラクルへの身売り話。次世代 OS「ラプソディ」の開発（インテルの CPU でマックも同様の操作性)。
1997.2	ジョブズ，新設の幹部会メンバーになる。

1997.3	9300人の従業員。
1997.8	MS，アップルに1.5億ドルを投資。MSがマック用ソフト（エクセル）の優先開発供給。
1997.9	ジョブズ，interim CEOになる。マック互換機メーカー，Power Computingの買取。互換機メーカーへのマックOSのライセンス供与中止。
1997.11	オンライン・アップルストア開設（BTO開始＝インターネット直販・受注生産）。コンプUSAにストア・イン・ストア設置。Think Differentキャンペーン。
1997	ジョブズの改革，15以上の製品群を4部門に整理（プロ向け，消費者向け，デスクトップ，ノート）。第4四半期，4500万ドルの黒字。自社工場からファブレスへ。
1998.5	iMac（MacOS8，USB採用）発売。パワーブックG3（新型PowerPC）発売。
1998	世界シェア4％。この頃，PDA（Newton）中止。サクラメント，コーク，シンガポールの3工場を売却。クラリス社をファイルメーカー社と改称。
1999.1	マックOS Xサーバー1.0発表。
1999.9	iBook発売。
1999.10	MacOS9発表。
2000.1	ジョブズ，CEOになる（アップルとピクサー両方の経営トップ2年半）。
2001.1	iPod発売（iTunes4.0と統合，オープン戦略）。マックOS X．パワーブックG4発表。
2001.5	直営店（アップルストア）設置（マクリーン，Virginia）。
2002.6	サーバー「X Serve」発表。
2002.7	会員制ネットサービス「ドットマック」開始（→2008 モバイル・ミー）。
2002.9	ウィンドウズ互換のiPod出荷。
2003.4	iTunesミュージックストア設置。この頃アル・ゴア，取締役に就任。
2003.10	ウィンドウズ用iTunesをリリース。
2004.1	iPod mini発売。
2004	ジョブズ病気休暇（クックが代理）。アップルがSamsung, Akamai Tech., EarthLink, ARMに投資。
2005.8	日本にiTunesミュージックストア設置。
2005.9	iPodナノ（フラッシュメモリー採用）発売；video iPod発売（第5世代）（iPodの売上3000万台）。
2005	直営店125（US）（売上は総売上の2割）。クック，COOとなる。インテル製のCPU採用。
2006.1	ピクサーをディズニーに売却（75億ドル）。半分はディズニーの株式。ジョブズ，個人最大株主，取締役となる。
2006.9	アップルTV（299ドル）発表。iTunesストアに名称変更。
2006	マックでウィンドウズ利用可能となる。映画配信に参入。ストックオプション不正付与問題。
2007.1	iPhone発表（2007.6発売）。Apple, Inc.に名称変更。
2007.9	iPod touch発売。
2007	すべてのマックにインテル製CPU。キャリアAT&Tと契約。
2008.1	マックブック・エア（ノートPC）発売（⇔マックブックプロ）。
2008.6	iPhone3G発表。Appストアのサービス開始（iPhone用）。
2008.9	日本でiPhone発売（ソフトバンク）。
2008	iTunes Store全米首位の音楽小売業者となる。
2009	深圳のフォックスコンで自殺者。
2010.1	iPad発売（SIMフリー，A4, A5, A6：自製）。iBooks（iBookstore）開始（iPad向け）。
2010.6	iPhone4（iOSの名称使用，それ以前はMacOS X）（CPUはAに）。

2010	株式時価総額2800億ドル，直営店1500，授業員4万6000人（半数以上が小売）。Mac App Store 開始（PC向け）。
2011.3	iPad2 発売。
2011.8	ジョブズ，CEO 辞任。アップル，株式時価総額で世界最大となる。
2011.10	ジョブズ，死去。Tim Cook，CEO となる。Au も iPhone 発売。Siri 発売（不評）。
2012.9.21	iPhone5（iOS6）発売。
2012.11	iPad mini 発売。
2012	アップルストア数は390。アップル地図発売（不評）。
2013.1	部品メーカへのアップル・ショック（iPhone5）。
2013.9	iPhone5s（A7, 64bit）。
2013.5	税金問題で国会公聴会。（US では35％の所得税率だが，アップルは実質25％の所得税）。
2013	iOS7 発表。
2014.9	iPhone6 発売。
2015	アップルの税負担率26％（アメリカは40％，アイルランドは12％）。

注：各種文献。

〔用語〕

ACSI：米顧客満足度指数。
ASCII：American Standard Code for Information Interchange.
BASIC（Beginner's All-Purpose Symbolic Instruction Code）：1963年に，ダートマス大学のジョン・ケメニーとトマス・カッツが開発。PC用の最初の言語。アルテア用 BASIC（ビル・ゲイツが開発（Microsoft BASIC）。マルチメディア用は JAVA。ApplesoftBASIC（Integer BASIC）。
BBレシオ：出荷額対受注額。
BIOS：basic input output system.
Bug：ソフトウェアの欠陥　debug。
C言語：1972，UNIX OS のために，ベル・ラボラトリーズで開発。Object-oriented の C++（Bell Laboratories in 1986）に継承。
CEA：米国家電協会。
CERN：counseil eurppeen pour la recherché nucleaire　欧州原子核共同研究所。
CES：Computer Electronics Show（ラスヴェガス，1月）。
CHRP：common hardware reference platform（Power PC による実質的なマック互換機用の仕様）。
CIM：computer integrated manufacturing.
CMOS：Complementary Metal-Oxide Semiconductor 消費電力低い。
COBOL（Common Business Oriented Language）：1960． SQL（structured query language）などに継承。
COMDEX：Computer Dealer's Exposition コンピュータ業界の展示会。

CP/M: control program for microcomputers operating system ⇔ MS-DOS.
CPU: A4, A5, A6: multiCPUcore（自製）(iPad に使用)。
Designwin: 顧客が開発を計画している製品に正式採用されること。
DRI: directly responsible individual.
DRM: digital rights management.
DTP: desktop publishing.
EMS: Electronics Manufacturing Service。Flextronics, Solectron, Foxconn, など。
EMD: Electronics Manufacturing Design.
Finder: マックのファイル管理機能。
Fortran (Formula Translator): ハイレベル programming language, 1954.
FTP: file transfer protocol.
GUI: graphical user interface ⇔ command line interface.
iAd: クワトロワイヤレス社（自社携帯向け広告配信サービス）の買収から。
iCloud: ララ（音楽ストリーミングサービス）から。
IDC: international data corporation.
IDM: integrated device manufacturer.
IEEE: 電気電子技術者協会 (Institute of Electrical and Electronics Engineers)。
インテレック: 回路間エミュレーター。
IMP: interface message processor.
Innovation by Mac: マウス、アイコン、プルダウンメニュー。
iTunes: サウンドジャム（音楽プレイアーソフト）から。
JAVA: マルチメディア用 BASIC（サン・マイクロシステムズが開発）。
MACH OS（マーク）: カーネギーメロン大学で書き換えられた UNIX バージョン。
MacWorld Expo: マック・ワールド・エキスポ（1月 SF, 8月ボストン、後ニューヨーク）。
Microcode: 中核となる命令セット。
MIPS: million instruction per second; Microprocessor without Interlocked Pipeline Stage.
MP3 プレイアー: 圧縮のための音声ファイルフォーマット（MPEG Audio Player 3）(MPEG-1 Layer3)。
MPEG: 動画 (moving picture experts group)。
NCC: National Computer Conference.
NDA: 秘密保持契約（nondisclosure agreement)。
NeXTCube: NeXT（ハード，1万ドル）の改良版。
NIH: not invented here（技術純血主義）。
OEM: original equipment manufacturer.
ODM: original design manufacturer. Quanta, Compal など。
OODA loop: observe, orient, decide, act 観察・分析・決定・行動。
PAC: political action committee 政治活動委員会（ロビイング)。
Pascal (programming language): 1970 に開発。C，C++ に継承。
PCB: printed-circuit board.
PCI: peripheral component interconnect（PCI バス，USB, graphic port)。
PDA: personal digital assistant.
PReP: Power PC reference platform.
PS/2: personal system 2 (OS/2) IBM.
QDOS: quick and dirty (D) OS → MS-DOS1.0 in 1980.

QuickTime: multimedia technology.
Resource: 様々なアプリで共通に使用できる部品。
Safari: マック OS でのみ動作するブラウザー。
SIP firms: Semiconductor Intellectual Property firms.
Siri: iPhone のパーソナル・アシスタント機能，Talk 機能。
SLRP: strategic long range planning.
Small Talk: first object-oriented programming language at Xerox in 1972.
SMT: surface mount technology.
Source code: プログラミング言語で書かれたテキストファイル。
Spreadsheet (SPS): VisiCalc, Lotus 1-2-3 など。
TCP/IP: transmission control protocol/ internet protocol.
Unibody: 厚い金属の塊から，筐体を削り出す。ユニボディプロセス：金属加工を，CNC マシンなどで一つにまとめる。機械加工⇔プレス，射出成型。プロトタイプ製造から量産へ。
USB: universal serial bus.
Utility software: デスクスペースの解放，データの保護管理，ネットワークの構築など。
WCCF: West Coast Computer Fair。略称はウェスコン。第1回は1977年。サンフランシスコ。
Web Objects: ウェッブ・サーバー／アプリケーション，フレームワーク技術。ソフトの部品化。開発者はブロックを積み上げるように，アプリを自在に作製できる。
Web-browser (ティム・バーナーズ＝リーが NeXTCube を使って，1991 年に完成)。
WIMP: window, icon, mouse, pull-down menu.
Wordstar: first word processor, 1979.
Workstation: サン・マイクロのマクニーリーとビル・ジョイが，SPARC チップと UNIX を使って完成。
WWDC: Worldwide Developers Conference 世界開発者会議（サンノゼ）。
WYSIWYG: what you see is what you get.

〔アップル&コンピューター産業関係文献〕

アイザックソン，ウォルター（井口耕二訳）『スティーブ・ジョブズ』上下，2011。
相田洋『新・電子立国──① ソフトウェア帝国の誕生』NHK 出版，1996。
相田洋『新・電子立国──③ 世界を変えた実用ソフト』NHK 出版，1996。
相田洋『新・電子立国──⑥ コンピューター地球網』NHK 出版，1997。
アイヤー，バラ&トーマス・ダベンポート（鈴木泰雄訳）「グーグル：革新し続ける組織」『ダイヤモンド・ハーバード・ビジネス』2008年9月。
安部悦生・壽永欣三郎・山口一臣『ケースブック アメリカ経営史』有斐閣，2002。
安部悦生「SEMATECH の分析──アメリカ産業政策の研究」『経営論集』62巻1・2号合併号，2015。
安部悦生「QCD から，QCFD へ──マーケティング力と国際競争優位についての小論」『経営論集』

63 巻 1・2 合併号，2016。
安部悦生「チャンドラー・モデルの限界についての小論」『経営論集』63 巻 3・4 合併号，2016。
東一眞『シリコンバレーのつくり方——テクノリージョン型国家をめざして』中公新書ラクレ，2001。
雨宮寛二『アップル，アマゾン，グーグルの競争戦略』NTT 出版，2012。
アメリオ，ギル（中山宥訳）『アップル——薄氷の 500 日』ソフトバンク，1998。
アレン，ポール（夏目大訳）『ぼくとビル・ゲイツとマイクロソフト——アイデア・マンの軌跡と夢』講談社，2013。
池田信夫『イノベーションとは何か』東洋経済新報社，2011。
井上一馬『シリコンバレー戦国史＠誰が覇者となるのか』新潮選書，1999。
ヴァイス，デビッド（田村理香訳）『Google 誕生——ガレージで生まれたサーチ・モンスター』イースト・プレス，2006。
ウォズニアック，スティーブ（井口耕二訳）『アップルを創った怪物——もう一人の創業者，ウォズニアック自伝』ダイヤモンド，2008。
梅田望夫『シリコンバレー精神——グーグルを生むビジネス風土』ちくま文庫，2006。
枝川公一『シリコン・ヴァレー物語——受けつがれる起業家精神』中公新書，1999。
NHK スペシャル取材班『グーグル革命の衝撃』新潮文庫，2009。
エリオット，ジェイ＆ウィリアム・サイモン（中山宥訳）『ジョブズ・ウェイ——世界を変えるリーダーシップ』ソフトバンク・クリエイティブ，2011。
オーレッタ，ケン（土方奈美訳）『グーグル秘録——完全なる破壊』文藝春秋，2010。
大谷和利『スティーブ・ジョブズとアップルの DNA』マイナビ，2011。
大谷和利『iPad がつくる未来——1 台のタブレット端末から始まるビジネス＆ライフスタイル革命』アスキー新書，2011。
大谷和利『アップルの未来——ポスト・ジョブズ時代に革新的な製品は現れるのか』アスキー新書，2012。
カークパトリック，デビッド（滑川海彦ほか訳）『フェイスブック——若き天才の野望—5 億人をつなぐソーシャルネットワークはこう生まれた』日経 BP 社，2011。
カールトン，ジム（山崎理仁訳）『アップル——世界を変えた天才たちの 20 年』上下，早川書房，1998。
ガワー，アナベーレ＆マイケル・クスマノ（小林敏男訳）『プラットフォーム・リーダーシップ』有斐閣，2005。
喜多千草『起源のインターネット』青土社，2005。
北山一真「利益率 3 割——日本企業が失ったアップル大もうけの鍵」『日本経済新聞』電子版，2015 年 10 月 21 日。
北山一真『プロフィタブル・デザイン——iPhone がもうかる本当の理由』日経 BP 社，2015。
キャムブル＝ケリー，M ＆ W・アスプレイ（山本菊男訳）『コンピューター 200 年史——情報マシーン開発物語』海文堂，1999。
クスマノ，マイケル＆リチャード・セルビー（山岡洋一訳）『マイクロソフト　シークレット』日本経済新聞社，1996。
クルーシャンク，ジェフリー（徳川家広訳）『ジョブズはなぜ天才集団を作れたか』講談社，2008。
クリンジリー，ロバート（藪暁彦訳）『コンピュータ帝国の興亡』上下，アスキー出版局，1993。
グローブ，アンドリュー（小林薫訳）『インテル経営の秘密』早川書房，1995。
グローブ，アンドリュー（佐々木かをり訳）『インテルの戦略転換』七賢出版，1996。
ケイニー，リーアンダー（林信行監訳）『The Cult of Mac』エスアイビー・アクセス，2005。

ケイニー，リーアンダー（三木俊哉訳）『スティーブ・ジョブズの流儀』ランダムハウス講談社，2008。

ケイニー，リーアンダー（関美和訳）『ジョナサン・アイブ――偉大な製品を生み出すアップルの天才デザイナー』日経BP，2015。

ケイン，岩谷ゆかり（井口耕二訳）『沈みゆく帝国』日経BP社，2014。

ケニー，マーティン（加藤敏春監訳，小林一紀訳）『シリコンバレーは死んだか』日本経済評論社，2002。

顧方毅「iPhoneのビジネスモデルに関する研究――アップルの高収益性はどのように構築されたのか」明治大学大学院経営学研究科修士論文，2016。

小門裕幸「インターネット革命黎明期のシリコンバレーにおける地域イノベーションの考察（2つのNPOの事例研究を踏まえて）――贈与的交換が起きるシリコンバレーコミュニティーの相貌（「かろやかさ」と3つのエンジン）」『イノベーション・マネジメント』11号，c. 2013。

後藤直義・森川潤『アップル帝国の正体』文藝春秋，2013。

小林健一「米国パソコン産業とそのアジア・ネットワーク――分析視角を求めて」『東京経大学会誌』249号，c 2005。

斎藤由多加『林檎の樹の下で――アップル日本上陸の軌跡』アスキー出版局，1996。

斎藤由多加『マッキントッシュ伝説』アスキー出版局，1996。第3版，オープンブック社，2011。

坂本和一『コンピュータ産業――ガリヴァ支配の終焉』有斐閣，1992。

佐藤正嘉「パソコン市場におけるApple社とIBM社の技術戦略についての一考察」『インフォマティクス』5巻2号，2012。

シーガル，ケン（高橋則明訳）『Think Simple――アップルを生み出す熱狂的哲学』NHK出版，2012。

宍戸周夫・中村悦二『マイクロソフトの真実』にっかん書房，1994。

嶋正利「マイクロプロセッサの25年」『電機情報通信学会誌』82巻10号，c. 1999。

シャーキン，ジョエル（名谷一郎訳）『コンピュータを創った天才たち』草思社，1989。

ジャクソン，ティム（渡邊了介ほか訳）『インサイド インテル』上下，翔泳社，1997。

シュミット，エリック&ジョナサン・ローゼンバーグ（土方奈美訳）『How Google Works――私たちの働き方とマネジメント』日本経済新聞社，2014。

ジョンソン，マーク（池村千秋訳）『ホワイトスペース戦略――ビジネスモデルの＜空白＞をねらえ』阪急コミュニケーションズ，2011。

「シリコンバレーは死んだか」『日経ビジネス』2001年4月23日号。

スカリー，ジョン&ジョン・バーン（会津泉訳）『スカリー――世界を動かす経営哲学』上下，早川書房，1988。

スキャネル，ティム（日暮雅通訳）『パソコンビジネスの巨星たち――米国パソコン界を創ったキーマンに聞く成功の戦略』ソフトバンク，1991。

「スティーブ・ジョブズ1995」MOVIE PROJECT編『スティーブ・ジョブズ1995 ロスト・インタビュー』講談社，2013。

『スティーブ・ジョブズ 100人の証言』AERA MOOK，朝日新聞出版社，2011。

ストーン，ブラッド（井口耕二訳）『ジェフ・ベゾス 果てなき野望――アマゾンを創った無敵の奇才経営者』日経BP社，2014。

スレイター，ロバート（馬上康成ほか訳）『コンピュータの英雄たち』朝日新聞社，1992。

セルージ，ポール（宇田理・高橋清美訳）『モダン・コンピューティングの歴史』未来社，2008。

高木利弘『ジョブズ伝説――アートとコンピュータを融合した男』三五館，2011。

田中辰雄『モジュール化の終焉――統合への回帰』NTT出版局，2009。

ダンテマン,ジェフほか(富士ソフト訳)『PowerPCレボリューション』富士ソフト,1995。
デウッチマン,アラン『スティーブ・ジョブズの再臨――世界を求めた男の失脚,挫折,そして復活』毎日コミュニケーションズ,2001。
テドロー,リチャード・S.(有賀裕子訳)『アンディー・グローブ――修羅場が造った経営の巨人』上下,ダイヤモンド社,2008。
ドヴォラック,ジョン(松田浩訳)『どうなるパソコン業界――ドヴォラックの大予言』翔泳社,1994。
富田倫生『パソコン創世記』TBSブリタニカ,1994。
日経デザイン編『アップルのデザイン戦略――カリスマなき後も「愛される理由」』日経BP,2014。
日本経済新聞社編『シリコンバレー革命――未来型経営が始まった』日本経済新聞社,1996。
バーゲルマン,ロバート・A.(石橋善一郎・宇田理訳)『インテルの戦略――企業変貌を実現した戦略形成プロセス――』ダイヤモンド社,2006。
パッカード,デビッド(依田卓巳訳)『HPウェイ』(増補版)海と月社,2011。
林信行『iPadショック』日経BP社,2010。
林信行『iPhoneショック』日経BP社,2007。
百嶋徹「アップルのものづくり経営に学ぶ――創造性(製品企画開発力)と経済性(収益力)の両立の徹底追及」『ニッセイ基礎研究レポート』2013年3月29日。
ピシオーニ,デボラ・ペリー(桃井縁美子訳)『シリコンバレー最強の仕組み――人も企業も,なぜありえないスピードで成長するのか?』日経BP,2014。
文屋圭裕・児玉真理子「米アップルの製品開発の成功に関する一考察――財務データに基づく検証」『専修ネットワーク&インフォメーション』No.21,2013。
ファーガソン,チャールズ&チャールズ・モリス(藪暁彦訳)『コンピューター・ウォーズ,21世紀の覇者――ポストIBMを制するのは誰か』同文書院インターナショナル,1993。
ボーゲルスタイン,フレッド(依田卓巳訳)『アップルVSグーグル――どちらが世界を支配するのか』新潮社,2013。
ホール,マーク&ジョン・バリー(オフィスK訳)『サン・マイクロシステムズ』アスキー出版局,1991。
松井博『僕がアップルで学んだこと――環境を整えれば人が変わる,組織が変わる』アスキー新書,2012。
マローン,マイケル(中村定訳)『ビッグ・スコア』パーソナルメディア,1987。
マローン,マイケル(土方奈美訳)『インテル――世界で最も重要な会社の産業史』文藝春秋,2015。
三谷宏治『ビジネスモデル全史』ディスカヴァー・トゥエンティワン,2014。
ムーア,ゴードン&玉置直司『インテルとともに――ゴードン・ムーア,私の半導体人生』日本経済新聞社,1995。
村山恵一『IT帝国の興亡――スティーブ・ジョブズ革命』日本経済新聞出版,2009。
メインズ,スティーブン&ポール・アンドルーズ(鈴木主税訳)『帝王ビル・ゲイツの誕生――』中央公論社。
モーリッツ,マイケル(青木榮一訳)『アメリカン・ドリーム――企業成長の秘訣』二見書房,1985。
モーリッツ,マイケル(林信行監修,青木榮一訳)『スティーブ・ジョブズの王国――アップルはいかにして世界を変えたか』プレジデント社,2010。
山本尚利「電子ブック事業の日米技術覇権競争――日本は何故,米国に逆転されたのか」JAIST Repository,2010-1―09,http://hdl.handle.net/10119/9388
ヤング,ジェフリー(日暮雅通訳)『スティーブ・ジョブズ――パーソナル・コンピュータを作った男』上下,JICC出版局,1989。

ヤング，ジェフリー＆ウィリアム・サイモン（井口耕二訳）『スティーブ・ジョブズ——偶像復活』東洋経済新報社，2005。

ヨフィー，デイビッド＆マイケル・クスマノ（児島修訳）『ストラテジー・ルールズ——ゲイツ，グローブ，ジョブズから学ぶ戦略的思考のガイドライン』パブラボ，2016。

ラシンスキー，アダム（依田卓巳訳）『インサイド アップル』早川書房，2012。

ランダール，ニール（田中りゅう，村井佳世子訳）『インターネット・ヒストリー：オープンソース革命の起源』オライリージャパン，1999。

リー，チョン・ムーン，ウィリアム・ミラー，マルガリート・ハンコック，ヘンリー・ローエン（中川勝弘訳）『シリコンバレー——なぜ変わり続けるのか』上下，日本経済新聞社，2001。

リンツメイヤー，オーウェン（林信行＆柴田文彦訳）『アップル・コンフィデンシャル』アスキー出版局，2000。

リンツメイヤー，オーウェン＆林信行『アップル・コンフィデンシャル 2.5J』上下，アスペクト，2006。

レヴィ，スティーブン（武舎広幸訳）『マッキントッシュ物語——僕らを変えたコンピュータ』翔泳社，1994。

レヴィ，スティーブン（上浦倫人訳）『iPodは何を変えたのか』ソフトバンク・クリエイティブ，2007。

ローズ，フランク（渡辺敏訳）『エデンの西』上下，サイマル出版会，1990。

ロジャーズ，エベレット，ジュディス・ラーセン（安田寿明ほか訳）『シリコン・バレー・フィーバ——日本がめざす高度技術化都市』講談社，1984。

Barrows, Peter, "The Seed of Apple's Innovation", *Business Week*, 2004.

Berlin, Leslie, *Man behind the Microchip: Robert Noyce and the Invention of Silicon Valley* (NY: OUP, 2005).

Bresnahan, Timothy and Franco Malerva, "Industrial Dynamics and the Evolution of Firms' and Nations' Competitive Capabilities in the World Computer Industry", in David Mowery and Richard Nelson (eds), *Sources of Industrial Leadership: Studies of Seven Industries* (Cambridge: Cambridge U. P., 1999).

Brown, Clair and Greg Linden, *Chips and Change: How Crisis Reshapes the Semiconductor Industry* (MIT Press, 2009).

Burrows, Peter, "Apple May Be Holding Back the Music Biz", *Business Week*, Dec. 19, 2005

Chandler, Alfred, *Inventing the Electronic Century: The Epic Story of the Consumer Electronics and Computer Industries* (NY: The Free Press, 2001).

Covell, Jeffrey, "Apple Computer, Inc.", *International Directory of Company Histories*, vol. 77.

Curry, James and Martin Kenny, "Beating the Clock: Corporate Responses to Rapid Change in the PC Industry", *California Management Review*, vol. 42, no. 1 (Fall 1999).

Curry, James and Martin Kenny, "The Organizational and Geographic Configuration of the "Personal Computer Value Chain", in Martin Kenny with Richard Florida (eds), Locating Global Advantage: Industry Dynamics in the International Economy (Stanford: Stanford U. P., 2004).

Dedrick, J. and K. L. Kraemer, *Asia's Computer Challenge: Threat or Opportunity for the United States and the World* (N. Y.: Oxford U. P., 1998).

Dedrick, J., K. Kramer and G. Linden, "Who Profits from Innovation in Global Value Chains?: A Study of the iPod and Notebook PCs", *Industrial and Corporate Change*, vol. 19, no. 1, 2010, pp. 81-116.

Dedrick, J., K. Kramer and G. Linden, "The Distribution of Value in the Mobile Phone Supply Chain", *Telecommunications Policy*, vol. 35, no. 6, 2011, pp. 505-521.

Flamm, Kenneth, *Creating the Computer: Government, Industry, and High Technology* (Washington: The Brookings Institution, 1988).

Grasten, Christina, *Apple World: Core and Periphery in a Transnational Organizational Culture* (Stockholm Studies in Social Anthropology, 1994, Doctoral Dissertation)

Gereffi, G. & M. Korzeniewicz (eds.), *Commodity Chains and Global Capitalism* (Westport, CT: Greenwood Press, 1994).

Harvard Business School Case, "Apple Computer (abridged): Corporate Strategy and Culture", by Gregory Rogers, February 11, 1997.

Harvard Business School Case, "Bill Gates and Steve Jobs", by Anthony Mayo and Mark Benson, March 19, 2010.

Henderson, Jeffrey, *The Globalisation of High Technology Production* (London: Routledge, 1989).

Kirkpatrick, David, "The Second Coming of Apple", *Fortune*, Nov. 9, 1998.

Kraemer, Kenneth, Greg Linden and Jason Dedrick, "Capturing Value in Global Networks: Apple's iPad and iPhone", http://pcic.merage.uci.edu/papers/2011.

Kupfer, Andrew, "Apple's Plan to Survive and Grow", *Fortune*, May 4, 1992.

Langlois, Richard, "External Economies and Economic Progress: The Case of the Microcomputer Industry", *Business History Review*, vol. 66, no. 1 (1992).

Langlois, Richard, "Creating External Capabilities: Innovation and Vertical Disintegration in the Microcomputer Industry", *Business and Economic History*, 2nd series, vol. 19 (1990).

Lashinsky, Adam, "How Apple Works: Inside the World's Biggest Startup", *Fortune*, May 23, 2011.

Levy, S., *The Perfect Thing: How the iPod Shuffles Commerce, Culture, and Coolness* (New York: Simon and Schuster, 2006).

Linden, G. & D. Somaya, "System-on-a-Chip Integration in the Semiconductor Industry: Industry Structure and Firm Strategies", *Industrial and Corporate Change*, vol. 12, 2003, pp. 545-576.

Malone, Micheal, *Infinite Loop: How Apple, the World's Most Insanely Great Computer Company Went Insane* (London: Aurum Press, 1999).

Mowery, David, "The Computer Software Industry", in David Mowery and Richard Nelson (eds), *Sources of Industrial Leadership: Studies of Seven Industries* (Cambridge: Cambridge U. P., 1999).

Noam, Eli, *Media Ownership and Concentration in America* (NY: OUP, 2009).

Nohira, Nitin, Davies Dyer & Frederick Dalzell, *Changing Fortunes: Remaking the Industrial Corporation* (N. Y., John Wiley and Sons, 2002).

Parker, G. G. & E. G. Anderson, "From Buyer to Integrator: The Transformation of the Supply-Chain Manager in the Vertically Disintegrating Firm", *Production and Operations Management*, vol. 11, 2002, pp. 75-91.

Pisano, G. P., "Profiting from Innovation and the Intellectual Property Revolution", *Research Policy*, vol. 35, 2006, pp. 1122-1130.

Pollack, Andrew, "Apple Shows Products for Its Macintosh Line", *Time*, March 4, 1992.

Prencipe, A., A. Davies & M. Hobday, *The Business of Systems Integration* (Oxford: OUP, 2003).

Quittner, Joshua, "Apple Turnover", *Time*, Oct. 2, 1995.

Rebello, Kathy, "Apple's Daring Leap into the All-Digital Future", *Business Week*, May 25, 1992.

Rebello, Kathy et al., "It Looks and Feels As If Apple Lost", *Business Week*, April 27, 1992.

Schlender, Brent, "Something's Rotten in Cupertino", *Fortune*, March 3, 1997.
Shin, Namchul, K. L. Kraemer and Jason Dedrick, "R&D, Value Chain Location and Firm Performance in the Global Electronics Industry", Industries Association Working Paper, http://isapapers.pitt.edu.
Tedlow, Richard S., *The Watson Dynasty: The Fiery Reign and Troubled Legacy of IBM's Founding Father and Son* (New York: Harper Business, 2003).
Yoffie, David B. (ed.), *Competing in the Age of Digital Convergence* (Boston: Harvard Business School Press, 1997).
Yoffie, David and Michael Cusumano, *Strategy Rules: Five Timeless Lessons from Bill Gates, Andy Grove, and Steve Jobs* (New York: Harper Collins, 2015)
Woyke, Elizabeth, *The Smartphone: Anatomy of an Industry*, (New York : The New Press, 2014)
Zavhary, G. et al., "Apple Moves Its Microsoft Battle to the Marketplace", *Wall Street Journal*, April 16, 1992.

第2章

ユニリーバの国際展開とその失敗
―― 1960年代のアルコール飲料産業進出を中心として ――

はじめに

　次の製品ブランドを想像してみて欲しい。ボディケアからフェイスケア，ヘアケアに至る幅広いラインナップを揃えたダブ（Dove）やラックス（Lux），様々なスキンケア製品を展開するポンズ（Pond's）や保湿を目的としたスキンケアのヴァセリン（Vaseline），キッチンや浴槽を洗うクレンザーのジフ（Jifあるいは Cif）やドメスト（Domestos），プレミアム・アイスクリームのベン・アンド・ジェリーズ（Ben & Jerry's），そして世界的な紅茶ブランドであるリプトン（Lipton）。これらのブランドは，我々の日常生活においてごく自然に接することのできる，広く知られた商品である。しかし，こうした商品の全てが，単一の，そして世界規模で活動している企業によって製造されていることはあまり知られていない。日本だけでなく，あるいはそれ以上に世界各地の日常生活に広く浸透しているこれらの製品は，イギリスとオランダの両国に本社を有する，世界的な多国籍企業であるユニリーバ（Unilever）によって製造・販売されている。

　先に挙げた商品も含め，ユニリーバは冷凍食品やマーガリン，パーソナルケア，石鹸や洗剤でかなりのブランドを有しているが，これらの多くは企業買収や合併によって獲得された。ユニリーバは，1965年から1990年にかけて，およそ540社もの企業を買収した。年間50社以上の買収を行う年もあったが，1980年代半ばまで，通常は年間に10社から20社の企業買収を実施していた。こうした企業買収の費用は総額66億ポンド（1990年の価格で96億1800万ポンド相当）にのぼった。実質価格では，1980年代中頃までの買収費用はほぼ

一定であったが，例外的に突出した額を費やした年もあり，1980年代後半にはそうした大規模な買収が行われた。当時，特に大規模であったのは，1978年のナショナル・スターチ（National Starch）の買収（2億5200万ポンド），1984年のブルック・ボンド（Brooke Bond）の買収（3億9000万ポンド），1986年のチーズブロー・ポンズ（Chesebrough-Pond's）の買収（19億9300万ポンド），そして1989年のファベルジェ／エリザベス・アーデン（Fabergé／Elizabeth Arden）の買収（9億9600万ポンド）であった[1]。

最近のM&Aを見ても，食品では，2000年にアメリカのベストフーズ（Bestfoods）やスリム・ファースト（Slim Fast）などを買収している。アイスクリーム事業においては，2000年にアメリカのベン・アンド・ジェリーズ，2008年にロシアのインマルコ（Inmarko），2009年にはルーマニアのナポーカ（Napoca），2010年にはデンマークのブランドであるディプロミス（Diplom-Is），2011年にはギリシャのエブラ（EVGA）などを買収し，その後もいくつかのアイスクリーム事業を獲得した。パーソナルケアやヘアケア，スキンケアの部門では，2009年にTIGI，2010年にサラ・リー（Sara Lee）のパーソナルケア事業，そして2015年にはイギリスのレン・スキンケア（Ren Skincare）を買収した。この他にも，洗剤や紅茶の部門でいくつかの事業を獲得し，2000年代に入ってもなお，M&Aを通じて国際的な成長を見せている[2]。

こうして，M&Aを繰り返すことで世界的な多国籍企業へと成長したユニリーバは，常に合併や買収でリードし，成功を収め続けてきたのであろうか。確かに，後述するようにユニリーバそれ自体も合併により誕生し，M&Aを通じて国際化を果たしてきたが，1960年代後半から1970年代にかけてはいくつかの重大な失敗を経験し，M&Aに対する積極性を失っていた。そこで本章では，ユニリーバの経験したM&A上の失敗に注目し，特に，1960年代末に国際的な食品事業拡大の一環として目指されたイギリスのビール企業であるアライド・ブリュワリーズ（Allied Breweries）との合併交渉を事例に，その合併がなぜ失敗したのか，そして，ユニリーバはその後どのような対応をとり，現在の様な地位を築いたのかということを検討する。

以上を踏まえて，本章は以下の構成をとる。第1節では，本章の第1のキープレイヤーであるユニリーバについて，設立までの道程をその前身企業も含め

て概観する。第2節では，本章で中心的に扱うアルコール飲料事業に焦点を移し，ユニリーバがどのように当該事業を展開していたのかを検討する。第3節では，ユニリーバと合併交渉をすることとなる，本章の第2のキープレイヤーであるアライド・ブリュワリーズに注目する。ここでは，アライド・ブリュワリーズの活動について，その主なフィールドであった1960年代のヨーロッパ・ビール市場の状況も含めて論じる。第4節では，本章の主題であるユニリーバとアライド・ブリュワリーズの合併交渉に議論を移し，その交渉が失敗に至るまでの経緯を辿る。最後の「おわりに」においては，両社の合併がなぜ失敗したのかという点について検討を加え，ユニリーバがそうした失敗から何を学び，いかに克服していったかということについて論じる。

1. ユニリーバの設立とその事業展開

ユニリーバは，イギリスで石鹸の製造を行っていたリーヴァー・ブラザーズ (Lever Brothers) と，オランダ・イギリスの両国に本拠を置き，マーガリンなどの食用油脂を製造していたマーガリン・ウニ (Margarine Unie) 及びマーガリン・ユニオン (Margarine Union) が合併することで，1930年に設立された。これら企業はいずれも油脂を用いた製品を扱う企業であり[3]，双方ともお互いの主力事業（石鹸とマーガリン）に参入していた[4]。以下ではまず，本章の中心となるユニリーバについて，その設立までを前身企業も含めて確認する。

(1) ユニリーバの前身企業①：リーヴァー・ブラザーズ

ユニリーバの前身企業のひとつであるリーヴァー・ブラザーズは，ウィリアム・ヘスケス・リーヴァー (William Hesketh Lever) の主導により，19世紀末までに世界で最も大規模な石鹸事業を築いていた。リーヴァーは，1880年代中頃に石鹸の原料価格が下落した際に，父親の跡を継いでイギリス北部で営んでいた雑貨卸売事業から石鹸製造事業へと転換し，1884年にはサンライト石鹸 (Sunlight Soap) を発売した。リーヴァーは，このブランドが付された新しい石鹸の需要を創出するため，広告活動を展開し，従来の石鹸のように棒状

ではなく，あらかじめ切り分けられて個装された状態で販売した。このようにリーヴァーは，今日行われているような，大量生産された消費財の大規模マーケティングの考え方に大きな影響を与えた[5]。

こうしたサンライト石鹸の成功もあり，リーヴァーは1887年末までには1週間に450トンもの石鹸を製造するまでになっていた。さらに，イギリスのチェシャー (Cheshire) に広大な土地を購入して大規模な工場を建設し，その周辺にはいわゆるモデル・ヴィレッジであるポート・サンライト (Port Sunlight) を建設した[6]。その後も，リーヴァーは石鹸製造を拡大し，1894年にはライフボイ (Lifebuoy) を，1899年にはフレーク状の石鹸であるラックス・フレークス (Lux Flakes) を発売した[7]。

リーヴァーはさらに，海外事業についても早くから積極的に取り組んでおり，ヨーロッパ大陸をはじめ，カナダや合衆国，オーストラリアに工場を所有していた。また，拡大する事業への原料供給を保持するため，リーヴァーは自身でプランテーションを設立し，アフリカでの貿易も開始した。特に，1920年には原料の安定供給を目指し，西アフリカのナイジャー・カンパニー (Niger Company) を買収し，1929年にその競合企業であったアフリカン・アンド・イースタン・トレード・コーポレーション (African & Eastern Trade Corporation) と合併することで，ユナイテッド・アフリカ・カンパニー (United Africa Company：以下，UACと略記) を設立した[8]。

以上のように，リーヴァーは石鹸の大量生産，包装，商標付け，広告，さらにはかなりの規模の経営スタッフの採用といった面の成功により，イギリスの産業界において重要な役割を果たしていた。さらに，シヒト (Schicht) やヘンケル (Henkel)，プロクター・アンド・ギャンブル (Procter & Gamble：以下，P&Gと略記)，コルゲート (Colgate) といった競合企業よりもはるかに早く海外に進出したことで，大陸ヨーロッパやアメリカにおいても大手の生産者となった[9]。

(2) ユニリーバの前身企業②：マーガリン・ウニ／ユニオン

ユニリーバのもうひとつの前身企業であるマーガリン・ウニ及びマーガリン・ユニオンは，1927年にオランダのマーガリン製造企業であるユルヘンス

(Jurgens) とファン・デン・ベルシュ (Van den Berghs) が合併することで設立された。両社は19世紀中頃から，オランダでバターを扱っていた家族企業であり，イギリスへのバター輸出という成長著しい事業を築き上げていた。しかし双方とも，当時新たに形成されつつあった労働者階級市場を魅了するような，安価で十分な量のバターがヨーロッパにはないことを認識しており，バターに代わる商品の可能性を探していた。そこで考えられたのが，バターよりも安価に生産でき，見た目も味もバターに似た代替品であるマーガリンであった。両社は，マーガリンの量産体制を早急に整備し，1872年までにはマーガリン製造事業へとシフトした。どちらも，安定的な原料供給システムを構築することで，大規模なマーガリン事業を展開していた[10]。

こうしたオランダのマーガリン製造企業の2社が，1920年代の不況に対応するために合併することで誕生したのが，マーガリン・ウニ／ユニオンという二重構造であった。マーガリン・ウニ／ユニオンは，設立後にめざましい発展を遂げ，1928年にはフランス企業とオランダ企業の合同体で製油事業を行っていたカルヴェ・デルフト (Calvé-Delft) が，このグループに参加した。さらに，1929年にはオランダのオス (Oss) に本拠を構え，食肉加工と食用油脂製造を行っていたハルトフ (Hartogs)，そして中央ヨーロッパで洗剤と食用油脂の事業を行っていたシヒトとセントラ (Centra) も加わった。この他にも，いくつかの小規模なヨーロッパ企業が参加し，マーガリン・ウニ／ユニオンは成長を続けた[11]。

こうした合同により，マーガリン・ウニ／ユニオンの生産は再編成され，販売組織も大きく合理化されることとなった。特に，販売面での合理化が果たした役割は大きく，広告費の削減や販売員とブランドの統合・削減によって，かなりの節約が達成された。マーガリン・ウニ／ユニオンは，そのルーツからヨーロッパ大陸やイギリスに強い基盤を持ち，リーヴァー・ブラザーズと同様に，同産業では比較できる企業がないほどにまで成長した[12]。

(3) ユニリーバの設立とその事業展開

以上のような，当時のヨーロッパにおいて，石鹸・食用油脂事業で圧倒的な地位を築いていたリーヴァー・ブラザーズとマーガリン・ウニ／ユニオンが合

併することで,ユニリーバは誕生した。約1年に及ぶ合併交渉の末,1929年9月2日に結ばれた合意によって生まれたユニリーバは,イギリスとオランダそれぞれの持株会社から成り立つ二重国籍であった。イギリス企業であったマーガリン・ユニオンはユニリーバ・リミテッドと名称を変え,リーヴァー・ブラザーズの株式を所有することとなった。オランダの持株会社はユニリーバNVとなり,これは実質的にはマーガリン・ウニが名称を変更したものであった[13]。

ユニリーバを構成する2つの持株会社は,「平等化協定(Equalisation Agreement)」で結びついていた。両社は同一の取締役会を有し,配当についても,いかなる時でもポンドとギルダーで同等に支払われなければならないと決められていた。両社については概して,ユニリーバNVがヨーロッパ大陸での事業,ユニリーバ・リミテッドがイギリスと海外での事業に責任を負うこととなった。こうした二重構造のように,巨大企業が2つの国で所有され,管理されることは極めてまれな事例であった。国境を越えた合併が盛んに行われるようになった1990年代以前では,ユニリーバのような二重構造をとる巨大企業は,ロイヤル・ダッチ・シェル(Royal Dutch Shell)のみであった[14]。

こうしたユニリーバの合併は,当時のヨーロッパのなかでもかなり大規模な合併であった。1920年代のイギリスでは,企業合併が盛んに行われていた時期であり,合併による消滅企業が1年平均188社という水準であったが[15],そうしたなかでもユニリーバの合併は最も大きな案件のひとつであった(図表2-1)。ユニリーバよりも3年早く設立されたインペリアル・ケミカル・インダストリー(Imperial Chemical Industry:以下,ICIと略記)や,1925年にドイツで誕生したIG・ファルベン・インドゥストリー(IG Farben Industrie:以下IGファルベンと略記)よりも大規模な合併であった。さらに,ユニリーバはICIやIGファルベンと違い,イギリスとオランダのグループによる国際的な合併でもあった[16]。

この二重構造という性質により,ユニリーバは外部で生じた衝撃に対して,すぐに立ち直ることが可能となった。第二次大戦中,オランダや他のヨーロッパにおけるユニリーバの事業は,イギリス,そしてナチによって占領されていたヨーロッパ大陸の一部から分断されていた。しかし戦争が終わると,そうし

図表2-1 1930年のイギリスにおける製造企業ランキング

順位	企業名	推定市場価格（100万ポンド）
1	ユニリーバ	132.0
2	インペリアル・タバコ	130.5
3	ICI	77.3
4	コートールズ	51.9
5	J&P コーツ	47.4
6	ディスティラーズ	45.5
7	ギネス	43.0
8	ダンロップ・ラバー	28.2
9	アライド・ニュースペーパーズ	27.6
10	フォード・モーター	21.2

出所：ハンナ『大企業経済の興隆』(1987)，121頁。

たユニリーバの事業も再び統合されたし，第二次大戦中でさえ，ユニリーバの事業は拡大し続けていた。合衆国においては，ユニリーバは紅茶の一大ブランドであるリプトンを買収した。ユニリーバは合衆国での事業において，既にリーヴァー・ブラザーズを所有しており，合衆国の石鹸市場でかなりのシェアを獲得していた。さらに，ユニリーバはジェネラル・フーズ（General Foods）から，バーズ・アイ（Birds Eye）というブランドで急速冷凍食品を製造・販売する事業を取得した。イギリスでは，ユニリーバはバチェラーズ・ピーズ（Batchelors Peas）を買収した。同社は，イギリス国内で最も規模の大きい缶詰野菜製造企業のひとつであった。このように，ユニリーバは戦後の数十年で，食品事業をより一層拡大し，トルコや東南アジア，アフリカなどに新工場を建設した[17]。

　ユニリーバの事業は，非常に多岐の産業にわたっていた。1960年代中頃，マーガリンやその他の食用油脂，そして石鹸や洗剤の事業は，それぞれ全体売上の5分の1以上を占めており，利益に占める割合はもう少し高かった。食品事業でも，総売上の5分の1を占めていたが，利益率は食用油脂や石鹸・洗剤に比べてやや低かった。この食品部門では，冷凍の豆からアイスクリーム，精肉まで，あらゆるものが扱われていた。ユニリーバの残りの売上は，パーソナルケア事業（歯磨き粉やシャンプー，デオドラント，化粧品等を含む）から飼料，化学製品に至る，多くの様々な事業で占められていた。また，UACの事業も，ユニリーバの売上の15％近くを占めていた。こうした多岐にわたるユ

ニリーバの事業は，高度な垂直統合及び水平統合によって支えられていた。その中には，漁船の所有，シーフード・レストラン，河川・陸上輸送，包装や印刷，広告や市場調査までも含まれていた[18]。

以上のように，1930年にイギリスとオランダの二重構造で設立されたユニリーバは，垂直統合と水平統合を繰り返すことで，世界でも有数の大規模多国籍企業へと成長を遂げた。これまで見てきたように，ユニリーバは合併により誕生し，買収によって成長してきたが，常にそうした合併・買収が成功を収めていたわけでは必ずしもなかった。冒頭でも述べたとおり，特に，1960年代後半から1970年代にかけてはいくつかの大きな失敗を経験し，買収に対する積極性を失っていた。その一方で，イギリスでは，1960年代から1970年代にかけて合併の波が訪れ，合併活動が大幅に増加していた。1968年から1973年の間には，特に合併活動が盛んになり，1969年時点での上場企業上位200社のうち，22％もの企業が1972年までに買収されていた。しかしユニリーバは，同時期の買収交渉の失敗により，イギリスでのこうした買収ブームにおいて傍観者としての姿勢を取らざるを得なくなっていた[19]。そこで以下では，ユニリーバにおける買収交渉失敗の事例として，アライド・ブリュワリーズのケースに注目し，どのような経緯で交渉が行われ，なぜ失敗したのかを検討することとなるが，次節ではまず，具体的な両社の合併交渉に入る前に，ユニリーバによるアルコール飲料事業について概観する。

2．ユニリーバによるアルコール飲料事業

ユニリーバによるアルコール飲料事業への多角化は，1960年代に行われた食品事業のさらなる拡大の一環として進められた[20]。ビール事業では既に，イギリスの持株会社ユニリーバ・リミテッドの子会社であるUACによって，アフリカを中心に行われていたが，1960年代末にはヨーロッパでの事業展開を目論んでいた。以下ではまず，UACを中心としたユニリーバによるアルコール飲料事業について検討する。

先にも触れたように，ユニリーバによるアルコール飲料事業は，UACによっ

て主に展開され,オランダのハイネケン(Heineken)やアイルランドのギネス(Guinness),フランスのコンパニー・フランセーズ・ドゥ・ラフリック・オキシドンタール(Compagnie Française de l'Afrique Occidentale:以下,CFAOと略記)と共に行われていた(図表2-2)。UACのビール事業は,1946年のナイジェリアン・ブリュワリーズ(Nigerian Breweries)の設立によって開始された。ナイジェリアン・ブリュワリーズは,UACが36.5%,ハイネケンが33.4%,CFAOが9.3%という出資比率で設立され,残りはSCOAやUTC,レヴェンティス(Leventis)といった貿易会社によって出資されていた。こうした貿易会社は,現地の流通チャネルの大株主であることが多く,彼らが参加することで,現地で醸造されたビールを消費者に提供することが保証されていた。UACは,この新しい西アフリカのビール企業に対して,販売や管理についての責任を負い,ハイネケンはビール醸造の技術を提供することとなり,1949年6月には,ナイジェリア市場に対してスター(Star)・ブランドのビール導入を開始した。ナイジェリアン・ブリュワリーズは,1968年時点で3つ

図表2-2 ユニリーバによるビール事業の展開

企業	国	設立年	主な出資	販売量(1968)
Nigerian Breweries	ナイジェリア	1946	UAC 36.5% Heineken 33.4% CFAO 9.3%	960万ガロン
Kumasi Breweries	ガーナ	1955	UAC 33% Heineken 32% CFAO 12%	350万ガロン
Sierra Leome Brewery	シエラレオネ	1961	UAC 33% Heineken 32% CFAO 13%	110万ガロン
Guinness (Nigeria)	ナイジェリア	1961	Guinness (Overseas) 51% UAC 29%	450万ガロン
Brasseries du Logone	チャド	1965	UAC 67% Heineken 8% CFAO 10%	40万ガロン
Compañía Hispana-Holandesa de Cervezas	スペイン	1965	Unilever NV 43.5% Heineken 43.5%	110万ガロン

出所:The Monopolies Commission, *Unilever Limited and Allied Breweries Limited* (1969), pp.4-5より作成。

の醸造所をナイジェリアに構え，960万ガロンのビールを販売した[21]。

　スター・ブランドのビールは，手頃な価格で販売され，1950年代半ばにはナイジェリアで最も販売量の多いビールとなった。こうしたナイジェリアでの成功を受けて，UACは西アフリカでのビール事業を拡大させ，ガーナやシエラレオネ，チャドでも同様のパートナーシップによる醸造所建設を実施した[22]。以上のような西アフリカにおけるビール事業の成功から，UAC出身でユニリーバの会長であったコール（George James Cole）は，ビール事業へのさらなる多角化に意欲を見せていた[23]。そこで，1965年にはユニリーバはヨーロッパにおいても醸造所を設立することを決定し，ハイネケンと共同でスペインにコンパニア・イスパナ・オランデセ・デ・セルベサス（Compañía Hispana-Holandese de Cervezas）を設立した。この醸造所は，UACによるビール事業と同様に，ユニリーバがマーケティングのノウハウを提供し，ハイネケンが醸造技術の提供を担当した。ユニリーバによるヨーロッパでのビール販売は，1967年に開始され，1968年には110万ガロンを売り上げた[24]。ユニリーバはさらに，1960年代後半に，ハイネケンと共にドイツのビール市場へ参入する計画を進め，ハイネケンとの協力関係を拡大させようとしていた。ドイツへの参入については，ユニリーバの持つマーガリンの販売網を用い，食料雑貨店などを通して高級ブランドのビールを販売するという戦略も含まれていた。コールは，ハイネケンとの協力関係をより強固なものにすべく注力したが，結局ドイツ参入への計画は実現することはなかった[25]。

　こうしたアフリカやスペインでのビール醸造に加えて，UACは1952年以降，アフリカにおいてワインの輸入や流通を行う事業を展開した。1952年には，UACはCFAOと共に，次の3社の株式を獲得した。すなわち，ソシエテ・デ・ヴァン・ドゥ・ラ・クジボワ（Société des Vins de la Côte d'Ivoire）の株式を32.5％ずつ，レ・ボン・ヴァン・ドゥ・フランス（Les Bons Vins de France）の株式を，UACが29.9％，CFAOが37％，そして，ソシエテ・デ・ヴァン・デュ・コンゴ（Société des Vins du Congo）の株式を$33\frac{1}{3}$％ずつ獲得した。さらに，UACとCFAOは1953年に，ソシエテ・デ・ヴァン・ドゥ・ガボン（Société des Vins du Gabon）の株式を22.5％ずつ取得した。以上4社の総資本は99万9千ポンドにおよび，1968年の総販売量は870万ガロンに達した。

UACとCFAOはヨーロッパでも買収を進め，1953年にはラ・メトロポリタン・デ・ヴァン（La Metropolitan des Vins：以下，メトロヴァンと略記）の株式を32％ずつ，1964年にはユニオン・コメルスィアル・ヴィニコル（Union Commerciale Vinicole）の株式を $33\frac{1}{3}$％ずつ獲得した。両社はフランス企業であり，メトロヴァンは仕入れとサービス，もう一方は卸売を担っていた。その他にも，UACはアライド・ブリュワリーズやヴィクトリア・ワイン・カンパニー（Victoria Wine Company）と共に，イギリスにおいてワイン流通事業を展開する計画について議論したが，こちらは実現には至らなかった。1962年から1963年にかけて，メトロヴァンもドイツ北部でワインの輸出やボトリング，販売の事業を試みたがこちらも失敗に終わった[26]。

　以上のように，ユニリーバはUACを通した西アフリカでのビール事業では成功を収めていたものの，ヨーロッパでは思うような結果が出せない状況が続いていた。こうした中でなされたのが，1968年のアライド・ブリュワリーズからの合併提案であった。以下では，両社の具体的な合併交渉について論じる前に，ユニリーバに合併の提案をしたアライド・ブリュワリーズに注目し，当時のヨーロッパ・ビール市場の状況も合わせて検討する。

3. アライド・ブリュワリーズと1960年代のヨーロッパ・ビール市場

　これまで見てきたように，1960年代のヨーロッパ・ビール市場において，ユニリーバは苦戦を強いられていた。しかしその一方で，当時のヨーロッパ・ビール市場自体は，その消費量及び生産量のいずれも著しい成長を遂げていた。イギリス，フランス，ベルギー，デンマーク，オランダの5か国では，第二次大戦後まもなくの生産量において，ゼロあるいは限られた成長しか見られなかったが，1950年代後半以降，西ドイツやスペイン，イタリアなども含めた多くのヨーロッパ諸国で，ビール生産が継続的に上昇した（図表2-3，4）[27]。こうした生産量の増加と同様に，第二次大戦後のヨーロッパにおけるビール消費も大きく上昇し，1976年までその成長は続いた[28]。

3. アライド・ブリュワリーズと1960年代のヨーロッパ・ビール市場　115

図表2-3　1950年から1960年までのヨーロッパにおけるビール生産

(100万hl)

Year	West Germany	UK	Spain	France	Netherlands	Belgium	Italy	Denmark
1950	18	41	1	8	1	10	1	3
1956	35	40	3	13	2	10	2	2
1958	48	39	2	18	3	10	2	3
1960	54	43	3	17	4	10	2	4

原出所：Statistics from CBMC/EBIC, BLRA, Deutscher Brauer-Bund.
出所：Gourvish, 'Concentration, Diversity and Firm Strategy in European Brewing' (1998), p.84 より作成。

図表2-4　1960年から1970年までのヨーロッパにおけるビール生産

(100万hl)

Year	West Germany	UK	Spain	France	Netherlands	Belgium	Italy	Denmark
1960	54	43	3	17	4	10	2	4
1961	58	45	4	18	4	11	3	4
1962	62	46	5	18	4	10	4	4
1963	66	46	6	18	4	11	4	4
1964	72	48	7	20	5	11	4	5
1965	73	48	7	20	5	11	5	5
1966	76	49	8	20	6	11	5	5
1967	77	50	9	21	7	12	6	6
1968	79	51	10	20	7	12	5	6
1969	84	54	11	21	8	12	6	7
1970	87	55	12	21	9	13	6	7

原出所：*U.N.Commodities Statistical Yearbooks* (various years).
出所：Wolff, *Integratie op de Europese Biermarkt* (1991), pp.141-143 より作成。

　ヨーロッパのビール市場は，1960年代を通じて生産量，消費量共に大きく成長していたが，その中でも特に顕著な成長を見せていたのがオランダ市場であった。例えば，1967年のヨーロッパにおけるビール消費について，1人当たりの消費量だけをみると，ヨーロッパの中でオランダはそれほど大きな市場ではなかった（図表2-5）。しかし，その成長率に目を向けてみると，1962年から1967年にかけて，総消費における成長率は100％にまで達し，ビール市場が大きく成長していた（図表2-6）。こうしたオランダにおけるビール市場の成長を受けて，ヨーロッパのビール企業はオランダ進出を視野に入れることと

なった。特に，国内市場の成長率が停滞し，合理化や再編が進んでいたイギリスで事業を展開していた企業にとって，オランダは魅力的な市場であった[29]。こうしたヨーロッパ・ビール産業のなかで，最初にオランダに進出した企業が，後にユニリーバとの合併交渉に臨むこととなるアライド・ブリュワリーズであった。

アライド・ブリュワリーズは，1961年にイギリス国内のインド・クープ（Ind Coope），テトリー・ウォーカー（Tetley Walker），アンセルズ・ブリュワリー

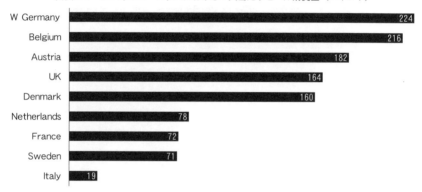

図表2-5　1967年のヨーロッパにおける1人当たりビール消費量（パイント）

出所：Corina, 'Europe Takes to Beer'（Thursday, March 13, 1969）．

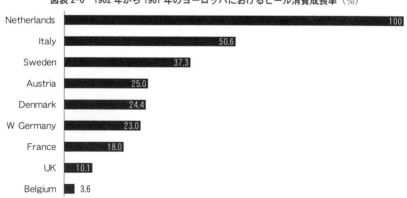

図表2-6　1962年から1967年のヨーロッパにおけるビール消費成長率（%）

出所：Corina, 'Europe Takes to Beer'（Thursday, March 13, 1969）．

(Ansells Brewery) の 3 社が合併することで設立されたインド・クープ・テトリー・アンセル (Ind Coope Tetley Ansell) が，1962 年末にその名称を変更した企業である[30]。アライド・ブリュワリーズはこの合併によって，時価総額で 1 億 2600 万ポンド，イギリスに 7 万店あるパブの内の 9500 店を有する，イギリス国内でも大規模なビール企業となった。アライド・ブリュワリーズとなった 3 社の合併については，カナダの有力な企業家であったエドワード・プランケット・テイラー (Edward Plunket Taylor) がイギリス市場に参入したことに対して防衛策を採ったというのが，その主な理由のひとつである[31]。また，ビール産業の成長には，全国的なグループやブランドの存在が必要であると考えられており，3 社のような大規模な地方企業あるいは全国企業に近い企業が合併することで，そうしたグループを築き，強力なブランドを所有したいという思惑もあった[32]。さらに，アライド・ブリュワリーズは自身の設立について，ブランド製品による競争において，イギリス全土を網羅するような販路を持った強力な企業を構築するためとしている[33]。

こうして誕生したアライド・ブリュワリーズは続いて，1964 年にギルフォード (Guildford) のフライアリー・ミュー (Friary Meux) のビール事業や，ハリファックス (Halifax) のトーマス・ラムズデン (Thomas Ramsden) を買収した。アライド・ブリュワリーズはここまでで，14 軒の醸造所と 125 軒のホテルを有し，8575 件のオン・ライセンス (on-licence) および 1780 件のオフ・ライセンス (off-licence) を持つ企業となった[34]。1967 年時点で，アライド・ブリュワリーズのビール生産は 483 万バレルに達し，これはイギリスのビール総生産の 15% を占める数字であった。ビール醸造以外にも，アライド・ブリュワリーズは設立時において，前身企業 3 社が既に有していたリキュール事業やビールの流通，小売事業も行っていた。例えば，インド・クープには，ワインやスピリッツの卸売を行うグランツ・オブ・セント・ジェイムズ (Grants of St. James's) や，小売店を展開するヴィクトリア・ワイン・カンパニーといった子会社があった[35]。アライド・ブリュワリーズはさらに，ワインやスピリッツへの多角化を推進するため，1968 年にベイビーチャム (Babycham) というペリーと，シェリーのハーヴェイ・ブリストル・クリーム (Harvey Bristol Cream) を有するシャワリングス (Showerings) を 1 億 800 万ポンドで買収し，

ヨーロッパで最も大規模なワイン・スピリッツ事業となった[36]。また，シャワリングスに加えてヴァイン・プロダクツ・アンド・ホワイトウェイズ（Vine Products and Whiteway's）を買収することで，ワインやスピリッツ，リンゴ酒やペリーの利益を著しく増加させ，イギリスのリンゴ酒市場において約20%のシェアを獲得するまでに至った。アライド・ブリュワリーズでは，前身企業3社がそれぞれで地域ブランドのビール醸造・販売を行うほかに，全国ブランドのビールも販売していた。例えば，ボトル及び樽詰めのダブル・ダイヤモンド（Double Diamond），スコル（Skol）のラガーやロング・ライフ（Long Life）といった缶ビールなどである。ビール以外での有力ブランドでは，先のハーヴェイ・ブリストル・クリームやベイビーチャムに加えて，コーツ（Coates）やゲイマーズ（Gaymer's），ホワイトウェイズ（Whiteway's）といったリンゴ酒，フルーツ・ジュースのブリットヴィック（Britvic）があった[37]。

海外事業については，アライド・ブリュワリーズは東アフリカでのビール事業を獲得しており，ケニアやウガンダ，タンザニアの醸造所に対してノウハウの提供や，醸造所の近代化及び再編を行っており，これらの醸造所に対しては継続的に技術指導を実施していた。また，アライド・ブリュワリーズは，西インドにおいても小規模ながら同様の投資を行っており，カリビアン・ディベロップメント・カンパニー（Caribbean Development Company）とのパートナーシップによって醸造所を建設した[38]。

さらに，アライド・ブリュワリーズはカナダのロバット（Labatt），スウェーデンのプリップ（Pripp Bryggerierna），そしてベルギーのユニブラ（Unibra）と共に，1964年にスコル・インターナショナル（Skol International）を設立した。これは，世界で最も大規模なビール企業同士の同盟であり，年間1000万バレル以上のビールを醸造することとなった。スコル・インターナショナルを構成する企業は，イギリス，カナダ，合衆国，スウェーデン，コンゴ，スペインで70以上の醸造所を有しており，アイルランドやスペイン，アフリカ，西インドの醸造所に投資や技術提携を行っていた。4つの企業はそれぞれ，スコル・インターナショナルの株式を25%ずつ所有することとなった。こうした一大ビール企業同盟設立の目的は，スコル・ブランドのビールを各国内及び各輸出市場へと展開することであった。さらに，世界各国のビール企業と技術提

携やライセンス契約を結び，スコルを世界中で販売することも視野に入れていた。後に，スコル・インターナショナルのパートナーは6つの企業となり，ポルトガルのソシエダージ・セントラル・ディ・セルベージャス（Sociedade Central de Cervejas），オーストリアのシュウェヒャット（Brauerei Schwechat）が加わった。1967年時点で，スコルは14か国で醸造が行われ，36か国で販売されていた[39]。

以上のように，アライド・ブリュワリーズは国内外で成長を遂げ，ビールだけでなくワインやスピリッツでも大規模な事業を有するまでになった。しかし，イギリス国内に目を向けると，本節冒頭でも述べたとおり，1960年代には停滞する国内消費に対して，ビール産業において大規模な合理化や再編・集中が行われており，「ビッグ・シックス」と呼ばれるような大規模企業が登場していた（図表2-7）。こうした状況の中で，アライド・ブリュワリーズは海外市場，特に成長著しいオランダへの進出を開始し，そうしたオランダで強固な販売網を有し，ビール産業進出に興味を持っていたユニリーバに対して合併交渉を持ちかけたのであった。こうして，ビール産業に大きな関心を持っていたユニリーバと，オランダをはじめとした海外への進出を狙ったアライド・ブリュワリーズの間での交渉が開始されることとなった。

図表2-7　1967年のイギリスにおける「ビッグ・シックス」のビール生産

	生産量（100万バレル）	イギリスのビール生産に占める割合（％）
バス・チャーリントン	5.64	18.1
アライド・ブリュワリーズ	4.83	15.5
ウィットブレッド	3.46	11.1
ワットニー・マン	2.94	9.4
スコティッシュ&ニューカッスル	2.51	8.0
カーリッジ・バークリー&サイモンズ	1.78	5.7
「ビッグ・シックス」による生産量	21.16	67.8
イギリスのビール生産量	31.2	100.0

出所：The Monopolies Commission, *Beer* (1969), p.5 より作成。

4. ユニリーバとアライド・ブリュワリーズによる合併交渉

1968年11月,ユニリーバとアライド・ブリュワリーズは合併に向けた交渉を開始した。両社にとって,この合併はユニリーバの持つマーケティングや販売の技術・経験と,アライド・ブリュワリーズの持つ強固なブランドとの融合を狙いとしたものであった。また,この合併の目的についてユニリーバは,国際食品事業の拡大の一環であるとし,1964年10月になされた,UACとは別にビール事業に参入するという意思決定の表れであるとした。一方,アライド・ブリュワリーズは,長期的視点から,イギリス市場での拡大には限界があると考えており,海外への本格的な進出を目指していた。そこで,既に海外事業を行っている企業の支援とともに事業を展開した方が,より早く,より確実な成功が望めるとして,そうした役割を果たすにはユニリーバが最も適していると判断した。ユニリーバは既に,飲料事業に関連する世界的な食品市場で事業を展開していたし,R&Dのようなユニリーバの持つ知識や経験にアクセスすることが大いに価値のあることだと考え,合併交渉を持ちかけたのであった[40]。さらに,アライド・ブリュワリーズは今後の国内市場において,オフ・ライセンスでの販売,特にスーパーマーケットを通した販売が伸びると考えており,この点についても,ユニリーバの有する販売網を利用できれば,シェアが拡大できると期待された[41]。

両社による交渉は,それぞれのファイナンシャル・アドバイザー間ですぐに開始され,当初は良好な話し合いがもたれていたものの,1969年1月末にイギリスの規制機関へ当該案件が委託されることとなり,一時中断された。両社は,合併の主な目的として国際的な飲料事業の構築を強調しており,合併が公共の利益に反するのではないかという一部の議論については明確に反論していた。しかしながら,両社の合併の可否は規制機関に委ねられることとなった[42]。以下では,規制機関によって作成された報告書である *Unilever Limited and Allied Breweries Limited: A Report on the Proposed Merger and General Observations on Mergers*(1969)を基に,両社の合併交渉に関する規制機関の

見解について検討する[43]。

　規制機関は，約半年に及ぶ検討の結果，1969年6月に両社の合併に関する報告書を作成した。まず，ユニリーバとアライド・ブリュワリーズの合併が実現した場合でも，独占及び合併に関する法令（Monopolies and Mergers Act 1965）の該当項目に抵触するものではなく，その点については条件が満たされると判断した。

　競争という観点からは，まず，合併が行われた場合の国内飲料産業への影響について考慮された。ユニリーバはこの合併提案まで，わずかなフルーツ・ジュースの製造販売を除いて，イギリスの飲料産業では事業を行っていなかったため，この合併が産業のさらなる集中に直接つながることはないとされた。また，両社の合併が，飲料産業参入に対する障壁を高くすることもないと考えられた。大規模な醸造企業が中心となっていた当時のイギリス飲料産業において，参入に対するハードルは既に高く，今回の合併がこうした状況に対してさらに好ましくない影響を与えることは考えにくかった。

　さらに販売については，両社が所有する小売店で，それぞれの商品を独占的に販売することも懸念としてあげられていた。しかしユニリーバ側としては，そうした方法は現在の方針に反することであり，この方針を維持するために，ユニリーバの小売店であるマック・フィッシャリーズ（Mac Fisheries）ではあらゆるブランドの商品を自由に選んで購入することができていることを主張した。また，アライド・ブリュワリーズの供給業者とも，ユニリーバの製品の販売促進を行うような特別な取り決めや合意はないことを強調した。しかし，規制機関はそうしたユニリーバの方針について一定の理解を示す一方で，合併後に彼らの販売店がそれぞれの製品に対する贔屓を行うという可能性も捨てきれずにいた。こうした懸念は当然残ったが，このことについて他の醸造企業の反応が限定的であった事，そして両企業の取引量が少なかったことから，競争に与える影響はそれほど重大でないと判断した。

　また，規制機関が，当該合併がイギリスの飲料産業の集中を加速させるものではないと判断した一方で，こうしたことに対する他の醸造企業による反応も考慮される必要があった。小規模な醸造企業は，各地域の市場に対して生産を

行っているが，こうした企業同士でも合併に向かう傾向が進んでいたため，ユニリーバとアライド・ブリュワリーズの合併が，そうした小規模醸造企業の行動に与える影響が大きいとは考えられなかった。むしろ，イギリスにおけるビール総生産の4分の3を占めるような，大規模な7つの醸造企業が存在している状況の中で，ユニリーバとアライド・ブリュワリーズが新たに結びつくことで，競争がかえって促進されるという歓迎すべき反応があることが期待された。また，両社が合併することで，他の企業が自身の運営をより効率的に行おうとするインセンティブとなる可能性も考えられた。一方，両社が合併することで，他の醸造企業やアルコール以外の飲料企業の間で，防衛的な統合へ向かう可能性もあった。しかし，こうしたことが飲料産業全体の競争にどの程度影響があるのかは，規制機関としても明確に判断できなかった。

経営資源の利用という観点からは，両社の合併の主な目的は国際的な飲料事業の拡大であるものの，国内市場においても，両企業が有する経営資源の結合から得られる効率性の向上が期待された。技術面では，ユニリーバが大規模な研究開発施設を有する一方で，アライド・ブリュワリーズは小規模の施設しかなく，研究開発費も比較的少なかった。アライド・ブリュワリーズはこの合併により，ユニリーバの研究開発施設やこれまでの研究成果に対するアクセスを期待しており，それによって，より効率的な生産や技術の導入・発展が早まる可能性が生じていた。

マーケティングについても，パブなどでの消費から自宅での消費という変化を遂げつつある当時の国内飲料市場において，ユニリーバの持つ市場調査や企画，パッケージングの技術や経験といったものが，アライド・ブリュワリーズにとって大きな利益となることが考えられた。その一方で，当時計画されていた海外醸造事業でのマーケティングについては，合併によって大きな恩恵が生じるとは考えられなかった。

規制機関としては，両社による合併が，マネジメントの効率性を向上させるものであるのか，あるいは逆にマネジメント上の問題を引き起こしうるのかという点についても考慮する必要があった。これについて，両社は合併後の組織と管理についていささか楽観的過ぎるきらいがあるものの，ユニリーバは合併によって生じる問題に対して経験豊富であり，それに対処する能力を十分に

持っていると考えられた。

　また，ユニリーバは合併のメリットとして，ユニリーバ・リミテッドとユニリーバNVの事業のバランスを取り戻すことが可能となることを強調した。当時，NVが担当するEECや合衆国での事業が急速に拡大していたため，リミテッドよりも速くNVが成長する現象が起きていた。ユニリーバでは，平等化協定によってリミテッドとNVが結びついていたため，リミテッドがアライド・ブリュワリーズと合併することで，リミテッドとNVのバランスを回復させることが期待された。また，規制機関としても，こうしたことは公共の利益に対して何ら悪い影響を及ぼすものではないと考えていた。

　こうした見解を踏まえて，規制機関は両社の合併について以下のような結論に達した。まず，経営資源の利用，特に，技術やマーケティングにおける資源の利用という観点からは，合併することで生じる効率性は非常に大きいと判断された。公共の利益については若干のリスクが考えられるものの，上記のような効率的な資源の利用は，他の醸造企業がさらなる効率性を追求する機会となり得るし，結果的にそうした刺激が競争を促し，公共の利益につながる可能性もあった。また，両社によって計画されていた海外事業から得られる公共の利益がどの程度のものかは明確でなかったが，それと同時に，それが悪影響を及ぼすとも言い切れなかった。

　以上により，1969年1月に規制機関の介入で一時中断したユニリーバとアライド・ブリュワリーズによる案件については，公共の利益に反するかどうかの明確な答えは出なかったものの，その効率性の高さから，合併交渉を進めることが許可された[44]。こうして，両社の合併交渉がいよいよ再開されるかと思われたが，規制機関による審議を行っている間，株式市場の状況が大きく変化していたため，合併について再考する必要が生じていた。規制機関へ合併案件が委託された1969年1月以来，アライド・ブリュワリーズの株価が3シリング下落して18シリング3ペンスであったのに対し，ユニリーバの株価は67シリングから57シリング3ペンスまで下落していた（両社とも1969年6月3日時点）。アライド・ブリュワリーズの株価は，両社の合併交渉が発表された

1968年11月末の時点と同水準であったのに対し、ユニリーバの株価は大きく下落していた状況であった。これを受けて、両社のファイナンシャル・アドバイザーは、直ちに新しい解決策の検討に動いたが、相対的に見た場合の株価の劇的な変化を認めざるを得ず、両社の株主が受け入れられるような代替案を提示することは困難であるとの結論に至った。こうして、1968年11月に発表されたユニリーバとアライド・ブリュワリーズの合併交渉は、1969年1月から6月にかけての規制機関による審査を経て、ようやく交渉を進めることが許可されたものの、結局実現には至らず、株式交換による合併は破棄されることとなった[45]。

もし両社の合併が成立していれば、イギリスの中でも最も大規模な合併のひとつとなったが、それが現実のものとなることはなかった。1968年に行われた合併でも、当時最も大規模であったゼネラル・エレクトリック・カンパニー（General Electric Company：GEC）とイングリッシュ・エレクトリック（English Electric）の合併（8億7500万ポンドの市場価値）に次いで、二番目に大規模な合併案件であった（当時想定された市場価値は6億1000万ポンド）[46]。また、1969年のイギリスにおける上位10社（資産）を見ても、両社の合併が実現し

図表2-8　1969年のイギリスにおける上位10社

		資産（100万ポンド）
1	ICI	1,427
2	GEC	691
3	ユニリーバ	479
4	インペリアル・タバコ	466
5	コートールズ	442
6	ブリティッシュ・レイランズ	328
7	アライド・ブリュワリーズ	318
8	ディスティラーズ	317
9	バス・チャーリントン	314
10	GKN	294
	上位10社の合計	5,076
	全ての製造企業の合計	17,773
	上位10社の占める割合（%）	28.6

原出所：Department of Trade and Industry.
出所：Hannah and Kay, *Concentration in Modern Industry*（1977），p.8より作成。

ていた場合の規模の大きさについては容易に想像できる（図表 2-8）。

　こうした結末を受けて，ヨーロッパでのビール事業を含む，アルコール飲料市場への参入に並々ならぬ思い入れをもっていたユニリーバのコールは，政府の役人に向けて，非常に素晴らしい機会を逃してしまったと書簡に記し，また，規制機関や政府の対応が，合併交渉に対して遅れを生じさせ，それが交渉の失敗に繋がったとして大いに憤慨した。これにより，ユニリーバのビール産業への可能性は事実上消滅することとなり，さらに西アフリカで UAC と共にビール事業を行っていたハイネケンは，ユニリーバとアライド・ブリュワリーズの合併交渉を裏切り行為であると見なした。ハイネケンは，ユニリーバとドイツやその他のヨーロッパ地域でのジョイント・ベンチャーについて交渉することを考慮していたが，結局こうした交渉の場からは降りることとなり，UAC との事業のみを継続することとなった[47]。

おわりに

　ここまで見てきたように，国際的な食品事業拡大の一環として目指された，アライド・ブリュワリーズとの合併は失敗に終わった。この失敗については確かに，規制機関による審議が半年にも及んだことで交渉に遅れが生じ，その間に市場状況が変化した結果，株価に影響が出たことも原因として挙げられる[48]。しかし，アライド・ブリュワリーズの株価が審議前後でほぼ同水準を維持していたのに対し，ユニリーバの株価が大きく下落していたことを考慮すると，ユニリーバがこうした状況に上手く対応できなかったとも言えよう。さらにユニリーバは，第二次大戦後直後から，子会社の UAC を通じてハイネケンと共にビール事業を行っており，1965 年にはユニリーバ NV が同様にハイネケンとスペインでビール事業を開始していた。このように，ユニリーバがビール事業を行ううえで長年のパートナーとして協力していたのはハイネケンであったにも関わらず，オランダでその最大のライバルとなっていたアライド・ブリュワリーズとの合併を選択したことにも疑問が生じる。アライド・ブリュワリーズの会長であったデレク・プリッチャード（Derek Pritchard）とユ

ニリーバのコールは，15年来の友人であり，さらに両社の国際事業への利害が一致していたとしても[49]，この選択はハイネケンに裏切り行為と受け取られるのは当然であるし，結果としてこの失敗により，ユニリーバのヨーロッパにおけるビール事業を含むアルコール飲料産業への参入は閉ざされることとなった。

本章で扱ったアライド・ブリュワリーズのケース以外でも，当時のユニリーバはM&Aに立て続けに失敗していたし，その手順やスキルも場当たり的なものであった。1960年代末，ユニリーバはスミス・アンド・ネフュー（Smith & Nephew）が所有するイギリスでの製薬事業を買収しようと試みたものの，当分野への準備が十分になされていないとして，株主に買収案を提出した際に棄却された。さらに，同時期に行われたロレアル（L'Oréal）の株式取得や，ラウントリー・マッキントッシュ（Rowntree Mackintosh）の買収についても，ユニリーバ内の別部門の反対などにより失敗していた。こうした一連の買収失敗により，ユニリーバはM&Aに対してかなり慎重になり，イギリスにおいて1960年代後半から始まった合併ブームでは，完全に傍観者の立場を取らざるを得なくなっていた[50]。

こうした問題に直面したユニリーバは，1970年代以降，本格的にM&Aスキルの改善に乗り出すこととなった。その過程で，カブ・ステナム（Cob Stenham）やその秘書であるアリー・ハーク（Arie Haak），そして企業買収を担当する部署（Corporate Development）の役員らが，買収の専門技術を高め，その実行においてしっかりと一貫性を持たせるよう努力した。そこで新たに強調されたのは，ユニリーバの事業グループであるコーディネーションズ（Co-ordinations）の全体的な戦略に照らして正当性がとれる合併であるかということであり，それと同時に，ユニリーバの活動分野あるいは関連した活動分野における買収が，全く新しい活動分野における買収よりも優先されなければならないということが明示された[51]。

この一連の対応の中でも，1969年のアライド・ブリュワリーズとの合併案件以降，M&Aスキル改善のために採用されたステナムの役割は特に重要であった。ステナムは，1932年にロンドンで生まれ，イートン校やケンブリッジ大学トリニティ・カレッジで学んだ。彼は，マーチャント・バンクのフィ

リップ・ヒル・ヒギンソン・アーランガー（Philip Hill Higginson Erlanger）で短期間働いた後，1964年に，織物を扱う企業グループであるウィリアム・ベアード（William Baird）の財務担当役員に就任した。その後，自社のM&Aスキルに危機感を覚えたコールに打診され，1969年にユニリーバ・リミテッドの財務担当役員として迎えられることとなった。ステナムの採用についてユニリーバは，法律や財務，そして買収に関する幅広い知識と経験を持った人物を探しており，そうした希望に合っていたこと，そして，ユニリーバの役員全体の平均年齢を下げ，若返りを図りたいという方針にも合致していたことをその理由として挙げている。ユニリーバにとっては，中途採用かつイートン校，ケンブリッジ大学出身というキャリアをもったステナムのような人材を採用することは，全く前例のないことであった。ステナムはその後16年間ユニリーバに勤め，ユニリーバ初のTOB成功例となった1984年のブルック・ボンドの買収を含む，200以上の買収・売却を担当するなど，ユニリーバのM&Aに対して非常に大きな役割を果たした[52]。

　以上，本章では，合併によって誕生し，多くのM&Aを通じて成長し国際化を果たしてきたユニリーバに焦点を当て，1970年代までに経験したいくつかの合併の失敗と，それに対するユニリーバの対応について検討してきた。ユニリーバは，1960年代後半から1970年代にかけて，アライド・ブリュワリーズとの合併交渉失敗など，M&Aを行ううえでいくつかの重大な失敗を経験してきた。それら失敗は，稚拙な戦略から生じたものや，およそ考えられないようなコーポレート・ガバナンスの失敗，そして社内の部門間の反対などに端を発していた。こうした一連の失敗に対して，ユニリーバは1970年代以降，M&Aスキルの改善に取り組み，合併や買収に関して豊富な知識と経験をもったステナムのような人材を外部から起用し，彼を中心に合併の方針を再考し厳密化することで，その技術を着実に高めていった。こうした経験を通じて，ユニリーバは現在までに数多くの企業買収や合併に成功し，あまたのブランドを有する，世界でも有数の巨大グローバル消費財企業へと成長したのであった。

（坂本　旬）

注

1) Jones, Geoffrey, *Renewing Unilever: Transformation and Tradition* (Oxford: Oxford University Press, 2005), p. 298.
2) Unilever, *Annual Report and Accounts* (2000-2015).
3) リーヴァーの主要製品である石鹸も,マーガリン・ウニ／ユニオンの製造するマーガリンも,どちらも原料はアブラヤシの果実からとれるパーム油であった。
4) Reader, William J., *Fifty Years of Unilever 1930-1980* (London: Heinemann, 1980), p. 1.
5) Reader, William J., *Unilever: A Short History* (London: Unilever House, 1960), p. 11; Reader, *Fifty Years of Unilever*, p. 2.
6) ポート・サンライトの起こりは,リーヴァーの「利益分配」と「住居改善」という2つの思想が合わさった結果であった。ポート・サンライトには,学校や教会,医療機関があり,劇場や音楽堂,図書館などの娯楽施設も充実していた(ウィルソン,チャールズ著,上田昊訳『ユニリーバ物語・上』幸書房,1967年)。
7) Reader, *Unilever*, p. 12.
8) Reader, *Fifty Years of Unilever*, p. 5; Reader, *Unilever*, p. 15.
9) チャンドラー,アルフレッド著(安部悦生他訳)『スケール・アンド・スコープ:経営発展の国際比較』有斐閣,1993年,321頁。
10) Reader, *Unilever*, pp. 9-10.
11) Reader, *Unilever*, pp. 36-37; Reader, *Fifty Years of Unilever*, pp. 2-5.
12) ウィルソン『ユニリーバ物語・下』313-316頁; Reader, *Unilever*, p. 37.
13) Reader, *Fifty Years of Unilever*, p. 9; ウィルソン『ユニリーバ物語・下』325-326頁。
14) Jones, *Renewing Unilever*, p. 9.
15) ハンナ,レスリー著(湯沢威・後藤伸訳)『大企業経済の興隆』東洋経済新報社,1987年,113頁。
16) Reader, *Fifty Years of Unilever*, pp. 6-9.
17) Jones, *Renewing Unilever*, pp. 9-10.
18) *Ibid.*, p. 11.
19) ハンナ『大企業経済の興隆』109-119頁; Toms, Steve and Mike Wright, 'Corporate Governance, Strategy and Structure in British Business History, 1950-2000', *Business History*, Vol. 44, No. 3 (2002), p. 101; Jones, *Renewing Unilever*, p. 301.
20) Jones, *Renewing Unilever*, p. 29.
21) The Monopolies Commission, *Unilever Limited and Allied Breweries Limited: A Report on the Proposed Merger and General Observations on Mergers* (London: Her Majesty's Stationary Office, 1969), p.4; Jacobs M. G. P. A. and W. H. G. Maas, Heineken History (Amsterdam: Heineken, 1992), p.240.
22) Jacobs and Maas, *Heineken History*, p.242.
23) Jones, *Renewing Unilever*, p.31.
24) The Monopolies Commission, *Unilever Limited and Allied Breweries Limited*, p.5.
25) Jones, *Renewing Unilever*, p.31.
26) The Monopolies Commission, *Unilever Limited and Allied Breweries Limited*, p. 5.
27) Gourvish, Terence R., 'Concentration, Diversity and Firm Strategy in European Brewing, 1945-90', Wilson, Richard G. and Terence R. Gourvish (eds.), *The Dynamics of the International Brewing Industry since 1800* (London: Routledge, 1998), pp. 82-83.
28) Brouwer, Maria, 'Evolutionary Aspects of the European Brewing Industry', de Jong, Henk W.

(ed.), *The Structure of European Industry* (2nd Edition, Dordrecht: Kluwer Academic Publishers, 1988), p. 160.
29) Corina, Maurice, 'Europe Takes to Beer… and Britain's Massive Breweries Start Cashing in on Their Size and Skills', *The Times* (Thursday, March 13, 1969).
30) アライド・ブリュワリーズとなったこの3つの企業は,それ自体が合併を経て成長を遂げた企業であった。インド・クープは,1934年にサミュエル・アルソップ (Samuel Allsopp) と合併することで,当時のイギリスにおいて最も大規模なビール企業となり,その後もM&Aを通じて成長を続け,1957年にワトフォード (Watford) のベンスキンズ (Benskins),1959年にはライムハウス (Limehouse) のテイラー・ウォーカー (Taylor Walker) を買収した。テトリー・ウォーカーも同様の過程をたどり,1960年にはワーリントン (Warrington) のピーター・ウォーカー (Peter Walker) やリーズ (Leeds) のジョシュア・テトリー・アンド・サン (Joshua Tetley & Son) を買収し,成長はピークを迎えた。バーミンガム (Birmingham) のアンセルズについても,1952年までにニューポート (Newport),グウェント (Gwent),レスター (Leicester) などにある9つの醸造所を買収した (Richmond, Lesley and Alison Turton (eds.), *The Brewing Industry: A Guide to Historical Records*, Manchester: Manchester University Press, 1990, p. 47)。
31) '£126m. Brewery Merger', *The Times* (Thursday, March 30, 1961): 1960年,E・P・テイラーはイギリスにおいて,ホープ・アンド・アンカー (Hope & Anchor),ジョン・ジェフリー (John Jeffrey & Co),そしてエディンバラ (Edinburgh) の大規模ビール企業であるハモンズ・ユナイテッド・ブリュワリーズ (Hammonds United Breweries) の3社を買収することで,ノーザン・ブリュワリーズ (Northern Breweries) を設立した。また,ノーザン・ブリュワリーズは同年,ジョージ・ヤンガー (George Younger),ジョン・ファウラー (John Fowler),ウィリアム・マーリー (William Murray),ジェイムズ・コウダー (James Calder),ジェイムズ・エイトキン (James Aitken) という5つのスコットランド・ビール企業を立て続けに買収した。さらに,ノーザン・ブリュワリーズはユナイテッド・ブリュワリーズ (United Breweries) と名前を変え,ウェールズ (Wales) のウェッブズ (Webbs) 及び北アイルランドのウルスター (Ulster) を同年に買収し,イギリスでの存在感を着実に高めていた (Gourvish, Terence R. and Richard G. Wilson, *The British Brewing Industry 1830-1980*, Cambridge: Cambridge University Press, 1994, pp. 467-468, p. 625)。
32) Hawkins, Kevin H. and Christopher L. Pass, *The Brewing Industry* (London: Heinemann, 1979), pp. 71-72.
33) The Monopolies Commission, *Unilever Limited and Allied Breweries Limited*, p. 10.
34) Richmond and Turton, *The Brewing Industry*, p. 42: なお,オン・ライセンスとはパブやレストランなど店内での飲食を許可する酒類販売免許であり,オフ・ライセンスは酒類販売店やスーパーマーケットなど店内での飲食を許可しない酒類販売免許である。
35) The Monopolies Commission, *Unilever Limited and Allied Breweries Limited*, p. 10.
36) Gooding, Kenneth, 'Showerings Accepts Allied Breweries' £108m. Offer', *The Financial Times* (Saturday, May 18, 1968).
37) The Monopolies Commission, *Unilever Limited and Allied Breweries Limited*, p. 11.
38) *Ibid.*
39) 'Skol International Marketing Pact', *The Times* (Friday, May 29, 1964); 'International Consortium to Brew "Skol" Lagar', *The Financial Times* (Friday, May 29, 1964); 'European Brewers Join Skol', *The Times* (Friday, October 15, 1965); Wagner, Richard, 'Skol's Plans to Span the World', *The Times* (Saturday, June 10, 1967).
40) Gwinner, Christopher, 'Unilever-Allied Breweries in Merger Talks', *The Financial Times* (Saturday, November 30, 1968); The Monopolies Commission, *Unilever Limited and Allied Breweries Limited*,

pp. 15-16.
41) The Monopolies Commission, *Unilever Limited and Allied Breweries Limited*, p. 20：こうした市場の変化は，オランダでも同様に起こっていた。1950年代以降，オランダではビールを飲む消費者の習慣が変化しており，仕事帰りにバーに立ち寄る代わりに，テレビやセントラルヒーティングのある自宅で夜を過ごすようになっていた。また，友人が家を訪ねれば，真新しい冷蔵庫で冷やされたビールでもてなされた。1940年代まで，オランダのビール企業はバーやレストランを通してビールの販売を行っており，そこにビールを飲む最終消費者が関わることはほとんどなかった。しかし，こうした変化をうけて，自宅でもビールを楽しめるようにする必要があり，オランダ国内ではハイネケンがバー以外でのビール販売を行った最初のメジャー・プレイヤーとなっていた。それまでは，購入するブランドを決めるのはバーやレストランであったのに対し，1950年以降はビールを飲む消費者が自身で販売店に行き，好きなビールを選べるようになったため，価格や味と同様に，ブランドの認知がさらに重要となっていた。以上のような変化は，イギリスやオランダのみならず，ヨーロッパ各国でも同様に起こっていた（Smit, Barbara, *The Heineken Story*, London: Profile Books, 2014, pp. 69-70.）。
42) 'Allied-Unilever Talks Going Well', *The Financial Times* (Friday, December 13, 1968) ; The Monopolies Commission, *Unilever Limited and Allied Breweries Limited*, p. 16.
43) 本節の規制機関による見解についての記述は，特に断りがない限り，The Monopolies Commission, *Unilever Limited and Allied Breweries Limited*（1969）に依る。
44) 両社の合併交渉が認められた一方で，同時期に審議にかけられていた，映画や印刷機などの事業を主としたコングロマリットであるランク・オーガナイゼーション（Rank Organisation）による，紙幣やセキュリティ関連の印刷を手がけるデ・ラ・ルー（De La Rue）の買収は，公共の利益に反するとして許可されなかった（The Monopolies Commission, *The Rank Organisation Limited and The De La Rue Company Limited: A Report on the Proposed Acquisition of the De La Rue Company Limited and General Observations on Mergers*, London: Her Majesty's Stationery Office, 1969; Corina, Maurice, 'Monopolies Move Endangers Allied's European Plans', *The Times*, Wednesday, January 29, 1969; 'Mystery over Mergers and Public Interest', *The Times*, Tuesday, June 3, 1969; Marley, Christopher, 'Unilever Bid Can Go Ahead: Rank Blocked', *The Times*, Tuesday, June 3, 1969; Corina, Maurice, 'Threat to Leave by De La Rue Men Stopped Rank Takeover', *The Times*, Thursday, June 12, 1969)。
45) Gooding, Kenneth, 'Allied Breweries-Unilever May Drop Deal: Rank-De La Rue Ban', *The Financial Times* (Tuesday, June 3, 1969) ; Colchester, Nicholas, 'Allied-Unilever Call off Merger', *The Financial Times* (Saturday, June 7, 1969) ; Marley, Christopher, 'Unilever and Allied Go Separate Ways', *The Times* (Saturday, June 7, 1969).
46) Gwinner, 'Unilever-Allied Breweries in Merger Talks'; Tugendhat, Christopher, 'Gigantomania', *The Financial Times* (Saturday, December 7, 1968).
47) Marley, 'Unilever and Allied Go Separate Ways'; Jones, *Renewing Unilever*, p. 31.
48) 'Allied Breweries without Unilever', *The Financial Times* (Wednesday, July 9, 1969).
49) Gwinner, 'Unilever-Allied Breweries in Merger Talks'.
50) Jones, *Renewing Unilever*, p. 29, pp. 33-35, pp. 52-53.
51) *Ibid.*, p. 301.
52) 'The New Man at Unilever', *The Times* (Wednesday, January 29, 1969) ; Sullivan, Ruth, 'Ashtead Chairman Cob Stenham Dies Suddenly Aged 74', *The Financial Times* (Tuesday, October 24, 2006) ; Gavron, Kate, 'Obituaries: Cob Stenham', The Guardian. http://www.theguardian.com/news/2006/nov/06/guardianobituaries. business, accessed 21 May, 2016; The Telegraph, 'Obituaries:

Cob Stenham', The Telegraph. http://www.telegraph.co.uk/news/obituaries/1533352/Cob-Stenham.html, accessed 21 May, 2016; Jones, *Renewing Unilever*, p. 51.

参考文献

Brouwer, Maria (1988), 'Evolutionary Aspects of the European Brewing Industry', de Jong, Henk W. (ed.), *The Structure of European Industry* (2nd Edition, Dordrecht: Kluwer Academic Publishers).

Gourvish, Terence R. and Richard G. Wilson (1994), *The British Brewing Industry 1830-1980* (Cambridge: Cambridge University Press).

Gourvish, Terence R. (1998), 'Concentration, Diversity and Firm Strategy in European Brewing, 1945-1990', Wilson, Richard G. and Terence R. Gourvish (eds.), *The Dynamics of the International Brewing Industry since 1800* (London: Routledge).

Hannah, Leslie and J. A. Kay (1977), *Concentration in Modern Industry: Theory, Measurement and the U.K. Experience* (London: Macmillan Press).

Hawkins, Kevin H. and Christopher L. Pass, (1979) *The Brewing Industry* (London: Heinemann).

Jacobs, M. G. P. A. and W. H. G. Maas (1992), *Heineken History* (Amsterdam: Heineken).

Jones, Geoffrey (2005), *Renewing Unilever: Transformation and Tradition* (Oxford: Oxford University Press).

The Monopolies Commission (1969), *Beer: A Report on the Supply of Beer* (London: Her Majesty's Stationary Office).

The Monopolies Commission (1969), *Unilever Limited and Allied Breweries Limited: A Report on the Proposed Merger and General Observations on Mergers* (London: Her Majesty's Stationary Office).

The Monopolies Commission (1969), *The Rank Organisation Limited and The De La Rue Company Limited: A Report on the Proposed Acquisition of the De La Rue Company Limited and General Observations on Mergers* (London: Her Majesty's Stationary Office).

Reader, William J. (1960), *Unilever: A Short History* (London: Unilever House).

Reader, William J. (1980), *Fifty Years of Unilever 1930-1980* (London: Heinemann).

Richmond, Lesley and Alison Turton (eds.) (1990), *The Brewing Industry: A Guide to Historical Records* (Manchester: Manchester University Press).

Smit, Barbara (2014), *The Heineken Story* (London: Profile Books).

Toms, Steve and Mike Wright (2002), 'Corporate Governance, Strategy and Structure in British Business History, 1950-2000', *Business History*, Vol. 44, No. 3.

Unilever (2000-2015), *Annual Report and Accounts*.

Wolff, J. W. A. (1991), *Integratie op de Europese Biermarkt* (Groningen: Geo Press).

ウィルソン，チャールズ著（上田昊訳）(1967)『ユニリーバ物語　上・下』幸書房。

チャンドラー，アルフレッド著（安部悦生他訳）(1993)『スケール・アンド・スコープ：経営発展の国際比較』有斐閣。

ハンナ，レスリー著（湯沢威・後藤伸訳）(1987)『大企業経済の興隆』東洋経済新報社。

新聞記事

'£126m. Brewery Merger', *The Times* (Thursday, March 30, 1961).

'Allied Breweries without Unilever', *The Financial Times* (Wednesday, July 9, 1969).

'Allied-Unilever Talks Going Well', *The Financial Times* (Friday, December 13, 1968).

'European Brewers Join Skol', *The Times* (Friday, October 15, 1965).

'International Consortium to Brew "Skol" Lagar', *The Financial Times* (Friday, May 29, 1964).

'Mystery over Mergers and Public Interest', *The Times* (Tuesday, June 3, 1969).
'The New Man at Unilever', *The Times* (Wednesday, January 29, 1969).
'Skol International Marketing Pact', *The Times* (Friday, May 29, 1964).
Colchester, Nicholas, 'Allied-Unilever Call off Merger', *The Financial Times* (Saturday, June 7, 1969).
Corina, Maurice, 'Monopolies Move Endangers Allied's European Plans', *The Times* (Wednesday, January 29, 1969).
Corina, Maurice, 'Europe Takes to Beer… and Britain's Massive Breweries Start Cashing in on Their Size and Skills', *The Times* (Thursday, March 13, 1969).
Corina, Maurice, 'Threat to Leave by De La Rue Men Stopped Rank Takeover', *The Times* (Tuesday, June 12, 1969).
Gooding, Kenneth, 'Showerings Accepts Allied Breweries' £108m. Offer', *The Financial Times* (Saturday, May 18, 1968).
Gooding, Kenneth, 'Allied Breweries-Unilever May Drop Deal: Rank-De La Rue Ban', *The Financial Times* (Thursday, June 3, 1969).
Gwinner, Christopher, 'Unilever-Allied Breweries in Merger Talks', *The Financial Times* (Saturday, November 30, 1968).
Marley, Christopher, 'Unilever Bid Can Go Ahead: Rank Blocked', *The Times* (Tuesday, June 3, 1969).
Marley, Christopher, 'Unilever and Allied Go Separate Ways', *The Times* (Saturday, June 7, 1969).
Sullivan, Ruth, 'Ashtead Chairman Cob Stenham Dies Suddenly Aged 74', *The Financial Times* (Tuesday, October 24, 2006).
Tugendhat, Christopher, 'Gigantomania', *The Financial Times* (Saturday, December 7, 1968).
Wagner, Richard, 'Skol's Plans to Span the World', *The Times* (Saturday, June 10, 1967).

第3章

GEの国際戦略と組織の歴史的展開
――「鉄の拳」から「見える手」による国際競争力の構築――

はじめに

　電機産業は，科学技術を基盤とした新しい産業として19世紀後半から現在まで発展してきた。その発展の歴史において，技術特許を保有する企業が大きな競争優位性を持ちながら，産業の初期から国際化を始めていた。その中でも，最大の国内市場をもつ米国電機企業が世界市場を牽引し，そのリーディング企業であったゼネラル・エレクトリック社（以下 GE）は，ライバルのウェスチングハウス・エレクトリック社（以下 WH）や各国の電機企業との競争を繰り広げながら，高い技術力を中心に据えた国際戦略を展開してきた。しかし戦後の環境変化によって，それまでの国際戦略からの転換を迫られた GE は，1から国際化に取り組まねばならなかったが，第二次グローバル経済が進展していく20世紀末から急速にグローバル化へ向かい，現在では米国を代表するグローバル企業までになった。そして2008年，GE は，世界最大の多国籍企業とみなされ[1]，またフォーブス（Forbes）が毎年発表している「世界の有力企業2000社（Global 2000: The World's Biggest Public Companies）」の2015年版においても，全体で9位，製造企業としては1位にランクインしている[2]。

　現在に至るまでの GE のグローバル化の経験は漸進的なものではなかった。設立時から国際事業が活発であったとはいえ，GE の事業は，米国内市場を中心に展開され，また戦後の海外売上比率は1980年代初頭までに高くても30％台，1980年代半ばには一時10％台までに低下していた。しかしその後，急速なグローバル化を遂げ，2008年には海外売上が国内売上を上回り，現在まで

も海外売上比は微増し続けている。なぜGEは，国内事業中心の企業から現在のグローバル企業へと転換することができたのだろうか。また，なぜ設立時から活発な国際事業を展開していたGEは，戦後に国際戦略の転換を迫られたのだろうか。そして，戦前の国際展開は現在のグローバル展開とどのようなつながりがあるのだろうか。

本章の第1の課題は，こうした問いを念頭におきながら，国際戦略と国際事業組織の視点から，第一次（1880-1929）および第二次グローバル経済（1979-現在）下でのGEの国際経営の相違を解明することである[3]。そして第2の課題として，GEの国際事業の歴史的展開を考察し，アメリカ経営者企業としての国際経営の歴史的変化の特徴を検討してみたい[4]。

まずは，第1節において1892年から第二次世界大戦までの第一次グローバル経済期におけるGEの国際事業の展開を考察する。続く第2節から第3節では，戦後から2001年までの第二次グローバル経済の形成から進展期におけるGEの国際事業，および急速なグローバル化の背後にある制度要件を探る。最後の「おわりに」では，GEの100年以上にわたる国際事業の展開を，戦略と組織の点から概観した上で，各時期の国際経営の特徴および長期的な国際経営の変化について析出することにしたい。

1. 系列化とカルテル形成：第二次世界大戦以前まで

(1) GE設立以前の国際的な活動

1892年にエジソン・ゼネラル・エレクトリック社（以下，EGE）とトムソン＝ヒューストン・エレクトリック社（以下，THE）との合併によって誕生したGEは，その設立時からすでに国際的な事業活動を行っていた。

トーマス・エジソンは，その合併の10年前の1882年にニューヨークのパール街に発電システムを開設した当初から，そのシステムが西欧諸国の大都市においても利用できると考えていた[5]。そして，EGEは，現地の外国人に対するライセンシングを通じて，海外事業を展開していた（図3-1参照）[6]。その中でも，1883年にライセンスを取得したエミール・ラーテナウ率いるドイツ

1. 系列化とカルテル形成：第二次世界大戦以前まで　135

図表3-1　エジソン電気照明システムのライセンス企業一覧

担当地域	設立・契約年	企業名
イギリス以外のヨーロッパ	1880	Edison Electric Light Company of Europe
イギリス	1882	Edison Electric Light Company 後のEdison and Swan United Electric Light Company
フランス	1882	Companie Continental Edison 後のCompagnie Continental Edison
フランス	1882	Societe Electrique Edison 後のCompagnie Continental Edison
フランス	1882	Societe Industrielle et Commerciale Edison 後のCompagnie Continental Edison
スイス	1883	Societa d'Appareillage Electrique
ドイツ	1883	Deutche Edison Gesellschaft 後のAEG
イタリア	1883	Societa Generale Italiana di Elettricita Sistema Edison
キューバおよびプエルトリコ	1881	Edison Electric Light Company of Cuba and Porto Rico 後のEdison Spanish Colonial Light Company
キューバ	1881	Edison Electric Light Company of Havana 後のEdison Spanish Colonial Light Company
アルゼンチン	1883	Argentine Edison Light Company
チリ	1884	Edison Electric Light Company of Santiago 後のCompania Electrica de Edison
英国植民地地域	1883	Edison's Indian and Colonial Electric Company 後のAustralasian Electric Light Power and Storage Company
カナダ	1889	Canadian Edison Manufacturing Company

注：日本と中国においては，Frazar & Company傘下の企業によってシステム導入が進んだが，日本においてはエジソン所有の企業はなかった（William J. Hausman, Peter Hertner, Mira Wilkins, *Global Electrification*, p. 80. ）。

出所：Rutgers University, "Edison Companies, " Thomas A. Edison Papers Project, http://edison.rutgers.edu/list.htm（2016年5月30日アクセス），Anna Guagni, "A Bold Leap into Electric Light: The Creation of the Società Italiana Edison, 1880-1886, " Ian Inkster ed., History of Technology, Volume 32, 2014より作成。

　エジソン社（Deutsche Edison-Gesellshaft，後のAEG）が，最も成功し，利益を上げていた[7]。その一方，THEは，同社トップのチャールズ・コフィンによって，1884年に国際的な販売組織としてトムソン＝ヒューストン・インターナショナル・エレクトリック社（以下，THIE）を設立した後，自社のシステ

ムを海外で販売するためにイギリスやフランスに海外直接投資を行った[8]。

GEの設立と前後して，こうした海外企業との関係は一部変化するが[9]，20世紀初頭のGEの海外での成長は，主にこれら海外事業によってもたらされた[10]。

(2) 米国内特許問題の解決と海外企業の系列化

1892年のGE誕生の背景には，国内外の発明家によって取得されていた無数の技術特許が，主要製品であった発電システムの商業開発や電気モータ製造の障害となっていた状況があった[11]。EGEとTHEの合併により，GEは両社の特許を獲得し，そうした障害を縮小させる[12]。さらに，1896年にはGEと300件以上の特許訴訟で係争中であったWHとの間でクロスライセンス協定が締結された。これにより，両社は，技術的な競争優位性を獲得し，米国電機産業の主導的地位を確立した[13]。

こうした特許を通じた競争戦略は，各国企業への資本参加とともに，海外進出においても中心的役割を担った。1892年以降のGEの国際事業部は，THIE（後にInternational GEに改称）を基盤に展開していった[14]。ヨーロッパでは，イギリスのBTH社（British Thomson-Houston Co.），フランスのCFTH社（Compagnie Francaise de l'Exploitation des Procedes Thomson-Houston），ドイツのUEG社（Union Elektricitats Gesellschaft）などへ資本参加するとともに特許協定を締結した[15]。アジアにおいては，1905年に日本の白熱電球製造企業であった東京電気への資本参加と特許協定を結び，1909年には日本の電気機械製造企業であった芝浦製作所との特許協定を締結した[16]。また，電球製造のために，1917年に中国の上海に完全所有の子会社を設立した[17]。さらに，第一次世界大戦後からGEの国際事業への興味はより広がりをみせ[18]，こうした特許協定や海外直接投資を通じて，1919年までにヨーロッパや南米やアジアに工場を保持し，オーストラリアや南アフリカにおいて販売活動を行うまで海外事業を拡張していった[19]。

(3) 国際カルテル形成とグローバル競争の管理

GEの国際事業は，第一次世界大戦を背景とした海外需要の拡大から急激な

成長を遂げていたが[20]，それと並行して事業運営上の問題が生じていた。1つはアメリカ市場と海外市場との間に存在した規模，成長パターンそして製品の多様化の違い，もう1つは海外取引の特有の事情，法律，関税，経済的・商業的同盟関係，商慣行，信用規制に関する国内事業と海外事業との間にある必要な知識の違いである[21]。こうした国内事業と海外事業の違いは，アメリカ市場の電力消費の急拡大という状況の中で，GEに新たな国際戦略を求めることになった。米国の電力消費は1915年まで上昇傾向にある中で，その発電容量は米国が大戦に参加した1917年春から1918年秋までの間に10%も増加し，戦争が継続した場合はさらに電力不足が指摘されるほどであった[22]。また，戦争が終結した後，1920年代に家庭用電気製品が急速に普及しはじめ，米国の家庭用電気市場と発電設備市場は急拡大していた[23]。

　GE本社が，こうした国内電機市場の急速な成長に対応しながら，同じように市場が拡大しながらも，国内市場とは異なる対応を求められた海外事業を運営していくことは難しい状況となっていた。これに対する問題解決として，1919年1月にGEは，他企業で国際事業を統括していたジェラルド・スウォープをGEに迎え入れ，彼をトップに据えたInternational General Electric Company（以下，IGEC）を設立し，海外事業部を完全子会社として切り離し，その独立運営を開始した[24]。IGECの主な事業は，先進国を中心に個別企業との特許と販売テリトリーに関する協定の締結と管理，ロイヤリティーの徴収，国際カルテルの統制と管理，それらの協定に基づいた輸出を行い，その一方でいくつかの途上国では現地生産を行うことであった[25]。また，ときにGEの子会社であった国内外の電力システムへの投資およびサービス提供事業を行うElectric Bond & Share Companyと協力し，海外の発電所建設事業などにも関与していた[26]。

　この時期のGEの国際経営の目的は，第1に世界最大の電機市場であった国内市場を守ることであり[27]，第2にGEが潜在的な輸出市場とみなした中近東やラテンアメリカ諸国などにおいて安定的な輸出を継続することであった[28]。IGECは，国際カルテルを主導することを通じてこの目的を達成しようとし，1919年以降IGECの子会社がヨーロッパの電燈製造業たちが結成した価格カルテルに参加した[29]。例えば，1921年にドイツのオスラム社（Osram）

が主導し，ヨーロッパ各国の電球製造企業が参加した国際カルテルである International Union for Regulating Prices of Incandescent Lamps や[30]，1919 年にイギリスにおいて結成され，イギリスの電球生産の 90-95％ を占めた Electric Lamp Manufacturers' Association of Great Britain Ltd. に，IGEC の関連会社が参加していた[31]。しかし，1924 年までにそうしたカルテルが崩れて以降，IGEC は新たな協定づくりに積極的に関与した[32]。その中でも，1924 年に締結された電球分野におけるフェバス協定（Phoebus Agreement），および 1930 年に締結された重電分野における国際通知・補償協定（International Notification and Compensation Agreement）において主導的役割を果たした[33]。これら協定を通じて，GE は世界市場を各国の競合企業とともに分割・管理しながら，外国企業のアメリカ市場進出を阻止した[34]。

1920 年代の IGEC を通じた国際戦略によって GE は，国際競争の制限による製品価格の安定化を通じた利益を獲得し，また現地関連会社を通じた特許権の行使による特許使用料および出資先の関連企業からの配当金をえながら，国際事業を拡大していった[35]。そして，1927 年 2400 万ドルであった海外投資（カナダを除く）は 1930 年までには 1 億 1160 万ドルまで急増し，南米，日本と中国，オーストラリアなどで製造に乗り出していた[36]。

20 世紀前半から第二次世界大戦までの GE の国際戦略は，WH との競争を展開していた世界最大の電機市場である自国市場を確保する一方で，安定的な輸出先も確保することで，利益を獲得していくというものであった。その中でも，この時期の最大の利益はヨーロッパからもたらされた[37]。ヨーロッパ企業が徐々に GE の競争相手として成長してきた 1919 年以降，GE は各国の有力企業と協力関係を構築していった[38]。そして，1929 年に始まる大恐慌以後，相次ぐヨーロッパ企業の合併や出資協力依頼の中で，GE はヨーロッパ電機産業への影響力を増していった。

こうした GE の設立から 1930 年代までの GE の国際戦略は，特許協定と海外企業の株式取得を通じて海外企業を系列化するものであった[39]。1910 年代までは EGE や THE から引き継いだ海外事業を基盤に事業を成長させ，1920 年代から海外事業の成長をさらに加速させ，大恐慌以降の 1930 年代には，カルテル協定を中心に据えて，世界の電機産業の主導権を確立させた[40]。こう

した第一次グローバル経済期における GE の国際活動は、自由市場の中での「見える手 (visible hand)」による国際競争力の構築というよりも、外国企業の米国市場への参入を防ぎ、国際競争を管理するため、特許や資本投資を通じた「鉄の拳 (iron fist)」による国際市場の統制能力の構築を基盤としておこなわれていた[41]。

2. 輸出強化と M&A&D：戦後から 1970 年代まで

(1) 戦後の国際戦略の転換

こうした第一次グローバル経済期の国際戦略によって構築された GE の国際競争力は、1940 年代に入り失われていくことになる。その主な要因は、1941 年の米国による第二次世界大戦参戦の影響、および反トラスト法裁判である。

米国の参戦に先立つ 1940 年から GE が戦時生産に移行していく中で、GE の生産した大半の製品は、武器貸与法に基づき政府機関を通じて海外に輸出されたと考えられ、1940 年以前に構築した市場分割体制に基づく製品輸出ネットワークが徐々に崩壊していった[42]。それと同時並行で、トルーマン委員会における米国内の反トラスト法と国際取引の適応範囲に関する議論を背景に、1941 年から 1953 年までの間に電燈および電機産業における GE のカルテル関与に対する訴訟が始まった[43]。この長い 12 年間にもわたる訴訟の結果、GE は有罪判決により従来の国際戦略がほぼ禁止されることになり、また GE の経営側も損失を理由にヨーロッパから投資を引き上げる決定を下し、それまでに構築した海外企業との系列が崩壊した[44]。

その一方で、第二次世界大戦終了後、電機産業において新しい状況が出現していた。第 1 に、戦争によりヨーロッパ企業の電球供給が十分でなくなり、戦前よりもはるかに多くの電球の輸出需要が出現した[45]。第 2 に、それと関連するが、ドイツと日本の国際市場からの脱落により、両国企業が輸出していた各国市場において他の電機企業が新たな競争を展開した[46]。特に、GE に対して、それは南米や非スターリング地域、ロシアで輸出を改善する機会を与えた。第 3 に、輸出が国際カルテルではなく国家間関係を通じて行われる状況が

続いた[47]。また第4に,そうしたGEの輸出拡大はドル信用の利用可能性に左右されるため,ドル信用が利用できない国や地域に対してGEが輸出入銀行を利用するか,アメリカ政府が直接そうした地域にドル信用を供与する必要があった[48]。そして最後に,WHとの輸出競争への対応が求められた。反トラスト法の審理の結果として従来のWHとの協定が違法とされ,新たな協定を締結したが,従来のような電球輸出に関する制限が除外され,WHが輸出をGE以上に拡大する状況が出現したのであった[49]。

　こうした戦後出現した新しい国際経営環境に対処するため,GEは国際戦略の転換の必要性を認識していた。戦前まで,GEはWHなどのアメリカ国内企業との競争ではなく,ジーメンスなどの海外の主要電機企業との競争と協調の関係を調整するために,IGECに大幅な権限を委譲してきた[50]。しかし,戦後の海外の電機製品の需要拡大と反トラスト法裁判を契機として,WHとの輸出市場をめぐる競争の激化という国際経営環境の変化に対して,IGECの独立性を中心にした国際戦略では十分な輸出売上を拡大できなかったのである[51]。

　GEは,WHが輸出を拡大させている要因を本社や国内工場と国際事業部の緊密な関係にみていた[52]。つまり,海外の入札に対してWHがGEよりも有利な条件を提示できる理由は,WHの国際事業部が米国内工場との密接な関係からGEよりも短い納入期を提示することができているという見方であった[53]。そして,1951年からの事業部制の全社的導入のプロセスの中で,GEもIGECとの緊密な関係を作るために1952年にIGECを1事業部としてGEに吸収した[54]。その後の1955年の組織再編において,IGEC事業部は,新設の「流通グループ」の下におかれ,GEにおける輸出を担う部門として位置づけを明確にした[55]。こうしたIGECの事業部化によって,① 国際事業に関する意思決定に対してGE本社が介在できるようになり,また② 各製品事業部との密な連携による生産と輸出との統合化を通じて,輸出強化という国際戦略を推進することが可能となった[56]。

(2)　直接投資による国際事業構築の試み

　1950年代の輸出強化という国際戦略の転換は,GEの国際事業の再出発と言い換えることができる。そして,輸出から直接投資という一般的な国際事業の

進化に沿って[57]，その後 GE は，海外直接投資を通じた国際戦略を開始していく。

1950 年代後半から 1960 年代にかけて，第一次グローバル経済期の 1920 年代のように，アメリカの製造企業は直接投資を通じて海外市場への参入を始めた[58]。しかし，1920 年代と 1960 年代の違いは，合弁企業の設立や新規設立投資よりも，海外企業買収による国際事業の拡大にあった[59]。EEC などを形成した西ヨーロッパに対するアメリカ企業の直接投資が，カナダにおける直接投資を上回るという歴史上初めての状況が出現する中で[60]，GE もこれらアメリカ企業の 1 社として，1960 年代に企業買収によって海外事業を積極的に拡大させていった。

GE の CEO であったラルフ・コーディナーは，ヨーロッパ，英国そして日本企業によるアメリカ市場参入の脅威を語りながら，先進技術の商品化によるアメリカ国内および海外における市場創造が重要な経営戦略と考えていた[61]。そして，成長する海外市場に対しては，輸出による売上増は限界があり，直接投資を通じて各国に事業を設立する必要性を認識していた[62]。コーディナーの後継者として CEO となったフレデリック・ボーチ率いるトップマネジメントは，外国企業の成長と EEC の出現などを背景に，さらに海外事業を重視し始めた。CEO のボーチや会長のジェラルド・フィリップは，国際競争の進展と EEC によるヨーロッパでの共通市場（Common Market）の形成に対して，革新的な製品やサービスと生産性の改善，そしてアメリカ政府の支援を得ることによって，国際競争力を高めていく必要性を指摘していた[63]。また事業グループ長の中には，グローバル市場におけるビジネス機会と「多国籍」企業という新しい競合企業の脅威に言及しながら，グローバル競争が進展していく中で経営幹部の国際感覚の育成の重要性，および海外事業と輸出事業をあわせた国際戦略の必要性を強調していた[64]。

こうした GE 経営陣の考えを反映するかたちで，GE は，図表 3-2 に示されるように，地域的には共通市場のあるヨーロッパを中心に直接投資を行なった。また事業的には，ヨーロッパ各国の電力供給の成長を背景として需要増が期待された家電製品[65]，ボーチたちの考える革新的な新製品であった EDP（electronic data processing）などのコンピュータ事業を中心に，企業買収，合

図表 3-2 1960 年代の国外 M&A, 合弁, 新規設立リスト

年	企業名	主要事業	国籍	備考
1960	Compagnia Generale di Elettricità	家電および重電	イタリア	1968 年売却
1962	(EB) E. L. Company	エレクトロニクス	アイルランド	
1964	Compagnie Bull General Electric	コンピュータ	フランス	1970 年売却（Machines Bull 買収）
	Société Industrielle Bull-General Electric	コンピュータ	フランス	1970 年売却（Machines Bull 買収）
	Prometheus	家電	西ドイツ	1971 年売却
	Esge group	家電	スイス	1971 年売却
	James N Kirby	大型家電	オーストラリア	
1965	N. C. Joseph	家電	イギリス	
	Olivetti-General Electric	コンピュータ	イタリア	1970 年売却（Olivetti コンピュータ事業買収）
	(JV) Simplex-GE Manufacturing	制御装置	イギリス	Simplex Electric との合弁
	(JV) Simplex-GE	制御装置	イギリス	Simplex Electric との合弁
1966	Kuba-Imperial group	エレクトロニクス	西ドイツ	1970 年売却
	Computron	磁気テープ	西ドイツ	1968 年売却
	APAG Apparatebau	家電	スイス	1969 年売却
	Electromat	照明	チリ	
	Fabricantes de Material Eléctrico	照明	チリ	
	General Medical Balteau	X 線	ベルギー	
	(JV) ゼネラル・エアコン	家電	日本	日本電熱および三井物産との合弁
	(EB) ECCO	エレクトロニクス	アイルランド	
1967	GE Espanola	電機	スペイン	
	(EB) Electronic Industry	エレクトロニクス	香港	
1969	(EB) GE Consumer Electronics	エレクトロニクス	シンガポール	
	(EB) Berwyn Power Equipment	―	イギリス	

注：(JV) は合弁，(EB) は新規設立を示す．
　　上記リストには，米国，カナダ，プエルトリコ以外の代表的な新規 M&A（株式 50％以上取得），合弁，企業設立案件のみ示されている．このほかにコロンビア，フィリピン，メキシコ，ブラジル，インド，ベネズエラにおいて工場拡張などがおこなわれている．
出所：*Moody's Industrial Manual*, various years, GE, *Annual Report*, various years, U.S. Tariff Commission, "Radio Receivers, Phonographs, and Tape Recorders: Workers of General Electric Co.'s Audio Electronics Products Department," および小林，『GE』，248-253 頁より作成．

弁会社や海外子会社設立が次々と行われた．

　こうした GE による輸出と海外直接投資による国際事業の拡大という構想は，組織的な再編をもたらした．まず GE は，1954 年から流通グループ (Distribution Group) の 1 部門となっていた IGEC を中核に[66]，分散していた

ヨーロッパ，アジア，南米などの国際事業関係の子会社や事業部を統合して，国際グループ（International Group）を1959年に設立した[67]。その後，国際事業の中心であったコンピュータ事業は，M&Aによる事業規模の拡大もあり，海外子会社とともに1966年に情報システム事業部（Information System）という1つの事業部に統合された[68]。このコンピュータ事業の統合は，国際グループとは別に，製品事業部が国内外の関連企業を統制するという国際事業の権限の移行が部分的に行われたという点で，GEとしては新しいものであった[69]。そしてこの流れが推し進められ，大規模な組織再編の中で1968年に国際グループは解体され，各事業部が国内だけではなく国際事業についても利益責任をとる体制に一時的になった[70]。しかし，翌年の1969年には，一部の製品事業部には国際事業を残しつつも，IGEと各地域事業部を再び統合し，国際グループが再設置された[71]。この背景には，国内事業そして海外事業の拡大によって売上が成長する一方で，それに利益が伴わない「利益なき成長」という状況が生じ[72]，GEが不採算事業を売却していったことが関係していると考えられる。

ボーチが新事業による成長を目指して1960年代に参入や拡大した事業の多くは，短期的には航空機エンジン事業を除きほぼすべて失敗した[73]。その中でも，国際化の片翼を担った家電事業は，1960年代半ばまでに買収した西ヨーロッパ事業の多くにおいて予想通りの業績をもたらさず[74]，その大半が1960年代末から1970年代初頭にかけて売却されてしまった（図3-2参照）。また，新事業の柱であり，もう1つの国際事業の中心でもあったコンピュータ事業が[75]，1970年にハネウェル社（Honeywell）へ売却された[76]。これら一連の国際事業の売却は，収益性の改善に向けた事業資源の効率的配分から実行されたものであったが[77]，その結果としてGEの国際化を減退させるものでもあった。そして，国際事業の縮小が，解体された国際グループの再設置につながり，組織構造の点からは国際グループが設置された1959年前後に近い状況に戻ったとみることができる。しかし，プラスチック事業や医療機器事業などの一部事業は，1960年代のM&Aを通じた海外直接投資によって獲得したヨーロッパ事業を売却せず，それを基盤として独自の国際活動を展開した[78]。つまり，1960年代末までのGEの国際事業活動は，国際グループによって統括された

国際活動と一部事業による独自の国際活動の併存というものに変化した。

(3) 国際事業展開の多様化

1970年代のGEの国際事業は，国際グループ（International and Canadian Group[79]）と一部事業部の独自の国際活動の2つを主として展開されていたが，1960年代のような積極的な海外直接投資をおこなうことはなかった。しかし，国際事業の拡張という点において2つの動きがあった。

ひとつは，事業提携の動きである。1960年代にも制御装置事業で合弁企業の設立がみられたが，1970年代は，他事業においても他企業との提携が展開された。例えば，プラスチック事業は，代理店契約を締結していた日本の長瀬産業とエンジニアリング プラスチックス社（Engineering Plastics Ltd.）という50：50の合弁会社を設立し，同社を通じて日本国内での生産および販売をおこなった[80]。また翌年の1972年には，同様の合弁会社をオーストラリアにも設立した[81]。さらに現在まで続く事業提携の成功事例のひとつとみられている，航空エンジン事業の合弁会社であるCFM Internationalも同時期に設立された。GEの航空エンジン事業グループは，1971年6月からフランスのスネクマ社（SNECMA）と接触を始め，1973年に米国政府の認可を受けた後，1974年9月24日に航空エンジン事業の50：50の合弁会社であるCFM Internationalを設立した[82]。こうした事業提携の動きは，国際グループを通した国際展開ではなく，各事業独自の国際化の進展を意味していた。その要因の1つは，国際グループの対応が，一部事業の展開スピードに適合していなかったためであった[83]。

もうひとつの動きは，1976年のユタ・インターナショナル社（Utah International Inc.）の買収である。1972年にCEOとなったレジナルド・ジョーンズは，「利益なき成長」からの脱却のため，戦略事業計画に基づいた事業の売却や重点的な投資を通じて，収益性の改善を進めていた[84]。そして，第一次石油危機以降の米国経済の停滞に対する対策として，ジョーンズは，世界各国で天然資源を生産・販売している大手企業であるユタの買収を決定し，結果として財務上の収益性を回復させた[85]。GEの国際化の点からみた場合，この買収は，ジョーンズが以前から公言していた世界企業になる手段でもあっ

た[86]。ジョーンズは，買収が GE にもたらす利点の1つとして，米国内売上よりも2倍の速さで成長する海外売上の重要性を指摘しながら，国際事業の拡大の一環として位置づけ，買収の有効性を主張していた[87]。実際に，GE における海外売上は，1972年の16％から，ユタを買収した1976年には約35％まで占めるまでになった[88]。ユタの買収は，ジョーンズの収益性の改善と国際事業の拡大という目的を同時に達成する一手であった[89]。

ユタの買収は，組織構造にも影響を与えた。GE は，買収の翌年の1977年に事業グループを統括する上位統括単位として事業セクター制を正式に導入した。セクター制の導入理由の1つは，ユタの天然資源事業は，それ1つで巨大な事業単位であり，また従来の GE の事業分野とは異なるため，事業グループ制のままでは経営に支障がでるためであった[90]。この過程で国際グループも国際セクター（International Sector[91]）に再編された。この再編によって，国際セクターの中心部門の1つとして，国際販売事業部（International Sales Division）と国際事業支援事業部（International Business Support Division）を統括する国際貿易サービス部（International Trading Services Operations，後に国際貿易担当部と改称）が設立された[92]。

こうしたセクター制の下に，1980年までに GE の国際事業は3つのアプローチを通じて展開されていった[93]。1つ目は，上述の国際セクターの一部である国際貿易担当部による輸出である。これは，発電所プロジェクトや送電装置などの複数の戦略的事業単位（SBU：Strategic Business Unit）が関わる国際事業に関連する輸出や比較的少量の輸出の場合に利用され，1980年における GE 全輸出量の25％を占めていた。2つ目は，SBU による現地の販売組織と直接の連携を通した輸出であり，機関車事業や車両向けドライブ・システム事業によって行われていた。そして3つ目は，海外顧客と直接のルートをもつ SBU による事業展開であり，航空機エンジン事業やプラスチック事業において行われていた。

SBU とは，マッキンゼー社の助力を得ながら1970～71年の試用期間を経て，1972年に本格的に導入された事業単位である[94]。SBU に設定されることで，その管理者は設定された計画範囲内では，経営資源の運用により自由な裁量権を与えられた[95]。この結果として，国際セクターを通さない国際展開が1970

図表 3-3　1977 年再編成後の GE の組織図

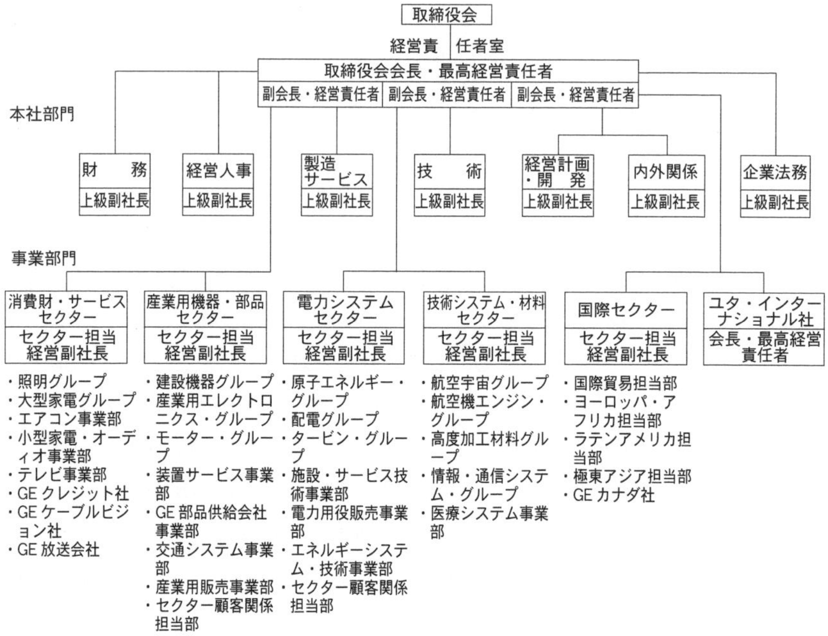

```
                                    取締役会
                                  経営責任者室
                            取締役会会長・最高経営責任者
                    副会長・経営責任者  副会長・経営責任者  副会長・経営責任者

本社部門
    ┌─────┬─────┬─────┬─────┬─────┬─────┐
   財務   経営人事  製造    技術   経営計画  内外関係  企業法務
                  サービス        ・開発
   上級    上級    上級    上級    上級    上級    上級
   副社長  副社長  副社長  副社長  副社長  副社長  副社長

事業部門
  消費財・サービス  産業用機器・部品  電力システム    技術システム・材料  国際         ユタ・インター
  セクター         セクター         セクター       セクター          セクター      ナショナル社
  セクター担当    セクター担当     セクター担当    セクター担当      セクター担当   会長・最高経営
  経営副社長     経営副社長       経営副社長      経営副社長        経営副社長    責任者
```

- 照明グループ
- 大型家電グループ
- エアコン事業部
- 小型家電・オーディオ事業部
- テレビ事業部
- GE クレジット社
- GE ケーブルビジョン社
- GE 放送会社

- 建設機器グループ
- 産業用エレクトロニクス・グループ
- モーター・グループ
- 装置サービス事業部
- GE 部品供給会社事業部
- 交通システム事業部
- 産業用販売事業部
- セクター顧客関係担当部

- 原子エネルギー・グループ
- 配電グループ
- タービン・グループ
- 施設・サービス技術事業部
- 電力用役販売事業部
- エネルギーシステム・技術事業部
- セクター顧客関係担当部

- 航空宇宙グループ
- 航空機エンジン・グループ
- 高度加工材料グループ
- 情報・通信システム・グループ
- 医療システム事業部

- 国際貿易担当部
- ヨーロッパ・アフリカ担当部
- ラテンアメリカ担当部
- 極東アジア担当部
- GE カナダ社

注：組織図は 1980 年 2 月現在のものであるが，1977 年のセクター制導入時と大きな変更はない。
原出所：GE 社
出所：坂本，『GE の組織革新』，188 頁。

年代に進展していった。そして 1980 年までに，GE の国際化は，国際セクターが統括する国際事業展開と裁量権を与えられた各 SBU が展開する独自の方法を通じて進展し，1960 年代末の状況がさらに強化されていった。

3. グローバル企業への再始動：1980 年代以降

(1) セクター制の廃止と国際事業の分権化：1985 年まで

1970 年代が終わるまでに形成された多様な国際事業の展開は，1981 年にジョーンズの後継者として指名されたジャック・ウェルチによって修正され，2008 年に世界最大の多国籍企業といわれるまでになる組織基盤が形成されて

いくことになる。しかし，ウェルチは，CEO の就任から 1985 年まで GE のグローバル化にあまり力を注いでいなかった。1980 年代前半の間は，企業がグローバルなのではなく，事業がグローバルなのであるという考えから，セクター制を廃止する過程で国際セクターを 1985 年に撤廃し，各事業の CEO にそれぞれのグローバルな展開を任せきっていた[96]。

国際事業の利益責任が，1980 年代初頭から国際セクターから各事業グループに移転していく中で，GE は新たな国際事業組織の試みも始めていた[97]。それは，日本の総合商社をモデルにした General Electric Trading Company（以下，GETC）である。GETC は，1982 年に輸出入機能をもつ国際セクターの国際貿易担当部の子会社として設立された。GETC の輸出機能は，国際貿易担当部が担当していた輸出機能の代替という位置づけであった[98]。しかし，各 SBU は独自で輸出を行っていたことで社内からの収入が期待できなかったため，GETC は社外の顧客獲得を期待されていた。一方，輸入機能としては，共同生産，ライセンス生産，技術移転などの輸出製品に関係した直接的なオフセット取引や，無関連の投資，バーター，無関連商品の販売などの輸出製品に関係のない間接的なオフセット取引を主要業務としていた。1970 年代末までに国際貿易の中で見返り貿易（countertrade）への対応の重要性が増し[99]，今後も見返り貿易の成長が予測されたことから，それまでその輸入業務を担当していた国際貿易開発課（International Trade Development）に代わる貿易組織として GETC が期待された。

GE の国際事業展開を支援する新たな組織として設立された GETC ではあったが，1984 年に輸出事業で損失を出したことでその業務を大きく縮小し，主要業務は各事業部の補助業務である輸入事業になった[100]。その一方で，ウェルチは，新しい経営戦略である「ナンバーワン・ナンバーツー」戦略を実行する上での中心事業を「スリー・サークル」として 1983 年に示したが，GETC はその枠から除かれていた[101]。そして国際セクターの解体により各国際事業が各事業組織へ再編される中で，GETC は新設された企業貿易担当部（Corporate Trading Operations）の一部となった[102]。

こうした再編による国際事業組織の縮小に加え，国際事業による収入も 1985 年までに大きく減少した（図 3-4 参照）。その要因は，天然資源事業から

図表 3-4 GE の米国内外総収入・総資産比率の推移, 1980-2015

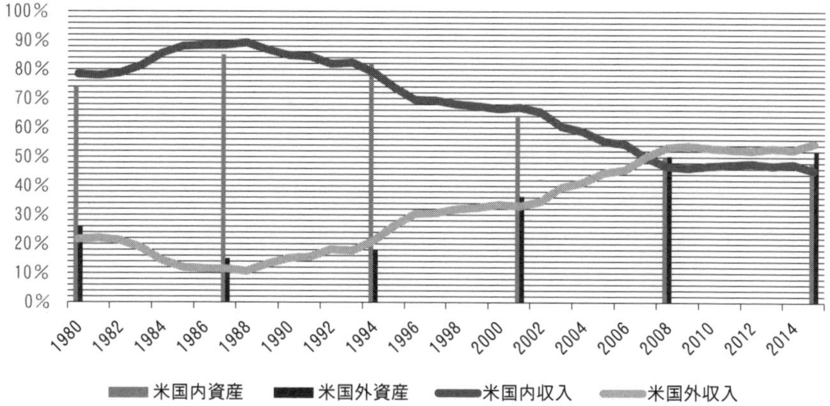

■米国内資産　■米国外資産　■米国内収入　■米国外収入

出所：General Electric Company, *Annual Report*, various years より作成。

の撤退である。前節で述べたように 1976 年のユタ買収により GE の海外売上は急増したが，天然資源事業もまたウェルチの「スリー・サークル」外の非中核事業と位置づけられ，1984 年にオーストラリアの BHP 社（Broken Hill Proprietary Company）に売却された[103]。その結果，GE 全体の業績における国際事業の割合が 1984 年以降低下した。

1985 年までの GE の国際化は，それまで GE の国際事業の中心的な役割を担ってきた国際セクターの解体と主要な国際事業であった天然資源事業の売却によって，後退した。また中核と位置づけられた 15 の事業のうち，航空機エンジン，ガスタービン，プラスチック事業部だけがグローバルな事業展開をしており，GE の主な強みは依然アメリカ国内にとどまっていた[104]。しかし 1985 年以降，GE は事業の国際化を全社的に推進することで，それまでの国際企業からグローバル企業へと急速に変化することになった。

(2) ラディカル・グローバリゼーション：1986 年から 2001 年まで

GE が本格的にグローバル化に乗り出すきっかけを作ったのは，パオロ・フレスコであった[105]。フレスコは，イタリア出身の弁護士で，1962 年の GE への入社後から国際事業部門を担当しながら[106]，1980 年代半ばにはマーストリヒト条約で関税などが取り除かれる 1992 年までに GE はヨーロッパに進出す

3. グローバル企業への再始動：1980 年代以降　149

るべきだと考えていた[107]。それまでグローバル化に大きな関心を寄せていなかったウェルチは，1985 年 5 月のフレスコとの 12 日間にわたる世界旅行を契機に，グローバル化について考え始めた[108]。その翌年の経営幹部会議である CEC（Corporate Executive Council）において，ウェルチによってグローバル化の必要性が主張され[109]，1992 年までのヨーロッパ進出をひとつの目安として，1986 年から GE はグローバル化へと大きく舵を切った。

　例えば，ファクトリー・オートメーション事業において 1986 年に日本のファナックと合弁企業を設立し，1988 年に医療機器事業がフランスのトムソンがもつ CGR と合併していった。翌年には，イギリスの GEC（General Electric Company, plc.）と医療機器事業，家電事業，電力システム事業で合弁企業を設立，ハンガリーの電球製造企業であるタングスラムの買収に合意し，さらに医療機器とソフトウェア事業においてインドのプレムジと合弁企業を設立するなどグローバル化が複数事業で一挙に進展した[110]。そして，1992 年の EC 統合前までに，GE の各事業が海外事業を保有するようになった。その一方，業績の側面から見れば，1989 年時点においても売上高が 13.2%，営業利益率の比率は 13.8%，資産が 8.8% とユタ売却前の状況を超えておらず，輸出が国際事業の拡大に大きな役割を果たしていた[111]。しかし，このグローバル化の傾向がその後も継続したことで，それまで国内事業中心であった金融事業なども海外事業を大幅に拡張させ，1990 年代に GE 全体で本格的にグローバル化が進展した。その意味で 1980 年代後半の経営判断は，その後のグローバル化に対して大きな影響を与えるものであった。

　1986 年から 2001 年までの間の GE のグローバル展開は，主に M&A を中心とした海外直接投資を通じた国際事業の拡張であった。M&A による海外事業の獲得は，1960 年代のそれを上回り，またその獲得した事業や地域についてはより多様化した。1989 年時点では，それとともに，1980 年代初頭の医療機器事業部と横河電機製作所（現横川電機）との合弁企業設立からはじまる多くの提携による国際展開も，M&A とともに GE のグローバル化を牽引した[112]。しかし，そうした合弁企業は，その後 GE が売却するか，あるいは買収して GE の一部となる事例が多かった。その意味では，1986 年以降，GE のグローバル化は，海外事業の内部化によって展開されたといえる。

(3) グローバル化促進のシステム構築

GEがこうした急速なグローバル化を実現できた背景には，トップによる戦略的コントロール（Strategic Control）[113]を通じた企業経営があるといってよい。この戦略的コントロールによる経営は，コーポレート・イニシアチブとオペレーティング・システムという大きく2つの制度によって成立していた。この2つの制度を中心にした経営システムが，マネジャーやその他従業員をグローバル化に真剣に取り組ませ，GEをグローバル企業へ急速に転換させた。

① コーポレート・イニシアチブ，事業戦略の分権化，人事評価

コーポレート・イニシアチブは，「全員の心をつかむものと定義[114]」されるもので，全社的に取り組む課題として経営陣をはじめGE従業員がコミットメントする方針のことである。1970年代までにもすでに似たような全社的な方針が示されることはあったが[115]，ウェルチはそれを明確にイニシアチブと明言し，全社的に取り組む課題として従業員に示した。ウェルチは，在任中に4つの主要なイニシアチブを示し，その最初に示されたものが「グローバル化」であった[116]。そして，1987年にはそれまでの国内で「ナンバーワン・ナンバーツー」から「グローバルで1位または2位のポジション」へと経営戦略も再定義がなされた。

GEのトップマネジメントの役割がコーポレート・イニシアチブの提示により重点を置かれる一方で，事業戦略の権限は各事業部長に委譲されていった。1980年代初頭までは，セクター長より下のマネジャーは設備投資の権限が限定されていたため，重要な設備投資はすべてCEOの承認が必要であった[117]。ウェルチは，経営上最も重要な機能の1つである資本配分の権限を事業部長に大幅に委譲し，投資承認に関してCEOと同じ権限を与えた。その結果，各事業部長は，自ら目標を設定し，予算を要求し，予算に全責任を持つこととなり，トップマネジメントは各事業から要求された予算に対して資金を配分する役割のみを担った[118]。

こうした経営機能の権限を委譲する代わりに，トップマネジメントは，コーポレート・イニシアチブに対する各事業部の業績達成度という評価を通じて，人事評価や昇進に対してより大きな役割を担うようになった（図3-5参照）。ウェルチ期のGEでは，毎年4月にセッションCとよばれる会議から人事・業

績評価が始まり，11月のセッションC-Ⅱにて総括がおこなわれる[119]。この人事評価サイクルにおいて，各イニシアチブへの貢献度やイニシアチブを主導した従業員を検討していった[120]。

ウェルチは，イニシアチブに取り組むことが能力を認めさせる方法だとマネジャーに直接伝え[121]，コーポレート・イニシアチブへの貢献度と人事評価の連動を重視した。実際，グローバル化を開始した当初，従業員からの「海外勤務をしなければ昇進は望めないのでしょうか」という質問に対して，「もちろん，そんなことはない。だが海外勤務をすれば昇進のチャンスが増えるのは確かだ[122]」と答えていた。その一方，国際的な成長を強力に推し進めるために最高の人材をグローバルな職務につかせ，また事業ごとに毎月のアメリカからの出向人員の削減人数を評価項目にいれ，出向人員を厳しく削減することによって，グローバルな人材の育成も加速させていった[123]。このように，コーポレート・イニシアチブ，事業経営の権限委譲，そして人事評価とを連動させ，コーポレート・イニシアチブに沿う従業員は評価される一方で，そうでないものは解雇される人事制度がウェルチ期のGEにおいて構築された[124]。こうしてマネジャーが担当事業をグローバル化しなければならない状況に置かれたことこそ，GEのラディカル・グローバリゼーションを大きく牽引する要因のひとつであった。

② オペレーティング・システム，ベストプラクティス，クロトンビル研修所

GEのグローバル化を促進したもう1つの要因は，オペレーティング・システムと呼ばれる1年間に予定された一連の会議や業績評価のサイクルである。コーポレート・イニシアチブが全社的な指針を示す役割である一方で，オペレーティング・システムは，それを組織に浸透させ，また新しいイニシアチブやアイディアをすくい上げる役割を担った[125]。

GEのオペレーティング・システム（図3-5参照）は，毎年1月の初旬に500－600名の事業部長（operating manager）を集め，フロリダ州ボカ・ラトンで開催される2日間の会議から始まる[126]。ここでは，各階層の代表者がイニシアチブの進捗状況を報告する。3月には，四半期ごとに開くCECの第1回会議が行われ，各事業部門長による事業報告，イニシアチブに対する考え，および他事業部にも応用できそうなアイディアを提示する。4・5月に上述の

セッションCを開催し，各事業部門のイニシアチブの進捗状況を確認し，そのイニシアチブに取り組んでいるマネジャーを組織の末端に至るまで評価する。7月には2時間のテレビ会議を通じて，人事異動の実行，またそれ以前にイニシアチブのコミットメント不足と指摘された事業部の改善を確認する。6・7月に各事業部門長が集まり，事業戦略を検討するセッションⅠ（SI）が開催される。10月は，170名の執行役員（corporate officer）による年次総会が開かれ，これまでの人事評価，戦略評価，優れたアイディアなどが報告され，翌月はセッションⅡ（SII）と呼ばれる会議において事業部門長が翌年の事業計画およびアイディアを発表する。

　このオペレーティング・システムを構成している各会議は，すでにジョーンズによって設置されていたが，それらは経営責任者室（corporate executive office）を中心にした情報の流れであった。ウェルチは，それをGEのトップ30名近くの事業部門長と上級スタッフが参加するCECを中心にガバナンス・チャネルに刷新したのである（図3-5参照）[127]。そして，刷新によって生まれたオペレーティング・システムにおける議題の中心は，コーポレート・イニシアチブとベストプラクティスの共有であった。一連の会議の中では，イニシアチブの理解，進捗状況，達成度などのテーマで議論が進行する一方で，各事業で考え出されたイニシアチブを加速させるアイディアを共有することも重視された[128]。提案されるアイディアは，社内で考案されたものだけでなく，社外のものを活用することも求められた[129]。それらアイディアはベストプラクティスと呼ばれ，オペレーティング・システムを通じて全社的に共有され，GEの各事業部へ導入された。こうした情報共有の姿勢は，セッションCで人事評価の一部として評価され，また全社的な業績に連動したストック・オプションを報酬として拡大させたことで，部門間での情報共有を活発にさせた[130]。

　「境界のない企業[131]」と呼ばれた事業部門間での活発な情報共有は，GEのグローバル化に貢献した。それをリードした事業の一つが医療機器事業である。他事業よりグローバルに活動していた医療機器事業は，1988年のフランス企業であるトムソン－CGRとの事業スワップによって，国外売上比率を1985年の15％未満から40％以上に急増させ，早くからGEで最も複雑なグ

3. グローバル企業への再始動：1980 年代以降　153

図表 3-5　ジョーンズとウェルチのガバナンス・チャネル

ジョーンズ

ウェルチ期
CEC に統合

Corp. Exec. Office
Corp. Policy. Board
Corp. Exec. Council
Bellair
Session C
SI
SII
Sector Planning
SBU Planning

ウェルチ期に撤廃

ウェルチ

Corp. Exec. Office
Corp. Exec. Council
Boca
Session C
SI
SII
Crotonville

新イニシアチブの提案　　人事評価　　事業戦略の検討　　翌年の事業計画
既存イニシアチブ進捗　　　　　　　　　　　　　　　　アイディアの発表

イニシアチブの浸透
人事評価への影響

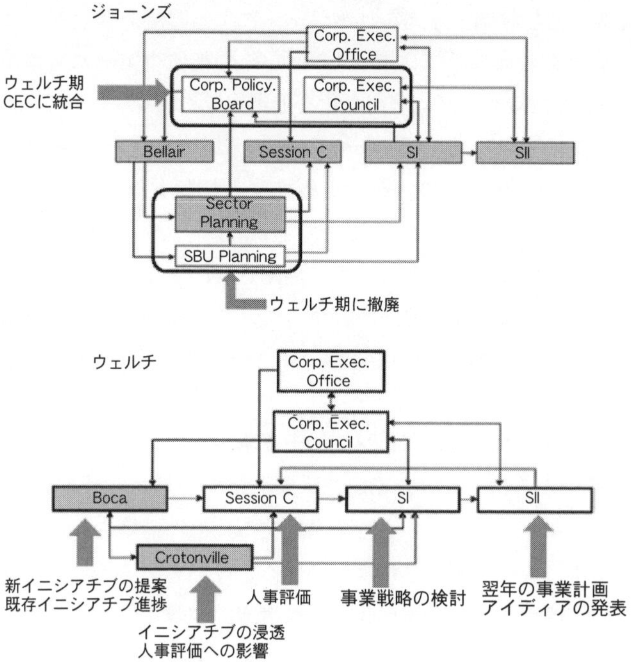

注：グレー部分は，新規のガバナンス・チャネルを示す。
出所：Ocasio and Joseph（2008），"Rise and Fall – or Transformation?," p.264.
　　　を一部加工して筆者作成。

ローバル組織となった[132]。異なる価値観をもつ米日仏の従業員たちが一体となった組織を構築するために，当時の医療機器事業部長であったジョン・トラーニは，事業部をハードウェアとソフトウェアの両面からグローバル組織として再構築した。ハードウェアの側面は，事業部を地理的に 3 極（アメリカ，日本，フランス）に分割，各々に特定製品の全世界に対する事業責任をもたせるもので，アメリカに上位機種の CAT スキャナー，超音波システム，原子画像装置を，日本に中位機種の CAT スキャナーと超音波システムを，フランスにほぼすべての X 線システムを担当させた[133]。一方，ソフトウェアの側面としては，従業員に共通の新しい価値観やグローバルな意識を持たせるグローバル・リーダーシップ・プログラム（GLP）を開始した。GLP は，選出された

55名の各国マネジャーに対して9か月間の教育プログラムで，教室での講義やチームで取り組む課題，与えられたテーマによる議論，壁登りのようなチーム運動などが実施された[134]。この GLP は，その後他事業部にも移植され[135]，GE の各事業部の組織的なグローバル化を促進させた。

さらに，グローバル化というコーポレート・イニシアチブを遂行する上では，CEC とオペレーティング・システムによる情報共有に加えて，クロトンビル研修所が重要な役割を果たした。クロトンビルでの幹部向け教育の中で，イニシアチブの進捗状況などをテーマに議論させ，またイニシアチブに対する質問にウェルチを含めた経営幹部が答えることで，イニシアチブを浸透させていった[136]。こうした社内教育制度が，グローバル化を進める上でのバックボーンとなっていたのである。

③ イニシアチブ中心のガバナンス・チャネル

1980年代後半からはじまった GE のラディカル・グローバリゼーションは，コーポレート・イニシアチブの実行を徹底するために構築された一連のガバナンス・チャネルによって実現されたといえる。ガバナンス・チャネルとは，組織が，分割の問題を管理し，選択肢，直接情報，代替手段を簡略化するための情報処理メカニズムである[137]。GE は，オペレーティング・システムを構成する人事評価や事業戦略報告などの各会議，事業部門長の情報交換の場となる CEC，イニシアチブの組織に浸透させる場としてのクロトンビル研修所を通じて，イニシアチブ遂行のためのガバナンス・チャネルを構築した。加えて，グローバル化を含めた各イニシアチブを推進させるため，各事業部に対して事業経営の権限を委譲する一方で，単なる組織管理ではなくイニシアチブへの貢献度に連動した人事評価を導入した。

このシステムの中で，グローバル化が全社的なイニシアチブとして提示されることで，急速にグローバル化が進むメカニズムが生まれ，結果として GE はラディカル・グローバリゼーションを実現することができた。そして，ウェルチ期に構築されたシステムは，一部修正はされてはいるが，現在も GE の経営の基盤となっている[138]。

おわりに

① 「鉄の拳」から「見える手」への転換

　本章では，2008年に世界最大の多国籍企業へと成長したGEの国際経営について，その100年以上にわたる歴史的展開を，戦略と組織という点から考察してきた。その長い歴史から明らかにされたことは，「鉄の拳」による国際市場の統制による支配から，自由市場の中での「見える手」による国際競争力の構築という大きな転換である。

　第一次グローバル経済期においてすでにGEは活発に国際事業をおこなっていた。そこでは，スウォープというグローバル・エグゼクティブの存在，IGECによる独立した活動，そして特許や資本投資を通じた「鉄の拳」による国際市場の統制によって，国際競争力を構築してきた。言い換えると，国際事業の責任をIGECに集権化するという組織と，海外企業とネットワークを構築するという国際戦略によって国際展開がおこなわれていた。

　しかし，第二次世界大戦後GEの構築した国際事業は失われ，1から国際事業を再構築することになった。第二次グローバル経済の形成過程において，GEは，IGECの内部化と輸出事業の強化から国際事業を再始動させた。その後，外国企業の米国市場参入とヨーロッパの共通市場の形成を背景に，企業買収によって一時的に国際事業を拡張したが，すぐにその大半を売却した。1970年代において，国際セクターを通じた輸出，事業部がもつ販売組織による輸出，事業部のもつ海外顧客との直接ルートを通じた販売，また事業部によっては合弁企業を設立するなど，GE国際事業展開が徐々に多様化した。しかし，天然資源事業を除いた海外売上は全体の15％程度であり，その状況は1985年まで続いた。

　GEの本格的なグローバル化は，フレスコというグローバル・エグゼクティブがウェルチに影響を与えたことから始まった。まず，ウェルチは，国際セクターを解体し，各事業部に国際事業の利益責任を持たせるよう分権化した。そして，コーポレート・イニシアチブとしてグローバル化を推進し，オペレー

156   第3章　GEの国際戦略と組織の歴史的展開

図表 3-6　GE の国際事業の概観

時　期	【第一次グローバル経済期】					【第二次グローバル経済期】	
	戦　前	両大戦期間		戦　後			
	1892 → 1910s →	1930s →		1950s →	1960s →	1980s →	2000s
国際戦略	特許・出資による企業系列化	国際カルテル		輸出強化	直接投資・M&A ─────────────→ ジョイント・ベンチャー → アライアンス		
組織構造	1892年 EGEとTHEとの海外事業部門統合	1919年 IGEC設立		1952年 IGEC事業部化国際グループ設置 →1967年撤廃 →1969年再設置	1959年	1977年 国際セクター設置 →1985年撤廃	1988年 GE International 改組	2011年 GE Global Operations設置
国際事業		オーストラリア 南アフリカ 欧州，南米，アジア Canadian GE			マシン・ブル (仏) ユタ・インターオリベッティ (伊) ナショナル社クパインペアル (独) NCジョセフ (英) etc		
グローバル事業						電力システム 航空機エンジン プラスチック 医療システム	

出所：筆者作成。

ティング・システム，CEC，クロトンビル研修所の刷新を通じて，その徹底したイニシアチブ実行ためのガバナンス・チャネルを構築した。さらに，グローバル化への貢献度が報酬や昇進に連動するよう人事評価制度を変更した。これら制度変更によって，各事業部のマネジャーたちはグローバル化しなければならない状況に置かれ，GE は急速なグローバル化に向かった。こうした一連の制度改革が，その後の GE のグローバル化の基盤となり続けている。

　こうした過程をより一般化の視点から捉えると，戦略は大きく内部化とネットワークの間を，組織は集権と分権の間を往来しているようである。図表 3-7 は，横軸を戦略，縦軸を組織として GE の国際経営の流れを図式化したものである。そこでは，2001 年に至るまでの GE の国際化の歴史は，集権的組織体制によるネットワーク戦略を基盤とした国際経営から，分権的組織体制による内部化戦略による国際経営への変化と捉えることができる。そして，そうした変化をアメリカ経営者企業における国際経営の特徴として捉えるならば，戦前の「鉄の拳」による国際競争の管理から，「見える手」によるグローバル競争優位性の構築への転換であったと考えられないだろうか。

② **イメルトによるグローバル・アライアンスの促進：2001 年以降** [139]

　2001 年にウェルチの後継として CEO となったジェフ・イメルトは，そうしたウェルチとは異なるアプローチ，特にグローバル化する事業およびその方法

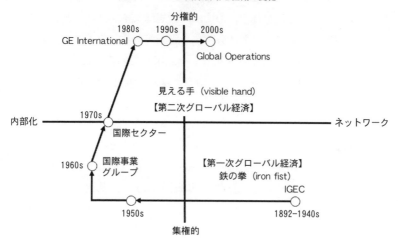

図表 3-7　GE の国際戦略と組織の変化

出所：筆者作成。

について強調している。

　まず，1つ目は事業である。イメルトは，競合企業よりも資本と生産設備をかけずに参入でき，成長率が平均以上で，GE にしかない能力が活かせる市場や事業を重視している。その具体的事業が，インフラストラクチャー事業である。新興国には巨大なニーズがあり，人口の増加によって，清潔な水，天然資源，効率的電力供給などの必要性が高まっているという認識からであった。

　2つ目の方法においては，システム・サプライヤーと事業の現地化という点に特徴がみられる。インフラストラクチャー事業は，家電や電球よりも大規模で，様々な資源を必要とする。GE は，その規模と競争優位性を通じたワンストップ・ショッピングによる提供によって，グローバル化に取り組んでいる。それは，言い換えると，各製品を販売するのではなく，インフラストラクチャー・システムを販売するというグローバル戦略といえるだろう。

　そうしたグローバル戦略を支えるものが，現地企業との提携を通じた事業の現地化である。インフラストラクチャーの需要が高い新興国は，先進国を凌駕するデザイン力や生産能力を備えている。それを活用しながら，組み立てから部品製造を徐々に現地企業に移行してほしいという新興国のニーズに応え，そ

うした現地企業と提携することで，GE は低コストの生産力を長期的には獲得することができる。これを行うためには，大規模なインフラストラクチャー事業を個々の事業とプロジェクトに分割する必要があり，それは大企業でなければできず，そこに GE は規模のメリットを見出している。こうした考えから，イメルトは，2000 年代に入りさらに海外企業や組織との提携，グローバル・アライアンスを強調しているのである。

こうしたイメルトのグローバル戦略は，大規模なインフラストラクチャー事業を分割化し，それを再統合してシステムを提供するというビジネス・インテグレーターという役割を通じた国際競争力の構築を目指していると捉えられるかもしれない。そしてそれは，分権的組織体制による内部化戦略から，分権的組織体制によるネットワーク戦略という，ウェルチ期の「見える手」とは異なる国際競争力の構築をおこなっているようにみえる。しかしその一方で，多数の事業買収や合併，そして売却をおこなっていることも事実であり，これまでの GE のグローバル戦略と同一のようにも捉えられる。イメルトのグローバル戦略については今後検討する必要があるが，こうした GE の国際経営の歴史は，グローバル市場が進展するとともに，その状況を活かしたかたちで「見える手」も進化することを示しているといえるだろう。

（宮田憲一）

注
1) Robert Fitzgerald, *The Rise of the Global Company*, p. 3.
2) 企業の売上，純利益，資産額，時価総額という 4 つの指標に基づいて上場企業をランキング。2015 年版において，上位 4 社は中国の国有商業銀行，5 位バークシャー・ハサウェイ，6 位 JP モルガン・チェース，7 位エクソンモービル，8 位ペトロチャイナ，10 位ウェルズ・ファーゴ，11 位トヨタ自動車となっている。ただし，2015 年版「フォーチュン・グローバル 500」においては，GE は全体で 24 位となっている。
3) Jones, *Multinationals*, p. 20.
4) 経営者企業については，Chandler, Alfred D. Jr. (1980), "The United States: Seedbed of Managerial Capitalism," in Alfred D. Chandler, Jr. and Herman Daems ed., *Managerial Hierarchies: Comparative Perspectives on the Rise of the Modern Industrial Enterprise* (Cambridge: Harvard University Press) および森川英正 (1996)『トップ・マネジメントの経営史：経営者企業と家族企業』有斐閣を参照。
5) Thomas P. Hughes, *Networks of Power*, p. 47.
6) Alfred D. Chandler, Jr., *Scale and Scope*, p. 216; ウィルキンズ『多国籍企業の史的展開』，64-74 および 118-121 頁。
7) *Ibid.*

注　159

8) William J. Hausman, Peter Hertner, Mira Wilkins, *Global Electrification*, pp. 93-96. Alfred D. Chandler, Jr., *Scale and Scope*, p. 216 ; Nishimura, "Foreign Business and Patent Management before WWI," p. 83. 先行研究において，THIE の設立年として 1884 年および 1885 年の 2 つの記述がある．本章ではより多くの記述がみられた 1884 年を採用する．

9) 例えば，エジソンと DEG は日本市場をめぐり意見が対立した際，その独立性を主張しており，1892 年の GE 成立時においてはドイツ側の資本投資は引き上げられていた．William J. Hausman, Peter Hertner, Mira Wilkins, *Global Electrification*, p. 79 ; Nishimura, "Foreign Business and Patent Management before WWI," p. 83.

10) Alfred D. Chandler, Jr., *Scale and Scope*, p. 216.

11) Alfred D. Chandler, Jr., *Scale and Scope*, p. 214.

12) ibid; Passer, *The Electrical Manufacturers*, p. 321.

13) Passer, *The Electrical Manufacturers*, pp. 331-333. ただし，GE のライセンシーからの要求からこの特許プールには白熱電球は含まれなかった．

14) William J. Hausman, Peter Hertner, Mira Wilkins, *Global Electrification*, p. 81.

15) Nishimura, "Foreign Business and Patent Management before WWI," p. 84-89.

16) Alfred D. Chandler, Jr., *Scale and Scope*, p. 217 ; 西村「第一次大戦以前における東京電気の技術開発と特許管理」, 56 頁 ; 西村「外国技術の導入と特許部門の役割」, 4-5 頁．

17) ウィルキンズ『多国籍企業の成熟』上，35 頁．

18) Reich, "Lighting the Path to Profit," p. 322.

19) ウィルキンズ『多国籍企業の成熟』上，73 頁．

20) 第 1 次世界大戦中において電力の戦時需要が急拡大し，大規模な発電所が設立された (Thomas P. Hughes, *Networks of Power*, p. 286.)．そうした中で，連合国およびほとんどの中立諸国において米国企業は全体として順調であり，GE もその 1 社であった．GE の子会社やその関連会社に所属する工場は，イギリスにおいてフル操業を行い，フランスでは戦時需要に応じるかたちで生産に携わった．その一方で，1917 年に GE はロシアにおいて電球製造のための合弁事業を始めていた（ウィルキンズ『多国籍企業の成熟』上，30 頁）．

21) 西村「IGEC の事業部化」, 61 頁 ; 小林『GE』, 126 頁．

22) Thomas P. Hughes, *Networks of Power*, p. 291.

23) 小林『GE』, 132-133 頁 ; 坂本『GE の組織革新』, 75 頁 ; 西村「IGEC の事業部化」, 54 頁．

24) IGEC の設立の大きな理由として，このジェラルド・スウォープの存在があげられる（ウィルキンズ『多国籍企業の成熟』上，174 頁）．

25) 西村「IGEC の事業部化」, 62 頁．

26) IGEC と Electric Bond & Share Company の共同事業の事例としては，1920 年ブラジルのサンタカタリーナ州における電気鉄道および水力発電所の建設がある．Electric Bond & Share Company については次の文献を参照．William J. Hausman and John L. Neufeld, "US Foreign Direct Investment in Electric Utilities in the 1920s," pp.371-373 ; Gregory P. Marchildon, "The Montreal Engineering Company and International Power: Overcoming the Limitations of the Free-Standing Utility," pp. 400-401 ; William J. Hausman, Peter Hertner, Mira Wilkins, *Global Electrification*, pp. 144-145.

27) The Monopolies and Restrictive Practice Commission, "Report on the Supply of Electric Lamps," pp. 20-21 ; 小林『GE』, 126 頁 ; 吉田「1880 年代から 1920 年代におけるアメリカ電機産業の海外進出」, 84 頁 ; Reich, "Lighting the Path to Profit," p. 326 ; 西村「IGEC の事業部化」, 57 頁．

28) 西村「IGEC の事業部化」, 57 頁．

29) ウィルキンズ『多国籍企業の成熟』上，73 頁．

30) Reich, "Lighting the Path to Profit," p. 324 ; Nebeker, *Dawn of the Electronic Age*, p. 231.

31) The Monopolies and Restrictive Practice Commission, "Report on the Supply of Electric Lamps," pp. 11, 17. Electric Lamp Manufacturers' Association of Great Britain Ltd. は，2つの団体（British Carbon Lamp Association と Tungsten Lamp Association）が統合する形で設立された。
32) ウィルキンズ『多国籍企業の成熟』上，73頁。
33) 西村「IGECの事業部化」，58頁。
34) こうしたカルテル協定による市場の統制は，1890年代後半からアメリカ国内市場で行われており，1896年に設立された Incandescent Lamp Manufactures Association がその最初のものである（小林『GE』，97-98頁）。
35) 小林『GE』，126頁。ただし，隣国のカナダ市場については，GE設立とともに設立されていた Canadian General Electric が当初から担当していた。
36) ウィルキンズ『多国籍企業の成熟』上，74-75頁。
37) ウィルキンズ『多国籍企業の成熟』上，75頁。
38) イギリスでは1929年BTH社が2社と合併して誕生したAEI（Associated Electrical Industries），フランスでは1928-1929年にかけてCFTHと競合企業が合併しAlsthom社として知られる企業となった。一方，ドイツではAEGやジーメンスがGEに出資協力を求めた（ウィルキンズ『多国籍企業の成熟』上，75-76頁；William J. Hausman, Peter Hertner, Mira Wilkins, *Global Electrification*, pp. 170-171.）。
39) 小林『GE』，124頁。
40) ただし，全く脅威がなかったわけではなく，1930年代においてライセンスをしていない日本企業が最大の脅威であった。カルテルに参加していなかった日本企業が，非常に安価な労働コストと円安を武器にアメリカ市場へ参入した（Reich, "Lighting the Path to Profit," p. 330.）。
41) Reich, "Lighting the Path to Profit," p. 333.
42) 西村「IGECの事業部化」，63頁。ただし，IGECの個別協定やカルテルは即破棄されたわけではなく，改定され，存続し続けていた。例えばIGECとAEIとの協定の変化については，The Monopolies and Restrictive Practice Commission, "Report on the Supply of Electric Lamps" を参照。
43) ウィルキンズ『多国籍企業の成熟』下，60頁。
44) ウィルキンズ『多国籍企業の成熟』下，61-62頁。こうしたヨーロッパからの撤退の一方で，例えば戦後のAlstomは，技術指導を受けるため，GEに人材を派遣していた（Lamard, "American 'Soft' Technologies," pp. 162-164.）。この意味では，企業間の関係が戦前と戦後で完全に途絶えたわけではない。
45) 西村「IGECの事業部化」，64頁。
46) 西村「IGECの事業部化」，66頁。
47) 西村「IGECの事業部化」，65頁。
48) 西村「IGECの事業部化」，66頁。
49) 西村「IGECの事業部化」，69-71頁。
50) 西村「IGECの事業部化」，71頁。
51) 同上。
52) 西村「IGECの事業部化」，73頁。
53) 同上。
54) 同上。
55) 西村「IGECの事業部化」，74頁。
56) 同上。
57) Jones, *Multinationals*, p. 148.
58) ウィルキンズ『多国籍企業の成熟』下，157-158頁；Jones, Geoffrey, *Multinationals*, pp. 149-

150.
59) 同上。
60) ウィルキンズ『多国籍企業の成熟』下, 119-120 頁；小林『GE』, 236 頁；Jones (2005), *Multinationals*, pp. 22-23, 33-34.
61) Ralph J. Cordiner, "Managerial Strategy for International Business," Speech to World Trade Dinner, National Foreign Trade Council Convention, Waldorf Astoria, New York City, November 16,1960. GE では社長（President）と取締役会会長（Chairman）の 2 つの経営職が設置され, 1920 年代の三代目社長スウォープの時代以来, 通常社長が実権を握ってきた。しかし, 1958 年にコーディナーが会長に転ずる際, 会長がその主導権を握ることが明確にされた（坂本『GE の組織革新』, 145 頁）。本章では, 実質的に経営を主導した人物を CEO と呼んでいる。
62) 同上。
63) Gerald L. Phillipe, "America Discovers the New World," Remarks on the occasion of the Installation of a Tau Beta Pi Chapter at Union College, Schenectady, N. Y., April 11, 1964; Fred J. Borch, "Our Common Cause in World Competition," An Address before the Economic Club of New York, November 9, 1964.
64) Hershner Cross, "the Multinational Company," Address to the General Electric Economic Fellows, Purdue University, July 30, 1964.
65) Hausman, Hertner, Wilkins, *Global Electrification*, p. 25.
66) GE, 1954 *Annual Report*, p. 5.
67) GE, 1959 *Annual Report*, p. 18.；小林『GE』, 242 頁；坂本『GE の組織革新』, 137 頁。IGEC とともに Canadian GE も国際事業グループの主要事業であった。
68) 坂本『GE の組織革新』, 138 頁。
69) グリーンウッド『現代経営の精髄』, 35 頁；"G. E. Reshapes Divisions," *Business Week* (Dec, 25, 1965), p. 20.
70) GE, *1968 Annual Report*, p. 25-26；坂本『GE の組織革新』, 141 頁。Appliance and Television Group および Information System Group にはそれぞれ国際事業部が設置されていた。一方で Construction Industries Group には極東地域事業部と Canadian GE, Consumer Products Group には南米地域事業部, Industrial Group にはヨーロッパ地域事業部, Power Generation Group には IGE 輸出事業部を配置した。
71) GE, *1969 Annual Report*, p. 18. この国際事業グループには, ヨーロッパ地域事業部, 国際ビジネスサポート事業部, 極東地域事業部, 南米地域事業部, IGE 輸出事業部から構成されていた。この 1969 年の国際事業グループ再設置の明確な理由は, 現在のところ不明である。
72) 坂本『GE の組織革新』, 148 頁。
73) O'Sullivan, "Innovation, Industrial Development, and Corporate Governance," pp. 246-248；Rothschild, *Secret to GE's Success*, pp. 141-142.
74) Rothschild, *Secret to GE's Success*, p. 143.
75) Fred J. Borch, "Report to the General Electric Share Owners," 1967 Annual Meeting, Dallas, Texas, April 26, 1967.
76) このコンピュータ事業の売却は, 主にメインフレーム製造などのハードウェア事業の売却であり, タイム・シェアリング・サービスなどの情報サービス事業やプロセス・コントロール用コンピュータの製造は残された（坂本『GE の組織革新』, 159 頁）。
77) 坂本『GE の組織革新』, 159-161 頁。
78) Coe, *Unlikely Victory*, pp. 94-95；Janssen and Medford, *Envision*, p. 17.
79) 1972 年から International and Canadian Group と名称が変更された。GE, *1972 Annual Report*, p. 36.

80) Coe, *Unlikely Victory*, p. 95.
81) *Ibid.*
82) GE, *1973 Annual Report*, p. 18.; CFM International, "A Brief History of CFM." SNECMA は Société Nationale d'Etude et de Construction de Moteurs d'Aviation の略である。
83) Coe, *Unlikely Victory*, p. 95.
84) 坂本『GE の組織革新』, 190 頁。
85) ティシー＝シャーマン『ジャック・ウェルチの GE 革命』, 41 頁；坂本『GE の組織革新』, 184-187 頁.; Rothschild, *Secret to GE's Success*, p. 169；宮田「Corporate Transformation」, p. 120.
86) Reginald H. Jones, "The General Electric: Utah International Merger," Presented to Financial Community Representatives, Hotel Pierre, New York, NY, December 16,1976.
87) *Ibid.*
88) Reginald H. Jones, "Strategic Management for the 1980's," Presented to Financial Community Representatives, Hotel Pierre, New York, NY, December 7, 1977. GE 全体におけるユタおよび国際グループの売上および利益比率については，坂本『GE の組織革新』, 185-186 頁を参照。
89) これに加えて，原子力発電所向けのウラン供給事業を補完する可能性も考えられる（Rothschild, *Secret to GE's Success*, p. 169.）。この時期 GE や WH は，ウラン供給事業で問題に直面していた（宮田「Corporate Transformation」, pp. 121-122.）。
90) 坂本『GE の組織革新』, 189 頁。ジョーンズの後継者となるジャック・ウェルチによれば，セクター制の導入は，次期 CEO の選抜プロセスも兼ねていたといわれている（Welch, Jack, p. 65.）。
91) GE, *1977 Annual Report*, p. 25.
92) 国際貿易サービス部は，その後 1980 年に国際貿易建設部（International Trading Construction Operations）を経て，1981 年国際貿易担当部（International Trading Operations）と名称を変更していく（GE, *Annual Report*, various years）。
93) Hvala, Perry and Boddewyn, "General Electric Trading Company," p. 9.
94) 足立「GE の戦略計画」, 213 頁。
95) 坂本『GE の組織革新』, 163 頁。SUB は，戦略事業計画を進めるための基本的計画単位であり，①他の SUB とは独立して，独自の明確な事業使命をもっていること，②市場において独自の競争相手をもっていること，③市場において自ら一人前の競争者となりうること，④自ら製品開発，製造，販売についての経営資源を自己完結的に管理しており，他の SUB とは独立に統合的な戦略的な計画をたてうること，⑤当該 SBU の管理者は設定された計画範囲内では，経営資源の運用により自由な裁量権をもつこと，という諸条件をみたす事業単位である。
96) ウェルチ『ジャック・ウェルチ：わが経営 下』, 153-154 頁。
97) Hvala, Perry and Boddewyn, "General Electric Trading Company," p. 9. GETC に関する記述はすべて同論文に依拠している。
98) 具体的には，販売員，書類業務や積込みから倉庫保管などの輸出サービス，与信と集金，融資，国際特許業務，通商政策や米国政府関連サービスなどである。
99) 見返り貿易やオフセット取引は，1978 年までにカナダへの航空機エンジンの販売の際にとくに重要となっていた。
100) GETC の輸出機能の失敗は，それを利用していた GE の電源供給事業がもともと国際的ではなかったこと，また社外の顧客も 3 社しか持てなかったこと，南米の経済危機や米ドル高などの国際貿易環境の悪化などに起因していた。
101) 「スリー・サークル」とは，GE の事業を，コア事業となる製造業事業群，ハイテク事業群，そしてサービス事業群と分け，どの群にも入らない事業は再建か，売却か，閉鎖するというコンセプトを示したものである（ウェルチ『ジャック・ウェルチ：わが経営 上』, 193 頁）。ウェルチ

によれば，このコンセプトは1983年1月に考え出されたと述べられており，1983年度の年次報告書にすでに言及されている（GE, *1983 Annual Report*, p. 2.）。
102） 企業貿易担当部は，GETC の他に企業原材料調達課（Corporate Sourcing）と GE 子会社の GE サプライ社からなっていた。
103） GE, *1983 Annual Report*, p. 4.
104） ティシー＝シャーマン『ジャック・ウェルチの GE 革命』, 41頁。
105） ウェルチ『ジャック・ウェルチ：わが経営 下』, 154頁。
106） 同上。
107） ティシー＝シャーマン『ジャック・ウェルチの GE 革命』, 280頁。
108） ティシー＝シャーマン『ジャック・ウェルチの GE 革命』, 281頁。
109） ティシー＝シャーマン『ジャック・ウェルチの GE 革命』, 281頁。1985年度の年次報告書において初めて「グローバル」という言葉が使われている。
110） ウェルチ『ジャック・ウェルチ：わが経営 下』, 155頁。
111） 谷口・長谷川「『選択と集中』」, 165頁。
112） 上総は，こうした外国企業との技術提携や合弁事業とのセットで展開されるグローバル戦略を「海外子会社にあまり依存しない」経営戦略と呼んでいる（上總「統合的製品政策の継続と断絶」, 94-95頁）。
113） Chandler, "The Function of the HQ Unit," pp. 44-45. 戦略的コントロール（Financial Control）と戦略計画（Strategic Planning）とともに，3つの経営スタイルの1つとして Goold and Campbell（1987）によって提示された概念である。この概念を引用しながら，チャンドラーは，1980年代において GE の経営スタイルが戦略計画から戦略的コントロールへと変更されたと捉えている。
114） ウェルチ『ジャック・ウェルチ：わが経営 下』, 144頁。
115） Rothschild, *Secret to GE's Success*, pp. 212-213. 例えば，ジョーンズは，インフレ経済下への取り組みとして「Effectively Coping with Inflation（COIN）」プログラムなどを指示していた（宮田「Corporate Transformation」, p. 135.）
116） ウェルチによれば，グローバル化，サービス，シックスシグマ，E ビジネスが四大イニシアチブとされているが（ウェルチ『ジャック・ウェルチ：わが経営 下』, 144および300頁），ロスチャイルドによれば，ウェルチは任期中に主に6つのイニシアチブを示したと述べられている（Rothschild, *Secret to GE's Success*, p. 213.）。また，「ナンバーワン・ナンバーツー」戦略が，ウェルチが示した最初の全社方針ということと捉えることもできる。
117） ティシー＝シャーマン『ジャック・ウェルチの GE 革命』, 226頁；ウェルチ『ジャック・ウェルチ：わが経営 上』, 170頁。
118） ティシー＝シャーマン『ジャック・ウェルチの GE 革命』, 227頁；ウェルチ『ジャック・ウェルチ：わが経営 上』, 171頁；足立「米国電気企業」, 212頁；坂本『GE の組織革新』, 226頁。
119） ウェルチ『ジャック・ウェルチ：わが経営 上』, 269頁。
120） ウェルチ『ジャック・ウェルチ：わが経営 上』, 279および284頁。
121） ウェルチ『ジャック・ウェルチ：わが経営 上』, 326頁。
122） ウェルチ『ジャック・ウェルチ：わが経営 上』, 305-306頁。
123） ウェルチ『ジャック・ウェルチ：わが経営 下』, 164および172頁。
124） この時期，各事業部長は，自部門の幹部社員を上位20％の A プレイヤー，中位70％の B プレイヤー，下位10％の C プレイヤーにランク付けすることになっていた。そして下位評価を受けたものは通常 GE には残れなかった（ウェルチ『ジャック・ウェルチ：わが経営 上』, 271-277頁）。
125） ウェルチ『ジャック・ウェルチ：わが経営 上』, 324頁。

126) ウェルチ『ジャック・ウェルチ：わが経営 上』, 325-327 頁。特に言及がない限り，オペレーティング・システムに関する記述は同書による。
127) Ocasio and Joseph, "Rise and Fall," p. 262. ; ティシー＝シャーマン『ジャック・ウェルチの GE 革命』, 237 頁。
128) これは，ウェルチのプラスチック事業と医療機器事業での経験が背景にあると考えられる。1970 年代前半の GE プラスチック事業と長瀬産業の提携の利点を認識したウェルチは，1970 年代後半に医療機器事業の責任者になった際，これと同じ取引モデルを使い，計器メーカーの横川電機と取引した（ウェルチ『ジャック・ウェルチ：わが経営 下』, 151 頁）。
129) ウェルチ『ジャック・ウェルチ：わが経営 上』, 316 頁；ティシー＝シャーマン『ジャック・ウェルチの GE 革命』, 308-310 頁。社内のベストプラクティスの例としては，輸送機器事業部で始まった軍の若手将校の採用やプラスチック事業で始まったインターネット販売がある。また社外の例としては，アメリカン・スタンダードの在庫回転率のアイディアやウォルマートの情報収集と在庫管理システムがあげられている（ウェルチ『ジャック・ウェルチ：わが経営 上』, 333-335 頁；GE, *1990 Annual Report*, p. 2. ; GE, *1991 Annual Report*, p. 3.）。
130) ウェルチ『ジャック・ウェルチ：わが経営 上』, 317 および 322-323 頁。
131) GE, *1990 Annual Report*, p. 2.
132) ウェルチ『ジャック・ウェルチ：わが経営 下』, 154 頁；ティシー＝シャーマン『ジャック・ウェルチの GE 革命』, 322 および 325 頁。
133) ティシー＝シャーマン『ジャック・ウェルチの GE 革命』, 328 頁。
134) ティシー＝シャーマン『ジャック・ウェルチの GE 革命』, 330-336 頁。
135) Janssen and Medford, *Envision*, p. 136.
136) ウェルチ『ジャック・ウェルチ：わが経営 上』, 296-297 および 305-307 頁。
137) Ocasio and Joseph, "Governance Channels," p. 2.
138) Ocasio and Joseph, "Rise and Fall," p. 264.
139) 特に言及がない限り本項の記述は，マギー『ジェフ・イメルト』, 193-211 頁による。

参考文献

足立辰雄（1990）「GE の戦略計画」丸山恵也・井上昭一編『アメリカ企業の史的展開』ミネルヴァ書房。

足立辰雄（1999）「米国電気企業のリエンジニアリング戦略―GE を素材にして―」井上昭一・藤井光男編『現代経営史―日本・欧米』ミネルヴァ書房。

安保哲夫（1984）『戦間期アメリカの対外投資―金融・産業の国際化過程』東京大学出版会。

板垣博（1977）「1920 年代アメリカ電機産業の海外進出―GE の海外進出と世界市場―」『国民経済』第 136 号。

ウィルキンズ，ミラ（江夏健一・米倉昭夫訳）（1973）『多国籍企業の史的展開：植民地時代から 1914 年まで』ミネルヴァ書房。

ウィルキンズ，ミラ（江夏健一・米倉昭夫訳）（1976）『多国籍企業の成熟 上』ミネルヴァ書房。

ウィルキンズ，ミラ（江夏健一・米倉昭夫訳）（1978）『多国籍企業の成熟 下』ミネルヴァ書房。

上總康行（1998）「統合的製品政策の継続と断絶―電機産業における GE 社と東芝」塩見治人・堀一郎編『日米関係経営史―高度成長から現在まで―』名古屋大学出版会。

グリーンウッド，ロナルド・G（斎藤毅憲・岡田和秀監訳）（1992）『現代経営の精髄―GE に学ぶ―』文眞堂。

小林袈裟治（1970）『GE』東洋経済新報社。

坂本和一（1997）『新版 GE の組織革新―21 世紀型組織への挑戦―』法律文化社。

谷口明丈・長谷川信（2008）「『選択と集中』による異質化の進行—電気機械産業：GEと東芝—」塩見治人・橘川武郎編著『日米企業のグローバル競争戦略—ニューエコノミーと「失われた十年」の再検証』名古屋大学出版会。
ティシー，ノエル・M.＝ストラトフォード・シャーマン（小林陽太郎監訳・小林規一訳）（1994）『ジャック・ウェルチのGE革命—世界最強企業への選択』東洋経済新報社。
西村成弘（2000）「IGECの事業部化と国際戦略の転換」『経営史学』第35巻第3号。
西村成弘（2002）「戦前におけるGEの国際特許管理—『代理出願』契約と東京電気の組織能力—」『経営史学』第37巻第3号。
西村成弘（2011）「第二次大戦後における国際特許管理の展開—代理契約の終焉とグローバル経営の進化—」『関西大学商学論集』第55巻第6号。
宮田憲一（2016）「Corporate Transformation, Diversification, and Managerial Perception: A Comparative Study of General Electric Company and Westinghouse Electric Corporation」，博士学位論文，明治大学。
森川英正（1996）『トップ・マネジメントの経営史：経営者企業と家族企業』有斐閣。
吉田正樹（1987a）「1880年代から1920年代におけるアメリカ電機産業の海外進出」『三田商学研究』第30巻第2号。
吉田正樹（1987b）「アメリカおよびドイツ電機産業におけるカルテル形成とその国際化について—戦前のGEを中心にみた特許支配とカルテルによる市場統制—」『三田商学研究』第30巻第4号。
Aguilar, Francis J. (1992), *General Managers in Action: Policies and Strategies*, 2nd ed. (New York: Oxford University Press).
Chandler, Alfred D. Jr. (1980), "The United States: Seedbed of Managerial Capitalism," in Alfred D. Chandler, Jr. and Herman Daems ed., *Managerial Hierarchies: Comparative Perspectives on the Rise of the Modern Industrial Enterprise* (Cambridge: Harvard University Press).
Chandler, Alfred D. Jr. (1991), "The Function of the HQ Unit in the Multibusiness Firm," *Strategic Management Journal*, 12-S2, pp. 31-50.
Chandler, Alfred D. Jr. (1994), *Scale and Scope: The Dynamics of Industrial Capitalism*, paperback ed. (Cambridge: Belknap Press).
Coe, Jerome T. (2000), *Unlikely Victory: How General Electric Succeeded in the Chemical Industry* (New York: American Institute of Chemical Engineers).
Fitzgerald, Robert (2015), *The Rise of the Global Company: Multinationals and the Making of the Modern World*, paperback ed. (Cambridge: Cambridge University Press).
Flaningam, M.L. (1945), "International Co-operation and Control in the Electrical Industry: The General Electric Company and Germany, 1919-1944," *The American Journal of Economics and Sociology*, 5-1, pp. 7-25.
Goold, Michael and Andrew Campbell (1987), *Strategies and Styles: The Role of the Center in Diversified Corporations* (New York: Basil Blackwell).
Guagni, Anna (2014), "A Bold Leap into Electric Light: The Creation of the Società Italiana Edison, 1880-1886," Ian Inkster ed., *History of Technology*, 32, pp. 155-190.
Hausman, William J. and John L. Neufeld (1998), "US Foreign Direct Investment in Electric Utilities in the 1920s," in Mira Wilkins and Harm Schroter ed., *The Free-Standing Company in the World Economy, 1830-1996* (New York: Oxford University Press).
Hausman, William J., Peter Hertner and Mira Wilkins (2008), *Global Electrification: Multinational Enterprise and International Finance in the History of Light and Power, 1878-2007* (Cambridge: Cambridge University Press).
Hughes, Thomas P. (1993), *Networks of Power: Electrification in Western Society, 1880-1930*, softshell

books ed. (Baltimore: Johns Hopkins University Press).
Hvala, Joanne, Anne C. Perry, and Jean J. Boddewyn (1990), "General Electric Trading Company: The Sogoshosha That wasn't," *Journal of Global Marketing*, 3-4, pp. 7-31.
Immelt, Jeffrey R. (2012), "The CEO of General Electric on Sparking in American Manufacturing Renewal," *Harvard Business Review*, 90-3, pp. 43-46.
Immelt, Jeffrey R., Vijay Govindarajan, and Chris Trimble (2009), "How GE is Disrupting Itself," *Harvard Business Review*, 87-10, pp. 56-65.
Janssen, Leon and Gene Medford (2009), *Envision: A History of the GE Healthcare Business* (Waukesha: Meadow Book Farm).
Jones, Geoffrey (2005) *Multinationals and Global Capitalism: From the Nineteenth to the Twenty-first Century* (Oxford: Oxford University Press). (安室憲一・梅野巨利訳 (2007) 『国際経営講義:多国籍企業とグローバル資本主義』有斐閣)
Lamard, Pierre (2014), "American 'Soft' Technologies and French Big Business after World War II: Alstom and GE," in Pierre-Yves Donzé and Shigehiro Nishimura ed., *Organizing Global Technology Flows: Institutions, Actors, and Processes* (New York: Routledge).
Magee, David (2009), *Jeff Immelt and the New GE Way: Innovation, Transformation, and Winning in the 21st Century* (New York: McGraw-Hill). (関美和訳 (2009) 『ジェフ・イメルト:GEの変わりつづける経営』英治出版)
Marchildon, Gregory P. (1998), "The Montreal Engineering Company and International Power: Overcoming the Limitations of the Free-Standing Utility," in Mira Wilkins and Harm Schroter ed., *The Free-Standing Company in the World Economy, 1830-1996* (New York: Oxford University Press).
Nebeker, Frederik. (2009), *Dawn of the Electronic Age: Electrical Technologies in the Shaping of the Modern World, 1914 to 1945* (Hoboken: Wiley-IEEE Press).
Nishimura, Shigehiro. (2009), "Foreign Business and Patent Management before WWI: A Case Study of the General Electric Company," *Kansai University Review of Business and Commerce*, 11, pp. 77-97.
Ocasio, William and John Joseph (2006), "Governance Channels and Organizational Design at General Electric: 1950-2001," in Richard Burton, Bo Eriksen, Dorthe Døjbak Håkonsson, and Charles C. Snow eds., *Organization Design: The Dynamics of Adaptation and Change and the Evolving State-of-the-Art* (New York: Springer).
Ocasio, William and John Joseph (2008), "Rise and Fall—or Transformation?: The Evolution of Strategic Planning at the General Electric Company, 1940-2006," *Long Range Planning*, 41, pp. 248-272.
O'Sullivan, Mary A. (1996), "Innovation, Industrial Development, and Corporate Governance," PhD diss., Harvard University.
Passer, Harold C. (1972), *The Electrical Manufacturers, 1875-1900: A Study in Competition, Entrepreneurship, Technical Change, and Ecnomic Growth* (New York: Arno Press).
Reich, Leonard S. (1992a), "General Electric and the World Cartelization of Electric Lamps," in Akira Kudō and Terushi Hara, eds., *International Cartels in Business History: The International Conference on Business History 18* (Tokyo: University of Tokyo Press).
Reich, Leonard S. (1992b), "Lighting the Path to Profit: GE's Control of the Electric Light Industry, 1892-1941," *Business History Review*, 66-2, pp. 305-334.
Rothschild, William E. (2006), *Secret to GE's Success: A Former Insider Reveals the Management Strategies of the World's Most Competitive Company* (New York: McGraw-Hill). (中村起子訳 (2007) 『GE:世界一強い会社の秘密』インデックス・コミュニケーションズ)
Welch, Jack with John A. Byrne (2001), *Jack: Straight from the Gut* (New York: Warner). (宮本喜一訳

(2005)『ジャック・ウェルチ：わが経営 上・下』日本経済新聞社）

資料
Executive Speeches and Reports to Share Owner, miSci Archives. Schenectady, NY.
General Electric Company, *Annual Report*, New York, various years.
Moody's Industrial Manual, various years.
The Monopolies and Restrictive Practice Commission (1951), "Report on the Supply of Electric Lamps," presented to Parliament in pursuance of Section 9 of the Monopolies and Restrictive Practices (Inquiry and Control) Act, 1948, Her Majesty's Stationery Office, London. Reprinted 1953.
U.S. Tariff Commission, "Radio Receivers, Phonographs, and Tape Recorders: Workers of General Electric Co.'s Audio Electronics Products Department," Report to the President on Worker Investigation No. TEA-W-142, Under Section 301(c)(2) of the Trade Expansion Act of 1962, TC Publication 495, Washington, D.C., June 1972.

雑誌記事・インターネット情報
"G. E. Reshapes Divisions," *Business Week* (Dec, 25, 1965), p. 20.
CFM International, "A Brief History of CFM," http://www.cfmaeroengines.com/about/history/ (2016/06/27 アクセス)
Rutgers University, "Edison Companies," Thomas A. Edison Papers Project, http://edison.rutgers.edu/list.htm (2016/5/30 アクセス)

第4章

ゲーム産業におけるサプライチェーンの国際化
──家庭用ゲーム市場の発展と部品構成の変化──

はじめに

　長きにわたる不況によって，日本企業の競争力に対する評価は揺らいでいる。これまで，製造業を中心に一定の競争優位を維持していると考えられてきたが，既に多くの市場で新興国にキャッチアップされてしまった。また，ソフトウェアなどのコンテンツ分野では，米国や欧州の企業に遅れを取ってきた。事実，日本企業は，コンピュータ・ハードウェア市場で強い競争力を保っていた1980年代でさえ，コンピュータ・ソフトウェア（OS，アプリケーションなど）市場では，世界的な成功を収めてはいなかった。

　このような状況において，家庭用ゲーム市場は，ハードウェアとソフトウェアの両面で成功を遂げた数少ないケースとして注目されてきた。2000年代以降，ゲーム・ソフトウェア市場では，海外メーカーが急速に台頭し，日本メーカーの地位は相対的に低下している。しかし，映画や音楽といった他のコンテンツ産業と比較すれば，十分な競争力をもっているといえる。さらに，ハードウェアに関しては，ファミリーコンピュータの成功から現在まで，日本企業が中心となり業界をリードし続けてきた。プラットフォーム別の累計出荷台数からも，その優位は明らかである。（図表4-1）

　しかし，家庭用ゲーム機を構成する部品に注目し，より詳しく見ていくと，各部品を供給する企業に変化が生じていることがわかる。この変化に，半導体産業における変化が，大きく関わっているのではないかというのが，本章の問題意識である。

　ゲーム機の世代ごとに部品構成を比較することで，ゲーム産業の変化，半導

はじめに　169

図表 4-1　据置きゲーム機の累計出荷台数

(単位：100 万台)

メーカー	プラットフォーム	北米	欧州	日本	その他	世界計
任天堂	Wii (Wii)	45.38	33.75	12.77	9.28	101.18
任天堂	NES	33.49	8.3	19.35	0.77	61.91
任天堂	SNES	22.88	8.15	17.17	0.9	49.1
任天堂	Nintendo 64 (N64)	20.11	6.35	5.54	0.93	32.93
任天堂	GameCube (GC)	12.55	4.44	4.04	0.71	21.74
任天堂	Wii U (WiiU)	5.92	3.2	3.14	0.85	13.11
SONY	PlayStation 2 (PS2)	53.65	55.28	23.18	25.57	157.68
SONY	PlayStation (PS)	38.94	36.91	19.36	9.04	104.25
SONY	PlayStation 3 (PS3)	29.31	34.35	10.42	12.36	86.44
SONY	PlayStation 4 (PS4)	14.91	16.14	2.71	6.67	40.43
Microsoft	Xbox 360 (X360)	48.9	25.8	1.66	9.12	85.48
Microsoft	Xbox (XB)	15.77	7.17	0.53	1.18	24.65
Microsoft	Xbox One (XOne)	12.98	5.55	0.07	2.39	20.99
セガ	Sega Genesis (GEN)	16.98	8.39	3.58	0.59	29.54
セガ	Sega Saturn (SAT)	1.83	1.12	5.8	0.07	8.82
セガ	Dreamcast (DC)	3.9	1.91	2.25	0.14	8.2

注：NES（ファミリーコンピュータ，FC），SNES（スーパーファミコン，SFC），GEN（メガドライブ，MD），SAT（セガサターン，SS）の英語での略称。
出所：VGChartz, "Platform Totals",（http://www.vgchartz.com/analysis/platform_totals/）2016/05/01 アクセス。

体産業とゲーム産業との相互関係，ゲーム機の開発・製造が国際化していく様子を明らかにできる。次節以降で改めて述べるが，最新世代になるほど，任天堂，SONY，マイクロソフト（Microsoft）の各社とも，主要部品の構成が似通っていく。ゲーム機の主要部品が同質化してきた時期と，半導体のグローバル再編の時期は，何らかの関係があると推察される。

　本章は次のような構成をとる。まず，第１節では，ゲーム産業の概況とこれまでの歴史を振り返る。ここでは，ハードウェアを中心に，どのように家庭用ゲーム産業が誕生し，発展を遂げてきたのかを整理する。特に米国で生まれたゲーム産業が，後発である日本企業を中心に，展開されるに至った流れを確認する。次いで，第２節では，家庭用ゲーム機の部品構成を詳細に確認することで，どの時期から，どのような変化が生じていったのかを明らかにする。な

お，世代が進むに連れて多様な IC（通信用，光学ドライブ制御用など）が組み込まれるようになっており，それもサプライチェーンの国際化と関連すると考えられるが，本章ではゲーム機を構成するもっとも基本的な部品である，各種プロセッサ（CPU，GPU[1]など）とメモリを中心に扱う。そして，第3節では，部品構成が変化していった要因として，半導体産業に着目し，両産業の関わりについて考察を行う。おわりにで，本章で明らかになった事柄をまとめる。

1. ゲーム産業の概況とこれまでの歩み

本節では，ゲーム産業の概況と発展の歴史を振り返り，後の議論の中心となる家庭用ゲーム機を世代別に分類しながら論じていく。

(1) ゲーム産業の概況

コンピュータエンターテインメント産業の業界団体である CESA[2]の調査によると，日本国内の家庭用ソフトウェアとハードウェアを合わせた 2014 年の市場規模は，3743 億円（内ソフトウェア 2356 億円）であった。2013 年は 4095 億円（同 2537 億円）であったことから，マイナス成長を続けている。

図表 4-2 は，日本の家庭用ゲーム市場規模の推移を示したものである。1996年からはソフトウェアとハードウェアの内訳も記されている。国内の家庭用ゲーム機市場は，1997 年に 7582 億円とピークを迎えた。当時日本では，プレイステーション，セガサターン，ニンテンドー64 といった第 5 世代[3]の家庭用ゲーム機が，シェア争いをしている状態であった。1997 年まで，毎年その規模を拡大させており，日本のゲーム市場が好況であったことがわかる。しかし，それ以降国内の販売額，特にソフトウェアの販売額が低下しており，2009年にはハードウェアと逆転する事態となった。

また，世界全体のゲームコンテンツ市場規模は，およそ 6 兆 7148 億円（2014年）であり，このうちパッケージゲームの市場規模が 1 兆 5389 億円，デジタル配信ゲームの市場規模が 5 兆 1759 億円となっている[4]。

1. ゲーム産業の概況とこれまでの歩み　171

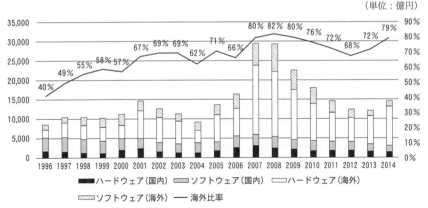

図表 4-2　日本国内の家庭用ゲーム市場（販売額）の推移

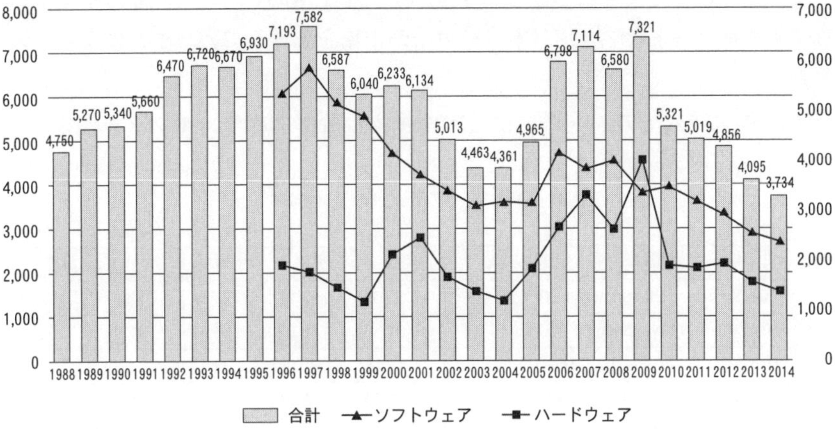

出所：CESA『ゲーム白書』各年版から作成。

図表 4-3　日本メーカーによる国内・海外出荷額と海外比率の推移

出所：図表 4-1 と同じ。

図表 4-3 は，日本メーカーによる出荷額の推移と海外出荷比率を示している。海外出荷分に注目すると，1997 年にハードウェアとソフトウェアの合計で 5000 億円を超えた後，2001 年には 1 兆円弱にまで増加している。日本国内のソフトウェア出荷額は，通常，ハードウェア出荷額を上回っているが，海外出荷分については，圧倒的にハードウェアが占める割合が大きい。これは，ソフ

トウェアは，それぞれの国に存在しているゲームソフトウェアメーカーが販売しているのに対して，ハードウェアについては，Xboxシリーズを発売しているマイクロソフトを除き，日本メーカーが市場を独占していることによるものである。

2015年末時点での，ハードウェアの普及台数によるランキングを図表4-4

図表4-4 ハードの売上台数ランキング

(単位：100万台)

順位	メーカー	プラットフォーム	北米	欧州	日本	その他	世界計
1	SONY	PlayStation 2（PS2）	53.65	55.28	23.18	25.57	157.68
2	任天堂	Nintendo DS（DS）	57.37	52.07	33.01	12.43	154.88
3	任天堂	Game Boy（GB）	43.18	40.05	32.47	2.99	118.69
4	SONY	PlayStation（PS）	38.94	36.91	19.36	9.04	104.25
5	任天堂	Wii（Wii）	45.38	33.75	12.77	9.28	101.18
6	SONY	PlayStation 3（PS3）	29.31	34.35	10.42	12.36	86.44
7	Microsoft	Xbox 360（X360）	48.9	25.8	1.66	9.12	85.48
8	任天堂	Game Boy Advance（GBA）	40.39	21.31	16.96	2.85	81.51
9	SONY	PlayStation Portable（PSP）	21.41	24.14	20.01	15.26	80.82
10	任天堂	NES	33.49	8.3	19.35	0.77	61.91
11	任天堂	Nintendo 3DS（3DS）	18.89	16.27	20.65	3.75	59.56
12	任天堂	SNES	22.88	8.15	17.17	0.9	49.1
13	SONY	PlayStation 4（PS4）	14.91	16.14	2.71	6.67	40.43
14	任天堂	Nintendo 64（N64）	20.11	6.35	5.54	0.93	32.93
15	セガ	Sega Genesis（GEN）	16.98	8.39	3.58	0.59	29.54
16	Atari	Atari 2600（2600）	23.54	3.35	0	0.75	27.64
17	Microsoft	Xbox（XB）	15.77	7.17	0.53	1.18	24.65
18	任天堂	GameCube（GC）	12.55	4.44	4.04	0.71	21.74
19	Microsoft	Xbox One（XOne）	12.98	5.55	0.07	2.39	20.99
20	SONY	PlayStation Vita（PSV）	2.49	4.48	4.86	1.99	13.82
21	任天堂	Wii U（WiiU）	5.92	3.2	3.14	0.85	13.11
22	セガ	GameGear（GG）	5.4	3.23	1.78	0.21	10.62
23	セガ	Sega Saturn（SAT）	1.83	1.12	5.8	0.07	8.82
24	セガ	Dreamcast（DC）	3.9	1.91	2.25	0.14	8.2
25	Atari	Atari 7800（7800）	4.3	0	0	0	4.3
26	バンダイ	WonderSwan（WS）	0	0	1.12	0	1.12

出所：図表4-1と同じ。

にまとめている。同表は，据置機と携帯機を含めた歴代のハードウェアのランキングである。ほぼ日本メーカーで占められており，例外はマイクロソフトによる Xbox 360（7位），Xbox（17位），Xbox One（19位），そしてアタリ（Atari）の Atari 2600（16位）のみである。この点からも，ハードウェアにおいては，日本は大きな強みを持っているといえる。世代別で見ると，現在の第 8 世代では，SONY のプレイステーション 4（PS4）が最も普及しており，次いでマイクロソフトの Xbox One，任天堂の Wii U となっている。

なお，Xbox シリーズは世界で広く受け入れられているが，日本市場では極端に販売台数が少ない。ソフトウェアについても同様の傾向が長く続いており，一部を除いて，海外ソフトウェアメーカーのゲームの売上も日本市場では振るわなかった。

図表 4-5 は，日本，北米，欧州の市場規模の合計を 100 として，各市場の割合を示したものである。図表 4-2 で確認したように，2001 年の日本の市場規模は 6134 億円，2010 年は 5321 億円であった。その間，7000 億を超える年も，2007 年と 2009 年の 2 度あったが，日本市場が世界市場に占める割合は急速に低下している。これは，北米と欧州市場が拡大する一方で，日本が成長の軌道に乗れずにいることを示している。

図表 4-5　3 地域の家庭用ゲーム市場規模の割合

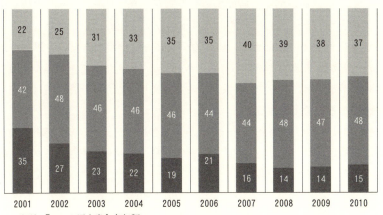

出所：『ファミ通白書』各年版。

(2) 家庭用ゲーム産業の歩み
① 家庭用ゲーム市場の誕生（1972年〜）

　任天堂のファミリーコンピュータが爆発的に普及した後，家庭用ゲーム市場では，日本メーカーによる支配が進んでいった。しかし，世界最初のテレビゲーム機を生み出し，家庭用ゲーム市場を形成したのは米国だった。

　最初のコンピュータを使用したゲームについては諸説あるが，家庭用ゲーム機として最初に発売されたのは，マグナボックス（Magnavox）のオデッセイ（ODYSSEY）である。この1972年に発売された家庭用ゲーム機は，サンダース（Sanders Associates）のエンジニアであったラルフ・ベア（Ralph Bear）が1966年頃から開発を進めていたものであった。オデッセイは，失敗というほどではなかったが，世界初の家庭用ゲーム機にふさわしいだけの成功を収めることはできずに終わった[5]。

　オデッセイは，ゲームソフトを切り替えることができるという，現在の家庭用ゲーム機につながるコンセプトをもっていた点でも重要である。ゲームの切り替えは，カードを入れ替えることによって実現しており，後のアタリや任天堂のファミリーコンピュータにも共通するものであった。ただし，オデッセイの場合，ゲームの切り替えに用いるカード自体に，ゲームプログラムは内蔵されておらず，あくまでスイッチの役割をするにとどまっていた。開発者のラルフ・ベアは，このゲーム機を20ドル以下で販売したいと考えていた。しかし，マグナボックス社が開発に時間を要した結果，100ドルという非常に高価なゲーム機となった。さらに，常にマグナボックス社のテレビとセットでプロモーションをしていたために，他社のテレビとは接続できないと思われてしまったことが，失敗の要因であったとされている[6]。加えて，開発から販売までに時間がかかったことで，インパクトを与え切れなかったことも，販売不振の要因であると考えられる。

　その後，いくつかの家庭用ゲーム機が発売されたが，その多くが1つのゲーム機に1種類のゲームという形式であった。複数のゲームを遊べるゲーム機も発売されたが，それらの多くも，ゲームはハードウェアに内蔵されており，スイッチによって切り替えていた。つまり，1970年代までは，ゲームソフトはハードに組み込まれており，それがゲーム機の基本的な設計だったといえ

る。

　世界初のアーケード向けゲームであるComputer Spaceを開発したノーラン・ブッシュネル（Nolan Bushnell）は，オデッセイに影響を受ける形で，新たなアーケードゲーム作成のために新会社を設立した。それが，1971年創業のアタリであり，生み出されたゲームがPONGであった。このゲームは非常に単純なものであったが，ユーザーに広く受け入れられた。PONGが成功を収めると，多くのクローンが登場することになった[7]。アタリは，家庭でもPONGをプレイできるように，家庭用ゲーム機の開発を進めた。家庭用に開発されたHOME PONGは販路の確保に苦労したが，1975年にシアーズ（Sears）を通じて販売されることになった。独占販売契約をシアーズに認める代わりに，アタリは生産のための資金を援助され，家庭用PONGのための広告宣伝費はすべてシアーズが賄うこととなった。シアーズとの独占販売の期間は，1975年いっぱいとされ，このゲーム機にはアタリの名前も記されているが，シアーズのTELE-GAMESというブランド名で98.95ドルという価格で世に出された。翌1976年には，アタリのブランドでも販売されている[8]。

　世界初の家庭用ゲーム機であるオデッセイと異なり，HOME PONGは1種類のゲームしかプレイできなかった。しかし，1970年代からのIC技術の向上によって，より安価に製造できた上に，オデッセイよりも画像が鮮明だった。PONGという大ヒットしていたゲームの知名度と，アタリのブランドネーム，そしてシアーズという強力な流通チャネルを利用したことで，家庭用ゲーム機として大きな成功をおさめた。

　PONGのヒットを受けて，日本でも家庭用ゲーム機の開発が進んだ。日本で最初の家庭用ゲーム機は，1975年9月にエポック社より発売されたテレビテニスである。その名の通りPONGのクローンであり[9]，マグナボックスと技術提携によって製造され，正式にライセンスを受けた製品であった[10]。後にファミリーコンピュータを発売する任天堂も，1977年にTV GAME15およびTV GAME6という2種類のゲーム機を発売している。TV GAME15は15種類，TV GAME6は6種類のゲームを内蔵していた。マグナボックス社から正式に許諾を受けて発売されたが，後発だったこともあり，任天堂は低価格戦略によって市場に参入した。TV GAME15は1万5000円，TV GAME6は

9800円で発売された。2年前に発売されたエポックのテレビテニス（1万9800円）よりも安い価格ということで，2機種が用意された。コントローラーの違いなど，ハードウェアの面で実際にコストの差はあるが，内部の基盤は両機種とも同じであったとされる。1万円を切る価格で消費者の注目を引き，5000円の差であればとTV GAME15を買っていくだろうという，任天堂の販売戦略によるものだった。このゲーム機は大ヒットし，1977年に80万台以上を販売，国内の家庭用ゲーム機市場におけるシェアは70％にまで達した[11]。最終的な販売台数は，シリーズ合計で300万台を超えるとされており，この成功は，任天堂が本格的なゲームメーカーとして歩みを進める契機となった。

　1972年のオデッセイ発売から，アタリによるHOME PONGの大ヒット辺りまでが，最初の家庭用ゲーム機をめぐる競争であり，その勝者はアタリであった。日本市場はエポック社が先行し，後に任天堂が追い上げるという状況であったが，米国市場とは独立した存在であり，この段階では日本の家庭用ゲーム機が本格的に海外に進出することはなかった。この1972年から1977年までに発売された，マグナボックスのオデッセイ，アタリのHOME PONG，任天堂のTV GAME15，TV GAME6，エポックのテレビテニスが第1世代のゲーム機である[12]。（図表4-5，上段）

② 新たな市場への新たな参入者（1976年～）

　はじめて完全なカートリッジ交換式のゲーム機として登場したのは，フェアチャイルド・セミコンダクタ（Fairchild Semiconductor，以下フェアチャイルド）のFairchild Video Entertainment System（翌年Fairchild Channel Fと改称，以下Channel F）であった。1976年8月に発売され，同社のマイクロプロセッサであるF8を採用したこのゲーム機は，本体に2種類のPONGに類似したゲームを搭載したほか，カートリッジによって異なるゲームをプレイすることができた。本体価格は169.95ドルであり，別売りのカートリッジは通常1個19.95ドルであった[13]。このカートリッジはVideocartsと呼ばれており，この中にゲームがプログラムされたマイクロチップが内蔵されていた。

　フェアチャイルドの関連会社に勤めていたエンジニアのジェリー・ローソン（Jerry Lawson）は，これまでのゲーム機は内蔵されたゲームしかプレイできず，そのために消費者はすぐに飽きてしまうと考えていた[14]。飽きてしまえ

ば，そのゲーム機はプレイされることなく，消費者が新しいゲームで遊びたい時には，新しいハードを購入しなければならなかった。ゲーム機は大変高価であり，この仕組のままでは普及は難しかった。この点で，Channel F がゲーム市場にもたらした影響は大きい。同機種が完全に交換可能なカートリッジを採用することにより，ハードウェアとソフトウェアが独立することになったのである。

アタリは PONG で成功を収めていたものの，1976 年の時点ですでにシアーズにおける人気商品ではなくなっていた[15]。Channel F の性能は HOME PONG を過去のものにしてしまっていた上に，アタリの役員たちは１つのゲーム（あるいは最初から用意されていたゲーム）以外に追加不可能な仕組みでは，ユーザーに飽きられると感じていた[16]。そして何よりも，フェアチャイルドや RCA のような大企業が，新たな市場に参入してきたことが脅威であった。

アタリは新しいゲーム機の開発に取り組み，モステクノロジー（MOS Technology）の 8bit マイクロプロセッサ，MOS 6502 を採用するシステムを考案した。ワーナー・コミュニケーションズ（Warner Communications）の傘下に入ることで資金を獲得したアタリは，1977 年 10 月に家庭用ゲーム機 VCS（Video Computer System）を発売した。

1970 年代後半に発売されたゲーム機は，第 2 世代に分類される。その多くが ROM カートリッジを採用していた。CPU を搭載し，性能の割には低価格を実現したといえるが，内蔵型ゲーム機が主流であった第 1 世代と比較すると，価格は上昇した[17]。第 2 世代のゲーム機は，フェアチャイルドの Channel F（1976 年），アタリの VCS（1977 年），RCA の RCA Studio2（1977 年）マグナボックスのオデッセイ 2（1978 年）などである。（図表 4-5，下段）

この第 2 世代で勝者となったのも，アタリだった。VCS がヒットするきっかけになったのが，スペースインベーダー（Space Invaders）というアーケード用ゲームであった。このゲームは，日本のタイトーが 1978 年に発売したゲームであり，米国ではミッドウェイ（Midway）社が許諾を受け，1978 年 10 月からアーケードで販売していた[18]。インベーダーに類似したゲームが多数登場し，世界的なブームとなっていた[19]。アタリは，タイトーから許諾を受け，VCS 用にこのゲームを移植した。その移植の出来は，劣化したものであっ

たといわれているが，当時ヒットしていたアーケード用インベーダーゲームが，家庭でも遊べるということもあってヒットした。その後，家庭用ゲーム市場で一般的となる，アーケードのヒット作を家庭用に移植して販売する，という手法の始まりとされている[20]。1980年1月にスペースインベーダーを発売したことで，アタリの売上は前年と比べ2倍になったという[21]。1982年末までには，アタリは1000万台以上のVCSを出荷し，家庭用ゲーム市場の75%を占めるまでになった[22]。これには1982年3月に発売されたVCS用のパックマン（Pac-Man）も大きく貢献したといわれる。

VCSは最初に1000万台を超えて成功した家庭用ゲーム機であり，最終的には3000万台を超える台数を市場に投入したともいわれる。後のVideo Game Clashにつながる要因ともされるが，サードパーティにゲームソフトの販売を許したことが，米国市場で成功した要因であった。アタリから独立したアクティビジョン（Activison）は，最初のサードパーティメーカーであり，大きな成功を収めた。当初から，アタリはサードパーティを歓迎したわけではなかった。当時はまだ，特定のメーカーが作ったゲーム機に，別の会社がソフトを提供するという考え自体がなかったため，これを法的に退けるだけの根拠がVCSにはなかった。当時の交換型家庭用ゲーム機は，アタリのVCSだけでなく，Fairchild Channel FもRCA Studio2においても，ソフトはハードメーカー自身が販売するものと考えられていた。最終的に，アタリは仕様を公開し，一定のロイヤリティを受け取ることで，他社がVCS用のゲームソフトを製造することを許可した。これが，現在のハードメーカーとソフトメーカーとの関係の基礎ともなっている。

大きな成功を収めたアタリのVCSと米国の家庭用ゲーム市場であったが，1980年代半ばまでに規模が縮小していく。前述した，Video Game Clashである。1982年から1984年にかけて市場が30分の1にまで縮小したといわれている[23]。ここではその要因について細かい分析は行わないが，VCS向けのソフトが多数市場に出回り，その多くが粗悪なものであったことが消費者の信頼を損ねたことは確かであろう。しかし，この市場の落ち込みは家庭用ゲーム機だけではなく，アーケードゲームも含めた現象である。アタリは両市場で重要なメーカーであったが，このゲーム市場の冷え込みをアタリのゲーム機だけに

図表4-6 第1世代（上）と第2世代（下）の主なゲーム機

名称	オデッセイ	HOME PONG	TV GAME 15	TV GAME16	TV Tennis
メーカー	マグナボックス	アタリ	任天堂	任天堂	エポック
価格	$100.00	$98.95	¥15,000	¥9,800	¥19,800
発売年	1972	1975	1977	1977	1975
メディア	カートリッジ	内蔵	内蔵	内蔵	内蔵

名称	VCS (Atari 2600)	Fairchild Channel F	オデッセイ2	RCA Studio 2	Intellivison
メーカー	アタリ	フェアチャイルド	マグナボックス	RCA	マテル
価格	$199.00	$169.95	$200.00	n.a.	$299.00
発売年	1977	1976	1978	1977	1979
メディア	カートリッジ	カートリッジ	カートリッジ	カートリッジ	カートリッジ

出所：各種データより作成。

押し付けるのは，間違った認識であると考えられる。

③ ファミリーコンピュータの普及（1983年〜）

アタリの成功によって，ハードとソフトを分離して販売するというビジネスが成り立つことを確認すると，日本でも同様のコンセプトによるゲーム機が出現してくる。ファミリーコンピュータが発売されたのは1983年のことであるが，それに前後して，多くのゲーム機が発売されていた。（図表4-6）

任天堂は1889年に設立，花札メーカーとしてスタートし，1960年代半ばから室内ゲーム部門を強化した。1970年には光線銃シリーズを発売[24]。この時期から本格的にエレクトロニクス技術を用いた玩具の開発に力を入れていった。1977年にTV GAME15およびTV GAME6を発売することで家庭用ゲーム市場に参入。1978年には業務用のテレビゲームを開発，販売している。また，1980年からシャープと開発したゲーム＆ウォッチ（GAME & WATCH）を販売。任天堂初の携帯機であるゲーム＆ウオッチは大流行し，発売後1年で1400万台を販売した[25]。さらに，1981年にドンキーコングを発売し，翌年には米国にニンテンドー・オブ・アメリカ（Nintendo of America Inc.）を設立した。

任天堂がファミリーコンピュータの開発に着手したのは，1981年頃であったとされる[26]。アタリの米国での成功を目の当たりにして，日本でも同じよ

図表 4-7 ファミリーコンピュータ（FC）と同時期の主な家庭用ゲーム機

名称	Cassete Vision	Intellevion	ぴゅう太	Sord M5	FC／NES	Bandai Arcadia	SC-3000	SG-1000	ぴゅう太JR.	マスターシステム
メーカー	エポック	バンダイ (MATEL)	トミー	ソード	任天堂	バンダイ	セガ	セガ	トミー	セガ
価格	¥13,500	¥49,800	¥59,800	¥59,800	¥14,800	¥19,800	¥29,800	¥15,000	¥15,200	¥24,200
発売年	1981	1982	1982	1982	1983	1983	1983	1983	1983	1986
メディア	カートリッジ	カートリッジ	カートリッジ	カートリッジ	カートリッジ	カートッジ	カートリッジ	カートリッジ	カートリッジ	カートリッジ
ゲーム機世代	第2世代	第2世代	第3世代	第3世代	第3世代	第3世代	第3世代	第3世代	第3世代	第3世代

出所：各種データより作成。

うなチャンスがあると考えてのことであった[27]。半導体製造技術の進展もあり，交換型 ROM を用いたゲーム機の開発は可能と判断されたが，後発にあたるため，その性能と価格について検討がなされた。当時の社長であった山内溥は，「3年間は競争相手が出ないような機械をつくれ」と指示したという[28]。

ファミリーコンピュータの開発に際しては，搭載する IC について，リコーと協力することになった。CPU として候補にあがったのがモステクノロジーの MOS 6502 であった[29]。この CPU を任天堂に勧めたのはリコーであった。当時は，Z80 互換 CPU が大勢を占めており，任天堂のドンキーコングも，アーケード用基板は Z80 系 CPU を採用していた。それでも，この CPU を採用したのは，発売後，相手にしばらくの間，解析されにくいものを開発するという考えによる。実際の CPU は，6502 から機能を削除，追加した Ricoh 2A03 である。この解析されにくいというのは，ハードウェアの面でという意味合いもあるが，当時の任天堂は，ソフトウェアも自社でのみで準備するつもりでいたため，外部のソフトウェアメーカーにも解析されにくいものを採用したいという考えでもあった[30]。

図表 4-8 は，日本国内でのファミリーコンピュータの出荷台数の推移を示したものである。日本での発売は，1983 年 7 月 15 日であったが，同年だけで 45 万台を出荷している。それまで日本国内でもっとも売れていた ROM 交換型のゲーム機は，エポックのカセットビジョン（Cassette Vision）で 40 万台だったことを考えると，十分すぎるスタートであったといえるだろう。翌年には 165 万台，1985 年末には，累計で 584 万台を出荷することとなった。

図表4-8　日本国内におけるファミリーコンピュータの出荷台数推移

(単位：万台)

年	1983	1984	1985	1986	1987	1988	1989	1990	1991	1992
出荷台数	45	165	374	390	178	159	152	136	124	82
累計	45	210	584	974	1,152	1,311	1,463	1,599	1,723	1,805
年	1993	1994	1995	1996	1997	1998	1999	2000	2001	2002
出荷台数	54	28	8	7	3	5	5	5	6	6
累計	1,859	1,887	1,895	1,902	1,905	1,910	1,915	1,920	1,926	1,932
年	2003	2004	2005	2006	2007					
出荷台数	3	0.1	0.1	0.1	0.1					
累計	1,935	1,935.1	1,935.2	1,935.3	1,935.4					

出所：任天堂「連結販売実績数量推移表」(https://www.nintendo.co.jp/ir/library/historical_data/xls/consolidated_sales1603.xls) と『情報コンテンツ白書』のデータから作成。

④　第4世代以降のゲーム産業

　日本での成功と，その後の北米進出の成功によって，ファミリーコンピュータは長い間支配的な地位を占めてきた。しかし，1980年代後半になると新たなゲーム機への需要が生じた。この第4世代の主役を巡る競争は，スーパーファミコンの勝利で終わった。日本国内では，スーパーファミコンが最終的に1717万台を販売したのに対して，セガのメガドライブは358万台にとどまった。しかし，第3世代での競争と比較すれば，任天堂が圧倒的に勝利したとまではいえない。特に北米市場では，セガのメガドライブ（海外名，GENESIS）が，発売時期が早かったこともあって，広く普及した。世界での販売台数は，スーパーファミコンが最終的に4910万台であったのに対して，メガドライブは3075万台であり，ファミリーコンピュータ時代と比較すれば，成功といってもよい状況であった[31]。また，両機種の売れ方には違いがあった。スーパーファミコンが35％ほどを日本国内で売りあげているのに対して，メガドライブは90％弱を日本国外で売り上げたゲーム機であった。これは当時の，日本国内における任天堂の強力なブランド力を示すと同時に，海外を含めた競争では逆転のチャンスがまだ残っていることを示すものであった[32]。

　第5世代のゲーム機競争での大きな変化を技術面からみれば，32ビットの普及と，ゲームソフトのメディアが，カートリッジから光学メディアへと変化したことである。また，参入メーカーに松下，SONY[33]といった家電メーカー

図表4-9 第4世代（上）と第5世代（下）のゲーム機

名称	スーパーファミコン（SFC）	メガドライブ	PCエンジン
メーカー	任天堂	セガ	ハドソン／NEC
価格	¥25,000	¥21,000	¥24,800
発売年	1990	1988	1987
メディア	カートリッジ	カートリッジ	カートリッジ（カード型）

名称	セガサターン	PlayStation	ニンテンドー64	3DO REAL
メーカー	セガ	SONY（SCEI）	任天堂	松下
価格	¥44,800	¥39,800	¥25,000	¥54,800
発売年	1994	1994	1996	1993
メディア	CD-ROM	CD-ROM	カートリッジ	CD-ROM

出所：各種データより作成。

が現れたこともこの世代の特徴である。第5世代ゲーム機として，最も早く市場に投入されたのが，松下電器による3DO REALであった。日本では1993年に発売されたが，価格が5万4800円と非常に高額であり，普及しなかった[34]。セガによるセガサターン（SEGA SATURN，4万4800円）とSONYによるプレイステーション（PlayStation，3万9800円）は1994年の11月，12月にそれぞれ販売された。任天堂よりも，先行して販売されたこと，CD-ROMを採用したことによって，スーパーファミコンと比較してソフトが低価格であったことなどから，両社とも順調に販売台数を伸ばしていった[35]。セガサターンは，日本国内で販売されたセガのハードとしてはもっとも売り上げを伸ばした。しかし，メガドライブで成功していた北米市場では，販売台数が伸びなかった。これはSONYなどライバルメーカーによる価格競争に対抗するだけの資金がなかったことに加えて，メガドライブの市場が好調だったために，新機種への移行に慎重であったためと考えられる。

1996年頃まで，プレイステーションとセガサターンは，日本国内では五角の競争をしていた。しかし，その後は，国内の人気タイトルがプレイステーションで発売されることが決定するなどの影響もあり，差が広がっていった。セガはいち早く第6世代ゲーム機に移行することを決定，セガサターンは市場から撤退することになった。

任天堂の第5世代ゲーム機である，ニンテンドー64は，市場投入がライバ

ル機から2年ほど遅れた。販売価格は2万5000円であったが、販売の不振もあり1年を待たずに1万6800円と値下げされた[36]。64ビットのCPUやランバス社のDRAMを採用しているなど、性能面では優れていたが、一方でメディアはカートリッジタイプ（ROMタイプ）を選択していた。当時主流となっていたCD-ROMを採用しないことは、読み出し速度の面などでメリットもあったが、大容量になるほどコストが高くなってしまうなどのデメリットも大きかった。また、ハードの普及にはソフトが重要であるが、任天堂は山内溥社長の考えからソフトメーカーを絞り込む戦略をとっていたことも、同機の普及に影響したと考えられる[37]。

第6世代でもっとも早く市場に投入されたのは、セガのドリームキャスト（Dreamcast）であった。1998年に発売された同機は、GD-ROMという独自規格の光学メディアを採用した。価格は2万9800円、第5世代を大きく引き離す性能をもっていた。しかし、北米では300万台を越える出荷を記録したものの、国内での販売不振などから失敗に終わる。任天堂は第6世代になり、ついに光学メディアを採用した。しかしサイズは8cmで容量はドリームキャストよりは大容量であったが、1.5GB程度と同世代のプレイステーション2（PS2）やXboxに比べると控えめであった。

この時期、大きな成功を収めたのがSONYのPS2であった。発売当初の価格は、3万9800円であり、ゲーム機としては安い物ではなかったが、当時普及し始めていたDVDビデオのプレーヤーとしても利用できることが、普及を後押しした。また、PS2でSONYが採用した後方互換性、すなわちPS2でプレイステーションのゲームソフトも動作させることができることも、普及の大

図表4-10　第6世代のゲーム機

名称	Dreamcast	PlayStation 2	GameCube	Xbox*
メーカー	セガ	SONY	任天堂	Microsoft
価格	¥29,800	¥39,800	¥25,000	¥34,800
発売年	1998	2000	2001	2001
メディア	GD-ROM	DVD-ROM	8cm Nintendo Optical	DVD-ROM

*Xboxは2001年11月に米国で、翌2002年2月に日本で発売された。
米国での価格は299.99ドル。
出所：各種データより作成。

きな要因になったと考えられる。家庭用ゲーム機では，それまでも後方互換性を採用するものが無かったわけではないが[38]，非常に珍しいものであった。

　この世代におけるもう1つの特徴は，マイクロソフトの参入である。コンピュータソフトウェアメーカーである同社の参入は，市場に大きな影響を与えた。Xboxは日本市場では全くといって良いほど受け入れられなかったが，北米を中心に販売台数を伸ばした。最終的には全世界で2400万台を越える出荷台数を記録しており，PS2の1億5000万台には遠く及ばないものの，一定の成功を収めたといえる。SONYに加えて，マイクロソフトという巨大な資本をもつメーカーの参入にあって，セガはゲーム機市場から撤退，ソフトウェアの開発と販売に専念することにもなった。これ以降，現在まで家庭用ゲーム機市場は任天堂，SONY，マイクロソフトの3社間の競争となっている。

　2016年現在，第8世代までのゲーム機が各社から発売されているが，第7世代のゲーム機であるPS3も，未だに新しいゲームソフトが発売されるなど，世代交代がこれまでよりも穏やかに進んでいると考えられる。

　第7世代の売り上げ台数でトップに立っているのは，任天堂のWiiであった。SONYによるPS3およびマイクロソフトによるXbox360は，若干PS3がリー

図表4-11　第7世代のゲーム機（上）および第8世代のゲーム機（下）

名称	Wii	Xbox 360	PlayStation 3
メーカー	任天堂	Microsoft	SONY
価格	US$249.99（アメリカ版はゲームソフトWii Sports同梱）	US$299.99（Core）US$399.99（Premium - 20 GB）	US$499.99（20 GB）US$599.99（60 GB）
発売年	2006	2005	2006
メディア	Nintendo Optical Disc	DVD-ROM	Blu-ray

名称	Wii U	Xbox one	PlayStation 4
メーカー	任天堂	Microsoft	SONY
価格	US$299（Basic）US$349（Deluxe）	US$499	US$399.99
発売年	2012	2013	2013
メディア	Wii U Optical Disc	Blu-ray	Blu-ray

出所：各種データより作成。

ドしているが，PS2 までの成功と比較され，PS3 は失敗と論じられることが多い。PS3 と Xbox360 が，高性能を生かしたハイエンドなゲームなのに対して，Wii はゲームをそのようなマニア向けのものから，家庭で楽しめるものへと転換させたことが，成功の要因であるといわれてきた。ソフト開発費用の高騰が，第 6 世代の終わりから，特に第 7 世代において問題になるなか，Wii の成功は大きなインパクトをもっていた。しかし，その後の第 8 世代においては，Wii U の売上は伸び悩む一方で，PS4 と Xbox One が好調である。この要因については，改めて触れる必要があるだろう。

以上，家庭用ゲーム機をその誕生から第 8 世代まで振り返った。1970 年代前半に，米国で家庭用ゲーム市場が誕生した。1970 年代半ば，第 2 世代ゲーム機が登場，ROM カートリッジの採用によって，ソフトウェア市場が急成長したが，その後，急速な衰退が生じた。日本では，1983 年，任天堂が，第 3 世代機であるファミリーコンピュータを発売した。第 3 世代以降，現在まで出荷台数でみると，日本企業によるゲーム機が，常にトップに位置していたことがわかる。発売年から歴代のゲーム機を示した下記の図（図表 4-12）からも分かるとおり，ゲーム機というプラットフォームを提供しているという点では，日本企業の優位が続いているといえる[39]。

図表 4-12 主な家庭用ゲーム機の世代と発売年

アタリ：VCS（第 2 世代：1977 年），ATARI 5200（第 2 世代：1982 年）
ATARI 7800（第 3 世代：1986 年）
任天堂：FC（第 3 世代：1983 年），SFC（第 4 世代：1990 年）
N64（第 5 世代：1996 年），GC（第 6 世代：2001 年）
Wii（第 7 世代：2006 年），Wii U（第 8 世代 2012 年）
SONY：PS（第 5 世代：1994 年），PS2（第 6 世代：2000 年）
PS3（第 7 世代：2006 年），PS4（第 8 世代：2013 年）
Microsoft：Xbox（第 6 世代：2001 年），Xbox360（第 7 世代：2005 年）
Xbox One（第 8 世代：2013 年）
セガ：マスターシステム（第 3 世代：1986 年），MD（第 4 世代：1988 年）
SS（第 5 世代：1994 年），DC（第 6 世代：1998 年）

出所：各種資料より筆者作成。

2. 部品構成からみるサプライチェーンの国際化

(1) ファミリーコンピュータ (FC) からスーパーファミコン (SFC) まで

家庭用ゲーム市場は，1972年のオデッセイからはじまり，1977年発売のアタリのVCSの成功と失敗，その後日本が中心となり，任天堂が1983年にファミリーコンピュータ (FC)，1990年にスーパーファミコン (SFC) を発売した。また，任天堂のライバルとして北米市場で成功を収めた，セガのメガドライブ (MD，1988年発売) についても比較対象とした。同時期の，ゲーム機の主要部品構成は，図表4-13の通りである。なお，ゲーム機の部品構成は設計の見直し，調達先の変更などで時期によって異なる可能性があるが，本節で示すゲーム機の部品構成は，原則として発売初期のものを用いる。

ファミリーコンピュータの部品構成は，CPUはリコー製のRP2A03，メインRAMは2KBのSRAM，GPU[40]はリコー製RP2C02，VRAMは2KBのSRAMであった。VRAMだけでなく，メインRAM (ワーキングRAM) にもSRAMを使用していることも，ファミリーコンピュータの性能が，同時期のライバル機よりも優れている要因となったという[41]。独自の音源チップは搭載せずCPUと兼用している。

ファミリーコンピュータの後継機として市場に投入された，スーパーファミコンは，ファミリーコンピュータから引き続き，リコー製のCPU (5A22) を採用している。メインRAMは128KB DRAM，GPUはリコー製の5C77＆5C78，音源チップはSONY製のS-DSPとS-SMP，VRAMとして64KB SRAM，サウンドRAMとして64KBの疑似SRAM[42]を2個採用している。

セガのメガドライブの構成は，任天堂とは大きく異なる。まず，CPUはモトローラのMC68000とザイログ (Zilog) のZ80が搭載されている。また，音源チップはヤマハとTIのものをメイン・サブとして搭載している。

第3世代および，第4世代を代表する任天堂とセガのゲーム機を比較すると，任天堂がカスタムした半導体部品を用いている一方で，セガは部品の多くが汎用品で構成されていることが特徴といえるだろう。任天堂のゲーム機は，日本

2. 部品構成からみるサプライチェーンの国際化　187

図表 4-13　FC, SFC, MD の主要部品

	種別	部品	部品名称	社名	本社
ファミリー コンピュータ （FC） 1983 年	processor	CPU	RP2A03	リコー	日本
	processor	GPU	RP2C02	リコー	日本
	memory	メイン RAM	SRAM（2KB）MB8416A-15-SK	富士通	日本
	memory	VRAM	SRAM（2KB）MB8416A-15-SK	富士通	日本
スーパー ファミコン （SFC） 1990 年 第 4 世代	processor	CPU	5A22（S-CPU）	リコー	日本
	processor	GPU	5C77（S-PPU1）	リコー	日本
	processor	GPU	5C78（S-PPU2）	リコー	日本
	processor	Sound	S-DSP	SONY	日本
	processor	Sound	S-SMP	SONY	日本
	memory	メイン RAM	DRAM（128KB）S-WRAM*	不明	日本
	memory	VRAM	SRAM（64KB）CXK58257	SONY	日本
	memory	Sound 用 RAM	類似 SRAM（64KB）65256BLFP-10T	日立	日本
メガドライブ （MD） 1988 年 第 4 世代	processor	CPU	MC68000	モトローラ	米国
	processor	CPU（サブ）	Z80A	ザイログ	米国
	processor	Sound	YM2612	ヤマハ	日本
	processor	Sound	SN76489	TI	米国
	memory	メイン RAM	DRAM（64KB+8KB）	不明	日本
	memory	GPU/VRAM	VDP/SRAM（64KB）	ヤマハ	日本

＊メイン RAM である S-WRAM は任天堂の刻印がされているが，内部は 128KB DRAM であり，日本の半導体メーカーが製造していたと考えられる。

出所：各社 web ページ，日経エレクトロニクス，Forster（2011）などの資料，また，ファミリーコンピュータ，スーパーファミコンについては筆者がゲーム機の内部部品を直接確認した。

企業による部品で占められている一方，セガの場合は米国企業の IC が CPU および音源に採用されている。ただし，ファミリーコンピュータに採用されたCPU はリコー製であるが，モステックによる CPU，6502 をカスタムした互換CPU である。

(2)　ニンテンドー 64(N64), プレイステーション (PS), セガサターン (SS)

次いで，第 5 世代の代表的なゲーム機の構成を確認していく。SONY は1994 年にプレイステーション（PS）を発売することでゲーム機市場に参入し，任天堂は 2 年遅れて，1996 年にニンテンドー 64（N64）を発売。セガは PS と同じく，1994 年にセガサターン（SS）を発売していた。

N64 は，CPU は NEC 製の VR4300（MIPS テクノロジがライセンス），メインRAM はランバスの設計による 4.5MB（36Mbit）の RDRAM（製造は NEC），シリコングラフィックスの RCP（Reality Control Processor）というコプロセッサを内蔵し，GPU と音源チップを兼ねる。

PS は，CPU は LSI ロジック製の R3051 を SONY が独自にカスタムしたもので，コプロセッサ GTE（Geometric Transfer Engine）を組み込み，メインRAM は 2MB の EDO DRAM，GPU は SONY 製の CXD8514，VRAM は 1MB（初期は 512KB VRAM2 個，後に 1MB SGRAM），512KB のサウンド用 RAM，音源は SONY 製の SPU であった。

SS は，CPU は日立の SH-2 を 2 個，音源チップはモトローラ（MC68EC000）とヤマハ（YMF292）のものを搭載している。GPU もメインは日立，サブにヤ

図表 4-14 N64, PS, SS の主要部品（第 5 世代）

	種別	部品	部品名称	社名	本社
ニンテンドー64 (N64) 1996 年	processor	CPU	VR4300	NEC	日本
	processor	GPU&Sound	RCP	SGI	米国
	memory	Memory（CPU&GPU）	RDRAM（4.5MB）	NEC	日本
プレイステーション (PS) 1994 年	processor	CPU	R3051（CXD8530AQ）	LSI ロジック	米国
	processor	GPU	CXD2923AR	SONY	日本
	processor	Sound	CXD2922Q	SONY	日本
	memory	メイン RAM	EDO DRAM（2MB）	サムスン	韓国
	memory	VRAM	SGRAM（1MB）	サムスン	韓国
	memory	Sound 用 RAM	DRAM（512KB）	東芝	日本
セガサターン (SS) 1994 年	processor	CPU	SH-2 HD6417095	日立	日本
	processor	CPU	SH-2 HD6417095	日立	日本
	processor	Sound	MC68EC000	モトローラ	米国
	processor	Sound	YMF292-F	ヤマハ	日本
	processor	GPU	HD64440F	日立	日本
	processor	GPU	FH3006	ヤマハ	日本
	memory	メイン RAM	SDRAM（1MB）	日立	日本
	memory	メイン RAM	DRAM（1MB）	日立	日本
	memory	VRAM	DRAM（1.5MB）	日立	日本
	memory	Sound 用 RAM	DRAM（512KB）	日立	日本

出所：各社 web ページ，日経エレクトロニクス，Forster（2011），筆者による目視での確認など。

マハ製を採用していた。メモリは日立製（HM514260, HM514270 など）を搭載している。

最後発の N64 は，大幅な処理速度の向上と画像処理能力の向上を目指したもので，ファミリーコンピュータからスーパーファミコンまで協力関係にあったリコーを外し，NEC, SGI と協力，RDRAM を採用するなど大幅な進化を遂げた。しかし，性能に反して売上は振るわず，任天堂は大きな戦略の転換を迫られることになった。

この時期のゲーム機用の CPU は，日本独自開発のものが目立つ。日立の SH シリーズはその後，携帯向けなど含めて，ある程度成功を収めた。一方で，PS にはサムスン製の DRAM を採用されるようになった。これは同時期，サムスン電子が DRAM 市場で急速にシェアを伸ばしていた時期と重なるものである。N64 は，CPU とメモリは日本製が用いられたが，GPU は米国主導となった。この第 5 世代は，前節で述べたとおり，PS が最も成功を収めた。

(3) ゲームキューブ（GC），PS2, Xbox，ドリームキャスト（DC）

第 6 世代では，まず SONY が 2000 年にプレイステーション 2（PS2）を発売，翌 2001 年に任天堂がゲームキューブ（GC），そしてマイクロソフトが Xbox を発売した。

GC は，CPU は IBM が設計と製造を行う，PowerPC 系プロセッサである「Gekko」を搭載。GPU の「Flipper」は，ATI が設計し NEC（とエルピーダ）がメモリ部分を含めて製造を行った。音源チップは GPU に内蔵されている。GPU に 3MB のメモリを搭載するほか，メイン RAM は 24MB の 1T-SRAM[43] と呼ばれる擬似 SRAM，補助メモリとして 16MB の DRAM から構成される。N64 まで，マスク ROM によりカートリッジ方式にこだわっていた任天堂のハードとして，初めて光学ディスクを採用している。

PS2 は，CPU は 128bit の MIPS 系プロセッサの「Emotion Engine」で東芝と SONY の合弁会社が製造，GPU は「Graphics Synthesizer」で SONY の長崎工場で製造した。（後に 1 チップ化されて，両工場で生産）。メイン RAM は 32MB の DRDRAM，VRAM は 4MB の DRAM で当初は東芝製，後にサムスン製に代わっていった。音源チップは CPU 内蔵と SPU2 で SONY 製。その他，I/

OプロセッサとしてPSのCPUと同じR3000系のカスタムを搭載。

マイクロソフト初のゲーム機であるXboxは，CPUはIntelの設計・製造によるMobile Celeron，GPUはNVIDIAのGeForce3をカスタムしたNV2Aを採用し，TSMCが製造，RAMにはCPUとGPU兼用としてDDR SDRAM 64MBを搭載。メモリは時期により異なるが，ハイニックスかサムスン製を採用。音源チップはNVIDIAのMCPX（NVAPU）。標準でHDDを搭載し，OSはWindows2000をカスタマイズしたものを採用している。

また，セガの最後のゲーム機であるドリームキャスト（DC）は，1998年に発売された。セガサターンに引き続き日立のCPUを採用し，GPUはVideo LogicとNECの共同開発によるPower VRを搭載。主要部品のほとんどが日

図表4-15 GC，PS2，Xboxの主要部品（第6世代）

	種別	部品	部品名称	社名	本社
ゲームキューブ（GC）2000年	processor	CPU	Gekko	IBM	米国
	processor	GPU&Sound	Flipper	ATI	米国
	memory	メインRAM	1T-SRAM（24MB）	NEC/エルピーダ	日本
	memory	VRAM	1T-SRAM（3MB）	NEC/エルピーダ	日本
	memory	補助RAM	DRAM（16MB）	NEC/エルピーダ	日本
プレイステーション2（PS2）2000年	processor	CPU	Emotion Engine	SONY/東芝	日本
	processor	GPU	Graphics Synthesizer	SONY/東芝	日本
	processor	Sound	SPU2	SONY	日本
	memory	メインRAM	DRDRAM（32MB）	東芝	日本
	memory	VRAM	DRAM（4MB）	東芝	日本
Xbox 2001年	processor	CPU	Intel Celeron/PIII Custom	Intel	米国
	processor	GPU	NV2A	NVIDIA	米国
	processor	Sound	MCPX（NVAPU）	NVIDIA	米国
	memory	Memory（CPU&GPU）	DDR SDRAM（64MB）	Hynix/サムスン	韓国
ドリームキャスト（DC）1998年	processor	CPU	SH-4	日立	日本
	processor	GPU	PowerVR	NEC&Video Logic	日英
	processor	Sound	315-6119	ヤマハ	日本
	memory	メインRAM	SDRAM（16MB）	日立	日本
	memory	VRAM	SDRAM（8MB）	NEC	日本
	memory	Sound用RAM	DRAM（2MB）	ヤマハ	日本

出所：各社webページ，日経エレクトロニクス，Forster（2011），ゲーム専門誌などの資料，筆者による目視での確認など。

本製であった．しかし，生産を請け負ったNECがPower VRは量産化に手間取り，DCの出荷が遅れた．ゲーム機としては初めて，Windows CEを利用することが可能という特徴をもつ．

Xboxが参入したこの世代では，CPUの設計で3社違いが見られた．PC向けの汎用品をそのまま流用するXbox，PowerPC 750をベースにIBMと共同でゲーム機向けの機能を追加したGekkoを採用したGC，MIPSアーキテクチャを採用しながらもゲーム機向けに新たに設計が行われたPS2である．また，GPUでは自社設計・製造を目指すSONYに対して，任天堂とマイクロソフトは半導体メーカーに製造を依頼する生産体制をとっている．

第6世代から参入したマイクロソフトは，SONY，任天堂と並び，以降，ゲーム機市場は3強時代となっている．この世代から，ゲーム機に標準で通信機能が搭載されたり，OSが搭載されるなどPCとの類似性が増していく．

(4) Wii，PS3，Xbox360

第7世代は，2006年に発売のWii，プレイステーション3（PS3），そして2005年発売のXbox 360である．

Wiiは，PowerPC系の「Broadway」をCPUとして採用し，設計と製造はIBMが行った．GPUはATIのHollywoodで，製造はNECエレクトロニクスが行った．メインRAMは24MBの1T-SRAM，GPU用メモリは64MBのGDDR3を採用した．その他，フラッシュメモリ512MBだった．

PS3は，CPUはPowerPCをベースに東芝，IBM，SONY，SCEIが共同開発したマルチコア（9コア）の「Cell Broadband Engine」，GPUはNVIDIAと共同開発の「RSX (Reality Synthesizer)」で，製造は東芝，SONY，SCEI合弁の長崎セミコンダクターマニュファクチャリング株式会社を中心に，国内で行われた．メインRAMは256MBのXDR DRAM，VRAMには256MBのGDDR3を採用した．XDRは東芝（初期），エルピーダとサムスン製，GDDR3はサムスン製であった．また，PS2との互換性を実現するために，EEとGS，RDRAM（32MB）も搭載している．Blu-rayドライブはSONY製だった．

Xbox360は，CPUはPowerPC系のXenonで，IBMと共同開発したマルチコア（3コア）．設計はIBMでマイクロソフトがそれを買い上げる形式をとった．

図表 4-16　Wii, PS3, Xbox360 の主要部品（第 7 世代）

	種別	部品	部品名称	社名	本社
Wii 2006年	processor	CPU	Broadway	IBM	米国
	processor	GPU	Hollywood	ATI	米国
	memory	メイン RAM	1T-SRAM（24MB）	エルピーダ	日本
	memory	VRAM	GDDR3（64MB）	サムスン	韓国
	memory	GPU 内蔵	1T-SRAM（3MB）	エルピーダ	日本
プレイ ステー ション 3 (PS3) 2006年	processor	CPU	Cell Broadband Engine	SCEI ほか	日本
	processor	GPU	RSX	NVIDIA/SCEI	米国
	memory	メイン RAM	XDR DDR（256MB）	東芝、エルピーダ、サムスン	日本 /韓国
	memory	VRAM	GDDR3（256MB）	サムスン	韓国
Xbox360 2005年	processor	CPU	Xenon	IBM/MS	米国
	processor	GPU	Xenos	ATI/MS	米国
	memory	Memory（CPU&GPU）	GDDR3（512MB）	サムスン	韓国
	memory	GPU 内蔵	eDRAM（10MB）	NEC エレクトロニクス	日本

出所：各社 web ページ、日経エレクトロニクス、Forster（2011）、ゲーム専門誌などの資料、筆者による目視での確認など。

製造はチャータード・セミコンダクター（Chartered Semiconductor）が請け負った（2010 年以降はグローバルファウンドリーズ）。GPU は ATI と共同開発した Xenos で、混載 DRAM 部分を NEC エレクトロニクスが、その他を TSMC が製造していた。メモリは CPU と GPU 兼用で 512MB の GDDR3 を搭載した。光学ドライブはサムスン、日立、BenQ 製のいずれかである。

第 7 世代は、ハード単体でも発売当初から利益があがるといわれるほど低コストに徹した Wii と、高性能ではあるがコストも高騰した PS3、初代 Xbox よりも独自色を強めた Xbox360 との競争となったが、Wii が発売当初から市場をリードした。

部品メーカーを国別にみると、CPU は日本 1、米国 2、GPU はすべて米国のメーカーとなった。また、メモリでは韓国製が主流となった。

(5) Wii U, PS4, Xbox One

2016 年現在の最新世代である第 8 世代は、2012 年発売の Wii U、2013 年発売のプレイステーション 4（PS4）と Xbox One である。

WiiUのCPUはIBM製造のEspresso，GPUはAMDが設計し，ルネサスエレクトロニクスが製造するRadeon HD GPUを搭載。メモリは2GBのGDDR3を外部から調達し，32MBのeDRAMと合わせ，ルネサスエレクトロニクスで1チップ化されている。

PS4は，CPUとGPUは1つのチップ上に統合（APU）されている。CPU部分はAMDの64bitの4コア「Jaguar」を2基，GPU部分はGraphics Core Nextアーキテクチャ採用のRadeonカスタム。メモリはGPUを兼ねる8GBのGDDR5を採用している。APUはTSMCが製造，メモリはサムスンが製造している。

Xbox OneもPS4と同じく1チップのAPUを採用し，CPUは4コア「Jaguar」2基，GPUはGraphics Core Nextアーキテクチャを採用。メインRAMは8GBのGDDR3メモリでハイニックス製を採用している。GPU内にeSRAMと呼ばれる混載SRAMを32MB搭載していることが特徴である。

以上，ゲーム機の部品構成の変遷から次のことがいえる。ファミリーコンピュータに代表される第3世代など，古い世代では，日本企業中心でゲーム機作りを行うことが可能であった。それが，近年になると，メモリ製品において

図表4-17 Wii U，PS4，Xbox Oneの主要部品（第8世代）

	種別	部品	部品名称	社名	本社
Wii U 2012年	processor	CPU	Espresso	IBM	米国
	processor	GPU	Radeon HD GP	AMD	米国
	memory	ゲーム用＆システム用	DDR3（2GB）	Hynix	韓国
	memory	GPU内蔵	eDRAM（32MB）	ルネサス	日本
プレイステーション4 (PS4) 2013年	processor	CPU	Jaguar	AMD	米国
	processor	GPU	GCN	AMD	米国
	processor	補助CPU	CXD90025G	SONY	日本
	memory	メインRAM	GDDR5（8GB）	サムスン	韓国
	memory	補助メモリ	DDR3（256MB）	サムスン	韓国
XboxOne 2013年	processor	CPU	Jaguar	AMD	米国
	processor	GPU	GCN	AMD	米国
	memory	メインRAM	DDR3（8GB）	サムスン	韓国
	memory	GPU内蔵	eSRAM（32MB）	不明（TSMC）	不明

出所：各社webページ，日経エレクトロニクス，ゲーム専門誌などの資料から作成。

は韓国企業，CPU や GPU については米国企業との協力なくして，ゲーム機製造が成立し難くなった。

　2000年以降，SONY が独自の半導体部品を開発し，高性能戦略をとっていた一方，マイクロソフト（Xbox）や任天堂（GC, Wii など）は，汎用品のカスタマイズによる製品開発[44]を行った。独自仕様の，より高性能のハードを目指した SONY に対して，任天堂は，既存の技術を利用して，低コストでゲーム機を開発することを目指す戦略を採った。他方，マイクロソフトは，高性能を実現するもう1つの方法として，あえて独自の技術を採用するのではなく，自社が強みをもつ OS を利用し，PC に似せた汎用的な開発環境を構築しようと試みた。PS2 の成功を受けて，SONY は PS3 でも引き続き独自路線を追求したが，PS4 ではその戦略を改めた。より汎用的な要素が強い製品構成にしたことは，PS3 までの路線からの脱却と捉えることができる。

　SONY の戦略転換は，開発環境の効率化を求めるゲームソフトメーカーの意見，任天堂 Wii の成功，北米市場でのマイクロソフトの Xbox360 の成功に影響されたものであるといえるが，同時に，国際的な半導体産業の再編の影響を受けているとも考えられる。現在の第8世代のゲーム機では，CPU は PS4 と Xbox One が AMD，GPU では全社が AMD（製造は TSMC かグローバルファウンドリーズ）となり，部品構成が似通ってきている。このゲーム機の部品構成が変化した要因はなんであろうか。次節では，ゲーム機産業における変化を，半導体産業と関連づけながら考察を進める。

3. ゲーム産業の部品構成の変化と半導体産業

(1) 半導体産業とゲーム産業の関わり

　家庭用ゲーム機は，任天堂のファミリーコンピュータの成功で大きく成長したが，同機は独自設計の IC を多く利用する，当時としては非常に高性能なゲーム機であった。例えば，同世代（第3世代）のゲーム機は，ザイログの Z80 を採用するものが主流であったが，リコーの協力によって，独自にカスタム化した CPU を採用した。これが実現した要因には，ゲーム機向けに高性能な半

導体製品を開発・生産する能力が，当時の日本の半導体メーカーにあったということがあげられる。第3世代で成功を果たすと，その後第4世代でも同様に，日本企業を中心とした部品が採用された。

第5世代（PS，SS，N64）に入ると，ゲーム機に搭載されるICに変化が生じた。これまでの2D描画に加えて，3Dによる表現が必要になったため，GPUの重要性が増大した。当時，PC向けのグラフィックチップは性能的に見劣りしており，SONYのように独自にGPUを開発するか，任天堂のように，海外のグラフィックチップ開発企業と協力して，新たな製品を開発することになった。セガはCPUと合わせてGPUも日立に開発・生産を委託した。この第5世代は，1990年代半ばに市場に投入されたゲーム機である。1990年代は，ゲーム機用の半導体開発がPC向け製品の開発も牽引した。日本企業がゲーム機用のICにかかわっているが，この背景には，日本企業がDRAMでは韓国メーカーに追い越され，これに代わる主力製品を模索していたことも関係していると考えられる。

第6世代から第7世代にかけて，CPUとGPUの開発における米国企業の存在感が増すこととなった。この時期，半導体産業でファブレス企業が成長し，設計と製造の分業が進んだが，ゲーム産業もその影響を受けていると考えられる。ゲーム会社とCPUの設計ノウハウを持つ企業が協力して開発を行い，主要部品の製造においては，TSMCなどのファウンドリが担うようになった。結果として，ゲーム機メーカーが自ら開発し，製造を行う体制を維持することは困難になっていったといえる。メモリなどのコモディティ化が激しい製品では，日本企業が相次いで撤退したため，ゲーム機での採用も次第に減っていった。比較的付加価値の高い混載DRAMを生産できる企業，あるいはCPUは生き残っていたが，この分野でもサムスンなど韓国勢，TSMCなどが技術力をつけたため，世代が新しくなるにつれて，日本企業は姿を消していった。

SONYはゲーム機市場に参入してからPS3まで，主要部品を自社で製造する戦略をとっていた。これは，任天堂，マイクロソフトとは明らかに異なった戦略であった。内製を中心とするSONYは，同世代機においても積極的な設計の見直しとコスト削減を行い，製品の販売価格と製造コストを下げる戦略をとってきた。将来的なコスト低下を想定し，PS2，そしてPS3では，発売当初

の販売価格は，製造コストを大きく上回ると推定されている。（次項参照）

一方，任天堂，後発のマイクロソフトなどは，半導体の設計に関わってはいるものの，自社工場を持たない戦略を採った。チップを外部から調達している場合，微細化によるコストダウンの恩恵は，内製している場合よりは弱まるため，その他の方法でコストを下げるか，製造コストそのものを初期設計時から低減する試みが求められる。

第 8 世代に入ると，SONY も独自路線を断念，CPU，GPU は米国メーカーのものに切り替わった。据置機は PC と構成が類似してきたこと，ある程度の処理速度が求められることなどが関係してか，CPU の選択は AMD，Intel，あるいは IBM など限られている。GPU については淘汰が進み，AMD と NVIDIA の 2 強となった。Wii U に用いられる混載 DRAM と CPU と GPU を 1 チップ化する工程をルネサスエレクトロニクスが担っているが，日本企業が主要構成部品を手がけることはなくなっている。

家庭用ゲーム機産業では，日本企業は国内にある半導体メーカーと共同して開発にあたってきたが，日本の半導体メーカーの競争力は大きく低下し，事業の再編を余儀なくされた。PS3 で採用された SONY，東芝，IBM の協力によって開発された CELL の生産から，東芝が 2011 年に撤退。同社は先端ロジック生産施設をサムスン電子に売却している。ゲーム用の IC は一度生産が開始されると，比較的長期間にわたって製造が続けられるために半導体工場の稼働率を確保することにプラスとなるが，最新の半導体製品を大量に生産できる体制をもつ企業は，非常に限られている。

また，ゲーム機向けに最高性能の半導体デバイスを開発することは，コストの面でも困難である。高性能を追求するため，ゲーム機向けに独自の CPU や GPU を開発するコストは高騰しており，半導体メーカーと共同であっても，新たに設計を行うことが困難になってきたといえる。SONY が PS3 の独自路線から，PS4 で戦略を転換したことも，この点が大きいと考えられる。その選択には PS3 での独自路線による失敗も関係している[45]。

以上のように，半導体産業の影響を受け，ゲーム機メーカーがハードウェアの面で取りうる選択肢は狭まっている。ゲーム機メーカーが，自社開発を行うには技術面・コスト面のハードルは高くなっており，さらに外部の半導体企業

に頼るにしても，それに応えられる企業も限られているからである。結果，部品構成の分析でも見たとおり，各ゲーム機の製品構成は似通っていったのである。この傾向は，次の第9世代においても続くと考えられる。

(2) ゲーム機の製造コストの比較

ゲーム機はソフトウェアのライセンス料で利益を確保するため，普及を優先する必要がある。また，比較的長い製品サイクルのため，発売当初はハードウェア単体では赤字になることが多いとされる。しかし，先述した通り，各メーカーは独自設計・生産から手を引いたこともあり，コスト低減の余地は今後低下していく可能性がある。ここでは第6世代（PS2），第7世代（PS3，Wii），第8世代（PS4，Xbox One）のゲーム機のコストを示す。

① 第6世代ゲーム機のコスト

図表4-18はPS2の製造コストを示している。右の円グラフは，PS2のエレクトロニクス部品の組み立てに掛かるコストの内訳を示している。集積回路だけで181.61ドルと55.6％を占めており，半導体の重要性がコストからもわかる。PS2の販売価格は，米国では299.99ドルであった[46]。エレクトロニクス部品だけで販売価格を上回るコストであり，さらに筐体組立，最終組立を入れ

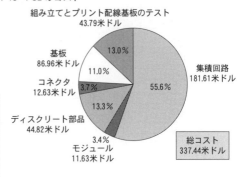

図表4-18 PS2のコスト

PS2のエレクトロニクス部品の組み立てにかかる製造原価は337米ドル〜338米ドルのあたりだと試算した。それは，米国での小売価格を超えている。ソニーは，アクセサリーやゲーム，PS2を基盤にしたサービスの売り上げで不足分を補うつもりだ。

	費用（米ドル）
エレクトロニクス部品の組み立て	337.44
筐体などの組み立て	96.76
最終組み立て	6.89
合計	441.09

原出所：Microprocessor Report, 2000年10月号。
出所：『日経エレクトロニクス』2001年9月28日，183-184頁。

ると441.09ドルとなる。実際には，これにオーバヘッドも加わることになるが，それを考慮しなくても，1台当たり，141ドルの赤字であったことになる[47]。

② 第7世代ゲーム機のコスト

次いで，第7世代のコストを確認する。ここではWiiとPS3のコストが比較されている。Wiiのコストは卸売価格を下回っている。一方で，PS3のコストは非常に高かったことがわかる。PS3のコスト合計は805ドルを超えており，同世代機のWiiの158ドルを大きく上回っている。高コストを反映し，販売価格も高く設定されているが，それでも1台当たり406.65ドルの赤字という状態であった。SONYとしては，普及が進み販売台数が伸びること，それに伴う設計の見直しでコストが下がることを期待していたと考えられるが，前述の通り，PS3はPS2ほどの成功を収めることはなかった[48]。なお，iSuppliはXbox360のコストについても分析しており，コスト合計は323ドルであるという。同機の販売価格は399ドルであるから，定価であれば75ドルの黒字，図

図表4-19　PS3とWiiのコスト比較

(単位：ドル)

	Wii		PS3（初期20GBモデル)	
	メーカー	価格	メーカー	価格
CPU	IBM	13.00	CELL EE＋GS	89.00 27.00
GPU	ATI	29.60	NVidia	129.00
DRAM	サムスン	7.80	サムスン	48.00
HDD			シーゲート	43.00
I/Oブリッジ			東芝／SONY	69.00
光学ドライブ	松下	31.00	SONY	125.00
電源		11.30		39.00
組立コスト		19.50		39.00
コスト合計		158.30		805.85
卸売価格（定価の8割）		195.99		399.20
1台売る毎に	37.69ドルの利益		406.65ドルの損失	

原出所：iSuppli社の推定。
出所：週刊東洋経済編集部（2006）「ハードもしっかり黒字! Wiiはコストの優等生 (1)」『週刊東洋経済』2006年12月16日号，17頁。

表4-19の計算に当てはめ，卸売価格を基準に考えると，赤字は3.8ドルとなる[49]。

③ 第8世代ゲーム機のコスト

図表4-20を見る限り，PS4はPS3と比較して，製造コストが低く抑えられていることがわかる。前述したように，この第8世代はPS4，Xbox Oneともに類似した部品構成を採用したこともあり，製造コストに大きな違いはみられない。Xbox Oneではキネクト（Kinect）とよばれる，ジェスチャー・音声認識によって操作ができるデバイスが付属している分，コストが高くなっているが，それを除けば両機種の差は小さい。独自の高性能路線を断念したSONYが，PS3の反省を活かして，製造コストを低く抑える設計へと転換したといえる。

図表4-20　PS4とXbox Oneのコスト

（単位：ドル）

	PS4	Xbox One
販売価格	399	499
製造コスト	381	471
CPU&GPU	100	110
メモリ	88	60
キネクト		75
その他	193	226

出所：Hesseldahl Arik,（2013a）（2013b）, allthingsD Webpageのデータから作成。

おわりに

以上，1980年代から現在まで，常に日本企業がリードし続けてきたと思われている家庭用ゲーム機でも，その部品構成に注目してみると，大きな変化が生じていることが明らかになった。かつて，ゲーム機の部品はそのほとんどが日本企業によるものであり，製造も国内に立地していたが，その体制は現在大きく変わっている。例えばPSは初代からPS3までCPUとGPUは国内で生産

されていたが，PS4 からは TSMC 製造へと変更されている[50]。

　CPU，GPU，メモリという3つの主要な構成部品から見ると，まずメモリでもっとも早くサプライチェーンの国際化が起こった。メモリは同一の規格であればメーカーが異なっても利用可能なため，同じ機種であっても，その時の価格に応じてメーカーを容易に変更できる。一方で，CPU と GPU はゲーム機専用に設計されていたため，一度仕様が決まると製造企業が変更されることはほとんどなかった。

　任天堂は，N64 世代まで日本企業と共同で CPU 開発を行い，高性能なゲーム機開発を志向していたが，それが失敗した後，PowerPC をベースとした製品開発へと移行した。性能向上のペースを抑え，初期のコストを削減する戦略をとり，CPU の製造は IBM が担った。最新の半導体製品を使用しない任天堂の戦略は，PS や Xbox ほど将来的なコスト削減の余地は少ないと考えられる。

　SONY は PS2 以降，国内企業と協力し独自 CPU と GPU の開発に注力した。PS2 で大きな成功を収めたが，PS3 では特殊なアーキテクチャを採用した結果，ゲーム機のコスト自体が高くなったことに加えて，ソフト開発の難易度が増したことでシェアを大きく落とすことになった。PS3 の失速は，SONY や東芝の半導体事業にも大きな影響を与えた。その後，PS4 では独自仕様の追求は控え，汎用製品をカスタマイズする戦略をとった。

　マイクロソフトは，自社が得意とする PC の環境をそのままゲーム機市場に持ち込むことを優先した。その後，CPU などの設計にも積極的に関わるように戦略を転換するが，これは完全に汎用品でゲーム機を構成した結果，思うような性能の実現とコスト削減が達成できなかったためと考えられる。

　ゲーム機は，投入初期は，製造原価が販売価格を上回ることが一般的だと考えられてきた。普及が進み，時間が経過するにつれて製造プロセスが向上し，チップの小型化と低コスト化が実現するという手法が一般的であった。この場合，自社で開発，設計を行っている企業の方が有利であるが，近年はファウンドリを利用することでそれを実現させていると考えられる。しかし，外部に委託する仕組みでは，これまでのような経験曲線によるコスト削減の戦略にも制約が生じる恐れがある。PS3 と Wii とのコスト比較では，内製部品を中心に構成される PS3 の販売価格は原価割れしているが，Wii は発売当初から黒字を実

現していた。

　Xbox360とPS3では，ゲームソフトの開発に多大なコストがかかるようになった。そのため，ソフトウェアメーカーは複数のプラットフォームに向けて同一タイトルを販売する傾向を強めた。ゲーム機メーカーは開発費を低減させるため，ソフトウェア開発を容易にする環境づくりがより重要だと認識するようになってきている。

　最後に，ゲーム機のハード面に関する技術が海外主導になっていったことは，日本のソフトメーカーによるソフト開発の現場にも何らかの影響を与えているかもしれない。特に，ファミリーコンピュータ，スーパーファミコンといった世代では，日本のソフトウェアの技術力の高さの要因を，ハードの性能を極限まで使うような作り込みに求める議論もあったが，部品構成の国際化はこの仕組を減退させる一因となり得る。

　基本性能で差異化が難しい現状では，ゲーム機メーカーは，ソフトメーカーをいかに自身のプラットフォームに取り込むかが，より重要になってくる。そのための1つの方法が，任天堂がWiiで採用したような新たな市場の創出であるが，これも急速に市場を拡大するスマートフォンなどの携帯端末向けゲームと競合するといわれており，ゲーム専用機という市場は難しい局面に立たされている。

（近藤　光）

注
1) GPU=graphics processing unitの略。
2) Computer Entertainment Supplier's Associationの略。一般社団法人コンピュータエンターテインメント協会。
3) 据置機をその年代や性能をもとに世代別に分類した場合。詳しくは後述。
4) エンターブレイン編 (2015)『ファミ通ゲーム白書2015』を参照。
5) 赤木真澄 (2005)『それはポンから始まった』68頁によると，オデッセイは1974年までに15万台を売り上げたとされる。失敗とされるのは，発売直後の販売台数が思わしくないためであろう。オデッセイはアタリのPONGが流行すると，その影響を受けて売上を伸ばしたという。
6) Kent, Steven L. (2001) *The Ultimate History of Video Games*, p. 25. マグナボックスの専売店のみに販売を許していたことが，この誤解をさらに深めたと考えられる。
7) 日本のメーカーでもセガやタイトーが1973年にポンのクローンゲームを製品化している。当時は現在よりもクローンゲームが容認される環境にあったとされるが，アタリのPONGはオデッセイの内蔵ゲームの1つであるTennisを参考にして作られ，後にマグナボックス社と法廷で争うことになる。また，PONGの成功によって皮肉にもオデッセイは販売量を伸ばしたとされる。当時，

家庭でPONGを楽しむにはオデッセイしか方法がなかったためである。Wolf, Mark. J. P.（2008）*The video game explosion*, p. 54.
8) Kent, Steven L.（2001）. アタリとシアーズとの関係はその後も続き，HOME PONG以降の家庭用ゲーム機販売でも協力を続けた。
9) 「マグナボックス社と技術提携，国産第1号のテレビゲーム機，「テレビテニス」発売」，エポック社Webページ，「沿革」（http://epoch.jp/info/ep02.html）。
10) 滝田誠一郎（2000）『ゲーム大国ニッポン　神々の攻防』85頁，によるとテレビテニスは3万台販売された。
11) 逸見啓・大西勝明（1997）『任天堂 セガ：エンターテインメント産業の躍進と大競争』29頁。
12) 任天堂の2機種は1977年発売，と時期としては第2世代に近いが，あくまでPONGのクローン機であることから，第1世代に分類している。
13) Donovan, T. & Garriott, R.（2010）*Replay*, pp. 66-67.
14) Wolf, Mark J. P.（2008），p. 57.
15) Kent, Steven L.（2001），p. 98.
16) Ibid., p. 99.
17) 1976年はCPU搭載の交換可能型ゲーム機が市場に登場した年であるが，同年，米国でもっとも売れたゲーム機はColeco社のTelstarであった。このゲーム機はAY-3-8500というGeneral Instrument社のICを採用しており，50ドルという低価格で販売されたため100万台以上を売り上げたとされる。Herman, Leonard（1997）*Phoenix*, p. 19.
18) Kent, Steven L.（2001），p. 117.
19) 任天堂もタイトーと正式なライセンスを結ばずに，インベーダーにヒントを得た製品を販売していた。当時の社長である山内博は遊び方に特許はないという趣旨の発言をしており，プログラムの著作権保護の動きを牽制していた。相田洋・大墻敦（1997）『NHKスペシャル　新・電子立国〈4〉』155頁。ちなみにコンピュータプログラムが著作権で保護されるようになったのは米国で1975年，日本で1986年のことであった。
20) Kent, Steven L.（2001），p. xiii.
21) Herman（1997），p. 43.
22) 赤木（2005），176頁。
23) デジタルゲームの教科書制作委員会（2010）『デジタルゲームの教科書』38頁．日本ではアタリショックとして知られる1980年代はじめの米国ゲーム産業の落ち込みであるが，1984年，1985年もアタリ社は相当数のVCSを出荷しているともされ，実態は不明な点もある。しかし，その頃から一時的にゲーム市場が勢いを失っていたということは確かなようである。
24) 任天堂（2003）『アニュアルレポート』。
25) 逸見・大西，30-31頁。
26) 相田・大墻，266頁。
27) 相田・大墻，272-273頁。
28) 任天堂webページ「社長が訊く「スーパーマリオ25周年」」，2012年11月1日アクセス，(http://www.nintendo.co.jp/n10/interview/mario25th/vol2/index.html)。
29) 同上。
30) 同上。
31) 数値はCESA（2014）『2014 CESAゲーム白書』159頁。
32) スーパーファミコンについては任天堂発表の販売台数から計算，メガドライブについては図4-1のデータから計算。
33) 発売はソニー・コンピュータエンタテイメント（SCEI）である。

34) 松下はさらなる次世代機である「3DO M2」の開発を発表していたが断念，1997年に3DOは完全に撤退する形となった。
35) ソフトの価格帯は5980円とスーパーファミコンと比較して大幅に低下した。
36) 1996年6月，NINTENDO64の発売に合わせるように，SONYはプレイステーションの価格を1万9800円に値下げした。
37) 山内溥はインタビューで「いつまでもソフトの数がものを言う時代は続かない。数を増やすために手を広げるつもりはない」など少数精鋭路線を進めていく発言をしている。『読売新聞』1999年11月3日。
38) セガはSC-3000からマークⅢに移行する際に後方互換を採用した。
39) 一方，各ゲーム機の発売時期を国別に見ると，これまで日本がもっとも早い時期だったが，SONYはPlayStation 4（第8世代）から，任天堂はWii（第7世代）から米国へと移っている。また，マイクロソフトのXboxは初代（第6世代）から米国で発売されているなど，ゲーム市場としての日本の地位低下が生じている。
40) ファミリーコンピュータなど古い時代のゲーム機に用いられる画像処理用ICはGPU（graphics processing unit）ではなく，PPU（picture processing unit）と表現されることが多いが，ここでは後の世代との比較のためGPUという名称に統一する。
41) 筆者が分解して確認したところ，本体の製造番号がH1000000番台では富士通製のSRAM（MB8416A-15-SK）が2個，H7000000番台ではNEC製のSRAM（D4016CX-20）が2個搭載されていた。また，iFixitの分解調査（HC1000000番台）によればシャープ製のSRAM（LH5216D）が2個搭載されている。iFixit Webpage "Nintendo Family Computer (Famicom) Teardown"（https://www.ifixit.com/Teardown/Nintendo+Family+Computer+%28Famicom%29+Teardown/3199）。
42) 疑似SRAMとは，SRAMインターフェースを備えたDRAMのこと。SRAMよりも安価で，スタティック動作が可能である。一方で，DRAMであるため，純粋なSRAMより速度で劣る。
43) 米国MoSYS社によるDRAM高速化技術を採用したメモリ。MoSYS社は製造設備を持たないファブレスメーカー。
44) 同じ汎用品のカスタマイズによる設計ではあるが，高性能を志向するXboxと，N64の失敗を受けて，「瞬間的な最大性能重視」から脱却することを目指したゲームキューブでは，大きく異なる。
45) なお，第7世代のゲーム機競争は普及台数から最も成功したのはWiiとされる事が多い。しかし，小山友介（2016）『日本デジタルゲーム産業史』24-25頁，が指摘する通り，短期的に販売を伸ばした同機に比べ，PS3は普及まで時間を要したが，ハードの販売台数とソフトウェアの市場規模ともに2011年に逆転している。
46) 日本では3万9800円。
47) 第7世代のコスト比較でも分かるとおり，販売価格より販売店に対する卸売り価格は低いはずであるから，赤字の幅はより大きくなる。
48) メリルリンチは，2006年に，発売当初は800ドルであるが，3年後に320ドルまでコストが下がるという予測を発表している。(http://rsch1.ml.com/9093/24013/ds/276873_0. PDF)
49) iSuppli, "PlayStation 3 Offers Supercomputer Performance at PC Pricing, iSuppli's Teardown Analysis Reveals"（http://www.isuppli.com/news/default.asp?id=6919）
50) 組立生産は，部品製造よりも早い段階で海外に移転していると考えられる。

参考文献

相田洋・大墻敦（1997）『NHKスペシャル 新・電子立国〈4〉ビデオゲーム・巨富の攻防』日本放送出版協会。

赤木真澄 (2005)『それは「ポン」から始まった―アーケード TV ゲームの成り立ち』アミューズメント通信社。
朝倉怜士 (2003)『久多良木健のプレステ革命』ワック株式会社。
生稲史彦 (2012)『開発生産性のディレンマ：デジタル化時代のイノベーション・パターン』有斐閣。
逸見啓・大西勝明 (1997)『任天堂・セガ：エンターテインメント産業の躍進と大競争』大月書店。
稲葉雅巳 (2013)「正念場の専用ゲーム機市場，次世代機で問われる真価―自前主義からの決別で半導体設備投資にも影響―」『電子デバイス産業新聞社 Web 版』。
井上理 (2009)『任天堂 "驚き" を生む方程式』日本経済新聞出版社。
エポック社 Web ページ，「沿革」(http://epoch.jp/info/ep02.html)。
エンターブレイン編『ファミ通ゲーム白書』2005 年から各年版。
経済産業省 (2006)「ゲーム産業戦略―ゲーム産業の発展と未来像―」(http://www.sangyo-times.jp/article.aspx?ID=719)。
小山友介 (2009)「日本ゲーム産業の共進化構造―モジュール化の進展と破壊的イノベーション」『経済論叢』183(3), 47-58 頁。
小山友介 (2016)『日本デジタルゲーム産業史：ファミコン以前からスマホゲームまで』人文書院。
コンピュータエンターテインメント協会 (CESA)『CESA ゲーム白書』各年版。
滝田誠一郎 (2000)『ゲーム大国ニッポン 神々の攻防』青春出版社。
デジタルゲームの教科書制作委員会 (2010)『デジタルゲームの教科書』ソフトバンククリエイティブ。
夏目啓二 (2008)「第 2 章 プラットフォームにおける技術革新」塩見治人・橘川武郎編『日米企業のグローバル競争戦略』, 44-58 頁。
任天堂 web ページ，「ゲームキューブ仕様詳細」(http://www.nintendo.co.jp/ngc/specific/index.html)。
任天堂 web ページ，「社長が訊く「スーパーマリオ 25 周年」」(http://www.nintendo.co.jp/n10/interview/mario25th/vol2/index.html)。
任天堂 web ページ，「連結販売実績数量推移表」(https://www.nintendo.co.jp/ir/library/historical_data/xls/consolidated_sales1603.xls)。
藤田直樹 (1999a)「「ファミコン」登場前の日本ビデオ・ゲーム産業―現代ビデオ・ゲーム産業の形成過程 (2)」『經濟論叢』, 163(3), 59-76 頁。
メディアクリエイト編 (2011)『ゲーム産業白書 Decade』。
メディアクリエイト編『テレビゲーム流通白書』1998 年から各年版。
メディアクリエイト総研『テレビゲーム産業白書』2001 年から各年版。
『週刊東洋経済』「ハードもしっかり黒字！Wii はコストの優等生 (1)」2006 年 12 月 16 日号, 17 頁。
日経 BP『日経エレクトロニクス』各号。
『読売新聞』「［戦略を聞く］任天堂・山内溥社長 ゲームの質的転換図る」1999 年 11 月 3 日, 8 面。
各社有価証券報告書，Annual Report など。
Altice, Nathan (2015), *I Am Error: The Nintendo Family Computer / Entertainment System Platform*, The MIT Press.
Business Week, "A Brief History of Game Console Warfare" (http://images.businessweek.com/ss/06/10/game_consoles/).
Chip Works webpage, (http://www.chipworks.com/).
Cox, Joe (2006), "Is There a First-mover Advantage in the market for Japanese video game systems?", *Asia Pacific Journal of Economics & Business*, Vol. 10 No. 1, pp. 18-33.
Dedrick J, Kraemer K. L. & Linden G. (2010), "Who profits from innovation in global value chains? A study of the iPod and notebook PCs", *Industrial and Corporate Change*, 19(1), pp. 81-116.

Donovan, T. & Garriott, R. (2010), *Replay: The history of video games*, Lightning Source Inc.
Forster, Winnie (2011), *The Encyclopedia of Game Machines: Consoles, Handhelds & Home Computers 1972—2012* (2nd edition), Gameplan.
Harris, Blake J. (2014), *Console Wars: Sega, Nintendo, and the Battle that Defined a Generation*, It Books.
Herman, Leonard (1997), *Phoenix: The Fall & Rise of Video Games,* 2nd edit., Rolenta Press.
Hesseldahl Arik (2013a), "Sony's PlayStation 4 Costs $381 to Build — Only $18 Under Retail Price — In Teardown", allthingsD webpage, NOVEMBER 19, (http://allthingsd.com/20131119/teardown-shows-sonys-playstation-4-costs-381-to-build/?mod=tweet).
Hesseldahl Arik (2013b), "Microsoft's Xbox One Costs $90 More to Build Than Sony's PS4, Teardown Shows", allthingsD webpage, NOVEMBER 26, (http://allthingsd.com/20131126/microsofts-xbox-one-cost-90-more-to-build-than-sonys-ps4-teardown-shows/).
iFixit webpage "Nintendo Family Computer (Famicom) Teardown" (https://www.ifixit.com/Teardown/Nintendo+Family+Computer+%28Famicom%29+Teardown/3199).
Ikuine, Fumihiko (2012), "The Evolution of the Home Video Game Software Industry in Japan: An Empirical Study on Factors in the Industry's Evolution", *Evolutionary and Institutional Economics Review*, Vol. 9, No. 1, pp. 37-50.
iSuppli, "Play Station 3 Offers Supercomputer Performance at PC Pricing, iSuppli's Teardown Analysis Reveals" (http://www.isuppli.com/news/default.asp?id=6919).
Jones, Steven E., & George K. Thiruvathukal (2012), *Codename Revolution: The Nintendo Wii Platform*. The MIT Press.
Kent, Steven L. (2001), *The Ultimate History of Video Games: from Pong to Pokemon and beyond... the story behind the craze that touched our lives and changed the world,* Three Rivers Press.
Maruyama, Masayoshi & Ohkita, Kenichi (2011), "Platform Strategy of Video Game Software in Japan, 1984 — 1994: Theory and Evidence", *MANAGERIAL AND DECISION ECONOMICS*, Vol. 32, pp. 105-118.
PC Watch webpage, (http://pc.watch.impress.co.jp/).
VG Chartz, "Platform Totals", (http://www.vgchartz.com/analysis/platform_totals/).
Wolf, Mark. J. P. (2008), *The video game explosion: a history from PONG to Play Station and beyond,* ABC-CLIO.

第5章

キッコーマンとアメリカ進出
―― 雇用・労働・地域から ――

はじめに

　キッコーマンは国内にある醤油メーカー1500社[1]の中で，日本最大の醤油メーカーである。醤油の製造が今日の千葉県野田で始められて以来，約350年，そして，1917年の会社創業以来，約100年の歴史を刻む，醤油製造・販売の老舗企業である。現在では北米を始めとして，シンガポール，オランダ，台湾，中国と5か国7工場で製品を製造し，100か国以上でキッコーマンの醤油は販売されている。キッコーマンは，ソニー，YKKにならび，1950年代後半には，アメリカ市場進出のために販売拠点を設けた企業であり，日系企業のなかでは，海外進出の先駆者である。さらに，キッコーマンは，醤油を中心とする日本食を海外で広めるために積極的な活動をしている。日本最大の醤油メーカーであると同時に，今日では，営業利益の約81％を海外で調達するグローバル企業である[2]。

　グローバル企業としてのキッコーマンを考察するにあたり，本章では，キッコーマンと日本的経営という問題を取りあげる。キッコーマンは，日本を代表する食品メーカーであると同時に，その経営管理方式について，特に雇用においては，従業員の長期雇用を中核として，協調的な労使関係を特色とする「日本的」な企業である。ここで「日本的」というのは，温情主義や家族主義といった言葉で形容される，雇用者と労働者との心理的，情緒的な繋がりを意味する。組織の考察において，このような側面に焦点を当てた研究は数少ない[3]。ここでは，キッコーマンの「日本的」な企業の性格を，雇用と労働，そして，企業と地域との関わりという観点から考察する。海外進出の成功を通して，キッ

コーマンがグローバル企業として成長したと同時に，キッコーマンは，雇用の安定という「日本的企業」としての特徴を海外でも維持することに成功しており，それがキッコーマンの競争力の源泉の（少なくとも）1つとなっているというのが本章の主張である。

(1) 醬油の起原と創業以前の醬油づくり

日本における醬油の起原は，一般には，13世紀鎌倉時代に宋に留学した僧覚心のもたらした径山寺味噌であると伝えられている。しかし，醬油の起原は鎌倉時代より遥か昔にさかのぼる。『キッコーマン株式会社80年史』によれば，紀元前後から7世紀にわたる時代に存在が記されている「醬（ひしお）」である。醬は魚介類，鶏獣の肉や内蔵，野菜などの材料を塩漬けにして発酵させたものであり，東アジア諸国に多く見られる。日本で醬が本格的に造られるようになったのは，大和朝廷時代だと言われている[4]。東アジアで発達した醬には，穀物を原料とした「穀醬（こくびしお）」や，魚を原料とした「魚醬（うおびじお）」があるが，日本で独自の発展をしたのが穀醬で，これが今日の醬油のルーツであると考えられている。さらに，「草醬（くさびしお）」，「肉醬（ししびしお）」も知られている[5]。

径山寺味噌は，「溜しょうゆ」の起原となったが，「醬油」という語句が実際に使われ始めたのは，室町時代中期以降とされ，室町時代中期から後期にかけて，味噌から分化した「しょうゆ」が次第に庶民的な調味料となっていった。江戸時代に入ると，江戸という大消費地に近く，利根川水系の地の利を生かした野田や銚子でしょうゆの本格的な製造が始まる。醬油の製造は，江戸時代1661年高梨兵左衛門により始められたとされる。19世紀中は，今の関西地方からの「下り醬油」が優勢であったが，次第に野田・銚子の関東の醬油が優勢になる。今日の濃口醬油にあたるものである。江戸川・利根川で江戸に醬油を輸送できるという地の利を生かして，銚子と野田に多くの醬油醸造家が生まれた。茂木家の醬油のブランド名であるキッコーマン印，「亀甲萬」は当時野田から江戸に送られる醬油の中では最上位の1つであった。多くの醸造家が競合するなかで，茂木家・高梨家による醬油の醸造が技術的な優位性を占めた[6]。茂木家・高梨家による醬油の生産量は，当時の醬油生産量全体の86.5%を占

めるに至った[7]。

醤油の輸出に関しては,江戸時代,長崎の出島にあった東インド会社の商館と,オランダ人とともに長崎への出入りを許可されていた中国人(清国人)を通して醤油が輸出された記録がある。当時の輸出には,アジア地域向けとオランダ向けがあり,アジア地域向けの輸出は1647年に始まり,1972年まで続けられた[8]。徳川幕府の鎖国政策の中で,この時期に醤油の輸出に使われた「コンプラ瓶」は良く知られている。

1868年(明治元年)には,日系移民の醤油の需要のため,キッコーマン醤油がアメリカ(ハワイ)に初めて輸出された記録がある[9]。戦前の醤油の輸出は比較的順調に伸びている。海外への日本の移民が増加していったことがその背景にあると考えられる。この時期の醤油の輸出と販売は,主として日系移民および海外在留邦人向けの範囲に留まっていた。一方,戦前から戦中にかけてキッコーマンは相次いで海外に進出し,工場も建設している。中国の北京,奉天(当時,現在の瀋陽),韓国の京城(当時),仁川,インドネシアのメダン(Kota Medan),そしてシンガポールに醤油の醸造工場を建設した[10]。しかし,日本の敗戦ともに全て接収されてしまう。

1. 沿革

(1) 創業から終戦まで

キッコーマンは,1917年10月(大正6年),醤油製造の合理化,近代化を図り,茂木家,高梨家,流山の堀切家一族8家が合同して野田醤油株式会社を設立したことに始まる。現在のキッコーマン株式会社の前身である。会社が設立された野田市は,醤油を収める江戸に近く,大豆や小麦の原産地も比較的近い場所であることや,利根川が近くに流れており,物流においても優れていたため,古くから醤油造りが盛んであった。1940年には,全国の商標を現在も使用されている「キッコーマン」に統一した。

醤油は,太平洋戦争中にもアメリカの日系人に向けて輸出された記録があるが[11],終戦により戦前の海外事業は完全に停止された。1949年には,GHQか

ら醬油を正式に輸出する許可がおり，占領下の日本を訪問したアメリカ人，軍人，官僚，ビジネスマン，ジャーナリスト，教員などの間に醬油が広まっていった。これが，アメリカ料理に醬油が使われ始める契機となったと言われている[12]。

(2) 戦後の事業展開と多角化

1949年には株式を東京証券取引所に上場した。「もはや戦後ではない」と言われた1956年は，経済の高度成長期の幕開けの時となり，醬油の生産は戦前の水準に回復した。しかし，その後，生活必需品としての醬油の消費量は伸び悩みを示すようになり，キッコーマンの事業戦略は多角化へと向かう。この時期に事業の大型化・多角化・国際化の方向性を明確に打ち出し，組織内外にリーダーシップを発揮したのが，二代茂木啓三郎であった[13]。1961年にトマト食品などを扱う，吉幸食品工業株式会社（現日本デルモンテ株式会社）を設立し，事業の多角化に取り組み始めた。1964年には，キッコーマン醬油株式会社と社名を変更し，1962年にはワインの醸造を行う勝沼洋酒株式会社（現マンズワイン株式会社）を設立した。こうして，キッコーマン，流山でのみりんの製造をするマンジョウ，デルモンテ，マンズワインからなるキッコーマングループが誕生した。

(3) 国際化

醬油は日本人の食卓に欠かせないものであったが，一旦手に入れれば，ある程度の期間は使用でき，それほど頻繁に買い替えが必要なものではなかった。醬油は1950年代後半には，はやくも国内市場で飽和状態となっていた。こうした状態に早くから留意したキッコーマンは日本企業の中でもいち早く，海外へ市場を求めて北米，欧州，アジアに進出していった。

1957年には，サンフランシスコに販売会社（Kikkoman International Inc.）を設立し，1969年には，Japan Food Corporation（米国）に経営参加，後に（1978年）JFC International Inc. となる。これは，キッコーマンのマーケティング戦略のなかで，醬油販売に際しての卸売業ネットワーク網に入るということで極めて重要な意味を持つ。日系人・アジア人のみを対象にしていたそれまでの

ニッチ市場戦略から，欧米系アメリカ人相手の市場へのターゲッティングの変更，「日本食の醬油」から，"All-Purpose Seasoning" に製品コンセプトの転換を図り，その結果，アメリカ人消費者にとり，醬油は Soy Sauce というよりも Kikkoman として親しまれるようになった。さらに，1956 年大統領選挙のときの CM で Kikkoman を宣伝することにより知名度が飛躍的に向上，TERIYAKI —"Delicious on Meat" などの宣伝文句にみられるアメリカでのマーケティング戦略の成功は，良く知られているところである。

1972 年には，アメリカ合衆国ウィスコンシン工場（Kikkoman Foods Inc.）を設立し，アメリカでの醬油の現地生産を開始した。同年，欧州進出の布石として，レストラン業であるキッコーマン・大都会ヨーロッパ株式会社（KDE）を設立した。1980 年には，キッコーマン株式会社に社名を変更している。

1983 年には，シンガポール工場（KSP），1990 年台湾には，合弁企業，統萬股份有限公司（PKI），1996 年には，キッコーマン・フーズ・ヨーロッパ社（KFE），1997 年には，オランダ工場（Kikkoman Foods Europe B. V.）を設立し，欧州への進出を図った。また，1998 年には，KFI カリフォルニア工場が設立され，2005 年には，タイに合弁企業，Siam Del Monte Company Ltd. を設立した。こうして，キッコーマンは，現在，5 か国に 7 つの海外生産拠点を有し，まさにグローバルな事業展開を見せている。

アメリカでの成功とは裏腹に，ラテン文化圏ではあまり成功できていない現状も明確にしておこう。ブラジルの日系人コミュニティーでの失敗，アメリカでもヒスパニック系アメリカ人の間にはあまり浸透していない現状がある[14]。さらに，イスラム文化圏では，アルコールを含む食品は宗教的な理由から販売が禁止されている。製造過程でアルコールがどうしても発生する醬油は，宗教的な権威からの認証（ハラール認証）を取得しなければ，販売できないという，文化的な障壁もあることを付け加えたい[15]。

最後に，グローバル・マーケティングで近年よく取りあげられる BOP（base of the pyramid）ビジネスとの関連性についてであるが，現在のところ，キッコーマンは BOP ビジネスへの参入は考えていないとのことである。味の素株式会社は BOP ビジネスへ積極的な参入を意欲的に示しているのに対して，キッコーマンは，高品質自然醸造醬油としてのブランド価値を維持することの重要

性を強調している[16]。

(4) 新領域の開拓

　事業の多角化と国際化と平行して，近年，特徴的に見られるのが，キッコーマンの健康食品，バイオテク，医薬品の領域への参入である。2005年には，アメリカに合弁企業，Country Life LLC を設立（現在完全子会社化），2008年には，理研ビタミン株式会社と資本・業務提携して，2011年にキッコーマンバイオケミファ株式会社を設立している。2009年には，事業の多角化が進んだため，持株会社制へ移行した。これにより，キッコーマン食品株式会社を新設分割，キッコーマン飲料株式会社を新設分割，キッコーマンビジネスサービス株式会社を新設分割した。現在のグループ会社は64社になる。

　このようにキッコーマンは事業の多角化と国際化を通して，グローバル企業として成長してきているが，醬油の製造と販売，日本食に関連した他の食品の製造・販売活動に加えて，「食育」を企業の社会的責任と捉え，食育に対する積極的な活動を行っている。2005年には，「食育宣言」を提唱し，工場見学，小中学校への出前授業による「キッコーマン醬油塾」，醬油を使った様々な食事のレシピの公開と情報の発信や料理の講習会などを通して，現代のライフスタイルにあった新しい日本型食生活を提案している。

　キッコーマンは海外進出で成功している企業だというのは誰もが認める事実である。キッコーマンのアメリカ進出におけるマーケティング戦略の成功については，多くの調査研究がなされ，報告されているが，食品製造企業としてのキッコーマンは，食品の製造のみならず，製品の流通，そしてプロモーションといったマーケティング戦略に地道に注力している企業である。

　キッコーマンの長期的な視野での戦略的な発想は注目に値する。1969年に卸売り問屋のネットワークを持つ JFA に経営参加することを通して醬油の流通網を確保し，日本食を中心とするアジア食品の卸売事業に参入した。さらに，食文化（レシピの発信，食と健康のスローガンに基づいた，食育の促進など）の世界中への発信を通して，醬油の将来的な市場の創出と確保にも余念がない。キッコーマン本社および野田工場でのヒアリングを通して，キッコーマンの社員から「地道な努力」という言葉をよく耳にしたが，キッコーマンの地

道な努力とは，こういった戦略的発想に良く表れている。

2. 地域社会との関わり：キッコーマンと野田市

(1) 協調主義の原点

　江戸時代から醬油生産の中心地であった野田は，キッコーマンの生まれの地である。キッコーマンの歴史と野田の歴史は切り離せない関係にあるといっても過言ではない。キッコーマンと企業城下町と言われる千葉県野田市との関係は，しばしば，「一蓮托生」の関係と形容されるほどである。

　野田が醬油造りの中心地として発展したのは，海に近く比較的に温暖で湿度の高い気候がしょうゆ造りに向いていたこと，穀倉地帯にあり，大豆，小麦，塩という原料が手に入りやすかったこと，近隣の農村地帯からの農民を労働力として活用できたこと，さらに，醬油の運搬を海運に頼っていた銚子と比べて，利根川と江戸川水系の舟運の便がよく，効率的かつ安定的に醬油を大消費地である江戸まで運べたこと等が挙げられる。こうした理由から，野田は古くから醬油造りの中心となったが，1917年に始まるキッコーマンの歴史は，醬油造りの地としての野田の歴史でもある。現在のキッコーマンに受け継がれ，経営理念の中核となっている「労使協調」の原点が野田の醬油造りにある。

　野田には，寛政元年（1879年）に二代目，茂木七郎右衛門が讃岐の金比羅神社に参拝し，一族が野田町民と一蓮托生の関係になることを祈願して腕香を行ったという記録が残されている（佐藤 1975：205）。この背景には，当時の醬油の製造における関西からの下り醬油との市場獲得競争があった。江戸初期の醬油市場は，関西からの下り醬油が優勢であった。当時の大消費地であった江戸において，関西からの下り醬油との競争に勝つためには，野田の質の良い労働力を安定的に確保して雇用する必要性があった訳である（佐藤 1979：122）。下り醬油との競争だけではなく，銚子の醬油醸造家との覇権を争う中でも，同様に労働力の供給源である野田との協調が重要であったことも記されている（キッコーマン株式会社 2000）。野田の醬油が関西からの下り醬油に対して優勢となるのは江戸末期であるが，野田の醬油醸造家の間に，こうした地域との

関係を円滑・協調的に保つ態度が次第に定着していったのも,このような市場競争があったからであると理解できる。

野田の醬油造りは,後のキッコーマンである茂木家,高梨家を中心に結束し,ある意味では閉鎖的ではあるが,比較的に安定した社会を形成してきた。その歴史的な背景について,佐藤は興味深い考察をしている(佐藤 1975:200-202)。生活必需品である醬油,味噌,酒の醸造業は,地主階級の台頭とともに成長してきた。地主のもとで醬油の原料と労働力を提供した小作人には,有事には,私兵として地主の命と財産を守る義務があり,佐藤によれば,地主が醸造家=造家となることは,富の蓄積の他に安全保障の意味もあった。それ故に,醬油,味噌,酒の生産は,地場産業として一定の地域に留まる傾向があった。

さらに,地主階級の形成には,土地の収奪がもとにあり,その過程で農民と地主階級の対抗関係を示す記録が存在するのが普通であるが,野田の茂木家,高梨家の場合,そのような農民と地主の対抗関係を伝える資料が存在しない(佐藤 1975:200)。反対に,野田では,茂木家,高梨家の農民に対する慈悲深い態度や行為を伝える話が多く残っており,野田において一種の「造家崇拝思想」が形成されていたとも解釈することができる[17]。

江戸時代後期の醬油の造家を中心とした野田の生活水準は比較的裕福なものであったが,それも,江戸中期から後期にかけて,野田の醬油醸造業が,関西からの下り醬油に対して,徐々に優勢になっていくなかでもたらされたものであった。「野田に行けば食いっぱぐれがない」[18]と言われたほどであり,農民にとっては,造家のおかげで,比較的に高水準の彼らの生活が維持できたわけである。

当時の茂木,高梨家では,二男以下の男に醬油蔵を分け与える慣習があったが,地場産業では極めてめずらしい財産分与の形態であった[19]。醬油蔵を与えることは,本家に加えて,分家の醬油造りが新たに出現することであり,本家にとっては,競争相手を増やしてしまうという可能性もあった。しかし,茂木,高梨家の場合,どんどん増えていった造家は,互いに競合することなく,本家を中核とした野田との協調という路線に歩調を合わせていった。こうして,野田の醬油醸造業は,関西の下り醬油,銚子の造家に競争して勝つために,

茂木家，高梨家を中心として，一族が結束して良質な醤油を江戸に送り出す体制を整えていった。文政4年（1821）の野田の大火では，工場と倉庫を失った本家に対し，分家が財政的支援をしている。天保の大飢饉（1836）では，茂木一族は家財をなげうって難民の救助に当たっている。こうしたことを通して，野田町民の造家に対する敬愛の念が深まり，造家と町民の協調は，野田町民の感情に深い根を下ろしていったのである。こういったところに，造家一族の結束と野田町民との協調の原点がある。

茂木，高梨一族の協調主義は明治時代に入っても維持されていく。明治19年（1886）に茂木一族が「蓄積して天災にそなえ，天災をこうむる者あればこれを救助して営業を存続させることが一族の義務」であるとして家業の発展と天災に備える目的で，蓄財・金融機関を組織している。これが今日の千秋社であり，野田市民に幅広く利用されている清水公園の所有・管理をしている。

野田に市制がしかれたのは1950年であるが，キッコーマンは常に野田との協調に経営理念の重点を置き，野田の生活向上と教育振興に貢献してきた。野田醤油株式会社設立後の野田では，野田唯一の金融機関であった野田商誘銀行をはじめとして，野田運輸株式会社（船運業），北総鉄道株式会社（現東武野田線），千秋社など，大正初期から，会社の直営もしくはそれに近い状態であった。野田のインフラストラクチャーの進展は，キッコーマンの経営によるところが大きかったのである。昔から，「キッコーマンの野田」と言われたほどである。

野田市の税収の約30%は，キッコーマンからの税収であった。野田市の舗装道路の建設も，キッコーマンからの出資による部分が大きい。水道事業も良い例である。野田市の上水道施設は，昭和49年に野田市の管理に移行されるまでの52年間はキッコーマンの管理下にあった。キッコーマンには水道課があり，水道料金の集金まで担当してきたのである。

水道事業だけではない。銀行，図書館，公園，そして病院に至るまで市営ではなく，最初は，キッコーマンの経営によるものであった。野田市民の金融機関である野田商誘銀行も最初はキッコーマンの経営であった。興風会図書館も，キッコーマンからの出資で1954年に設立された。興風会とは，野田醤油株式会社が青年の社会事業の推進を目的として昭和3年に設立した財団法人で

ある。興風会設立の背景には，後述する野田労働争議の痛々しい経験を元に，野田の青年が街を興し，街を造るといった地域住民による野田の発展に対するキッコーマンの願いがある。

　清水公園も，5代目茂木七郎衛門が神社から借り受けた土地を市民に開放したものである。医療事業も，こういったキッコーマンの野田市との協調を掲げる経営理念を明確に表したものであろう。現在のキッコーマン総合病院は，1914年に当時の野田醬油醸造組合が，組合員の養成所として開設した施設に起原をもつが，今日では，市民が幅広く利用する総合病院として地域医療に貢献している。

　企業からは，2001年に開設された「もの知りしょうゆ館」において，しょうゆ造りの歴史や醬油の製造過程が工場見学を通して分かりやすく公開され，また，国際食文化研究センターは，「食文化の担い手」としてのキッコーマンによる醬油を使ったレシピを積極的に発信・公開している。ちなみに，野田工場は，1997年に食品業界ではキリンビールについで2番目に，環境マネジメントシステム ISO-14001 認証を取得している。さらに，茂木本家美術館では，第十二代茂木七左衛門が収集した美術品を市民向けに展示している。美術館の英語標記（Mogi-Honke Museum of Art）の頭文字（MOMOA）は，館内の喫茶店（カフェMOMOA）やそこで売られている弁当の名前（モモア弁当）に使われ，市民に親しまれている。上花輪歴史館は，江戸時代からの醬油醸造家である高梨家の屋敷が保存・公開されている博物館であり，当時の醬油造りの道具が展示されている。野田市民に広く利用されている野田市パブリックゴルフ場の土地も，かつては，かなりの部分が茂木・高梨家のものであり，役員にはキッコーマンの重役が名を連ねている。加えて，キッコーマン元社員が始めたイタリアンレストラン「コメ・スタ」もキッコーマン社員のみならず，地域の人々に好評である。そこでは，醬油造りの過程でできる「もろみ」をクリエイティブに利用し，パン，パスタ・ソース，デザートまで，「もろみ」を使ったものである。キッコーマン社員のなかでは，野田は居住の場所として，人気のある地域で，野田に住みたがる社員は多い[20]。

　こういった企業としてのキッコーマンと地域住民との協調主義，野田市との

「一蓮托生の関係」は，キッコーマンの経営の柱となっていく。経営理念としては，第一次大戦前の温情主義と経営家族主義を近代化の中で再定義した協調的な労使関係，そして終身雇用を中核としたいわゆる「日本的経営」として具体化されていく。後に考察するように，キッコーマン最初のアメリカ，ウィスコンシン州工場の建設に際し，キッコーマンの地域協調主義が，工場建設に対する地元住民の懐疑的感情を和らげるのに貢献したという報告もある[21]。今日では，ウォルワースにおいても，KFIと地域社会との協調が確立しつつある。アメリカにおけるキッコーマンと地域社会の協調については，第4節 (3)「地域社会との協調」で考察する。

こうしたキッコーマンの地域との協調主義は，長い間野田市の行政と野田市民に歓迎されてきたが，首都圏のベッドタウンとして，野田市に外部からの人口が流入するにつれて，キッコーマンと野田市との関係も変容してきている。野田市のキッコーマンに対する依存的な関係に批判的な市民も増えてきている。「キッコーマンの野田」から「野田のキッコーマン」へと市民意識は変化しつつある。この問題については，後（第3節の終わり，「キッコーマンと地域の協調的関係の変容」）で考察するが，キッコーマン中心の地域社会から脱却し，市民意識を成長させようとする動きもある（佐藤 1975：194）。経営理念の問題については，次のセクションで考察する。

3. 温情主義，産業魂，キッコーマン経営理念

醬油造りで発達した野田は，醬油醸造家である茂木，高梨家と地域との協調関係をその特徴としていた。関西からの下り醬油と銚子の醸造家との競争に打ち勝つためには，茂木・高梨一族と野田という地域全体との協調関係に基づいた結束力が必要であったことは前のセクションで見た通りである。1917年の野田醬油株式会社の発足により，造家の個人営業による醬油造りは，それまでの家族的・個人経営の製造から，工場生産へと移行する中で，近代企業として脱皮していく。初代社長となった茂木七郎右衛門のもとで，醬油製造の中心となる第17工場が竣工，1927年には本店新社屋が落成し，定年制や給与規定な

どの諸制度を整備していった。それに伴い，従来の温情主義的・協調的な造家と地域との関係は，試練にさらされることになる。創業以前の個人経営の時は醸造家と従業員は（大家族的）温情主義的な絆で結ばれていたが，創業後，工場生産に移行する中で，次第に「労使対立」の構図が出来上がっていった。ここでは，それまでの温情主義的な雇用関係に支えられていた「経営の心」，「醬油づくりの心」が「キッコーマン経営理念」として近代的な形で再定義されることになった経緯について考察する。

(1) 野田醬油大争議と産業魂

　地理的には，野田は江戸から目と鼻の先のところにある。江戸の先端的な文化が流入しやすい環境にあるが，実際は，そうした記録に乏しい。千葉県の北部一帯には河川交通により江戸の文化が積極的に流入してきた[22]。しかし，最も地の利を得ていた野田は，例外であったようである。

　佐藤によれば，野田ではそうした文化が造家にとどまり，地域社会全般に伝播しなかったことが大きな特徴である（佐藤 1975：207）。おそらく，野田の造家は新しい文化，思想の流入が，彼らが築き上げてきた協調主義に基づいた社会秩序をかく乱することに対して強い警戒心を抱いていたのではないか。造家と野田町民との協調にすきま風が入ることは，野田での醬油造りの基礎を根底から揺さぶることになりかねないからである。そうした意味では，江戸末期から明治末期にかけての野田は閉鎖的な社会を形成していたと言うことができる。

　野田町民の造家に対する信頼感は明治時代末期まで確固たるものであっが，大正時代，特に大正デモクラシーの思想的影響は野田をも逃さなかった。第一次大戦後の日本では，労働運動，農民運動，女性解放運動が一斉に開花したが，こうした一連の社会運動が最初に標的にしたのが，農村の伝統的な身分秩序と支配の関係であった。前のセクションでも見たように，産業としての醬油造りは，造家としての地主階級とそこで働く農民の労働に基づいたものであり，当時の気風から見れば，前近代的な主従関係（＝雇用関係）を引きずっていた。大正デモクラシーの時代が訪れ，労働運動の機運が高まるようになると，その指導者たちは文化的に閉鎖的であった野田における醬油造りの支配関係と労働

の実態に目を向けるようになった[23]。大日本労働総同盟友愛会が野田醬油の労働者を指導し，歴史に残る大争議を展開したのもこうした背景があったからと考えられる。

ここで，当時の野田の醬油造りに典型的であった雇用関係について言及する必要がある。野田の家族的・個人経営の造家では，一般の労働者は周辺農家出身の農民であり，醸造労働者は「蔵人」と呼ばれていた。「蔵人」は造家との直接雇用契約の下で働いたのではなく，今日の言葉で言えば，いわゆる間接雇用であった。造家は労働者の斡旋人である「親分」と契約し，「親分」の斡旋により労働者を雇い入れていた訳である。そこでの「親分」は，雇用関係斡旋のすべてを掌握するものとして，彼の権限は絶大なものであった。この徒弟的雇用関係は，野田醬油株式会社設立後の新しい工場生産制のもとでも踏襲され，この従来の雇用関係が当時勃興しつつあった労働運動の絶好の攻撃目標となった[24]。

野田醬油株式会社を標的に，野田でオルグ活動を始めたのが，大日本労働総同盟友愛会であった。1921年には，総同盟野田支部が結成され，活発な組合員獲得運動が展開された。1922年には，支部の指導により，親分による賃金のピンハネの廃止[25]を求めて樽の加工をする樽工（樽職人）170人がストライキに突入した。翌年には，全工場のストライキに発展した。これに対して，会社側は，親分制度の廃止，労働者の直接雇用，そして，8時間労働制を定めた[26]。

会社側のこうした改正により，江戸時代より野田に長らく続いてきた徒弟的な雇用慣行は一新されたかのように見えた。しかし，この改革は，実際の雇用関係の一層の悪化を招いたのであった。当時，労働者の多くは茨城南部からの農民であり，それまでは仕事が終われば自由に帰宅して副業として農作業につく者が多かった[27]。一律8時間労働制により労働時間は長くなり，実質賃金カットとなったため雇用関係は極めて悪化した[28]。雇用関係の近代化をめざす経営側と，副業を含めた生活水準の実質的な向上を求める総同盟野田支部との対立は深まるばかりであった。1927年，総同盟野田支部は賃金引き上げを中心的な要求として，会社側との交渉に入ったものの，妥協点を見いだすことはできず，9月15日から翌年1928年4月20日まで，戦前の最長記録である，

218日間に及ぶ野田醬油大争議に突入することとなった。労働側からは，新設工場である第17工場の封鎖に全力を挙げたが，会社側は臨時工員を雇い入れ，操業を継続した。争議は長期化し，会社側による暴力事件も頻発した。1928年，争議団長の天皇への直訴事件[29]を契機に和解に至った。

野田醬油大争議がこのように長期化した原因については，様々な見解があるが，会社側による社史（『キッコーマン株式会社八十年史』）では，総同盟野田支部の独走と醬油製造の近代化の中での温情主義的な協調精神の喪失の2つが強調されている。総同盟野田支部の上部組織である関東労働同盟会はもともとストライキの回避を主張していたにも拘らず，野田支部がそれを無視し，ストライキに突入したこと，もう1つは，「大家族的協同精神の喪失」である。個人家族経営の時代に特徴的みられた造家と労働者との温情主義的な絆が，近代的工場生産制度のもとで次第に薄れていったこと，ここに争議が長期化した原因があるとされる[30]。生産の近代化の中で失われた温情主義を，労使協調という形で維持・進展させていくことなしには，会社の将来は危ういと判断した経営側は，新たに「産業魂」を社是として，近代的経営の中での労使協調を謳ったのである[31]。こうして，野田醬油株式会社の経営理念の中核に労使協調を謳う「産業魂」がはじめて明確にされる。労使協調を中核とした新しい形での「協調」は，後のキッコーマンの経営方針の基盤となっていくのである。

(2) 産業魂とキッコーマン

戦前最長の労働争議となった野田醬油大争議の痛々しい経験を基に，「協調」の重要性を改めて確認したものが「産業魂」である。「産業魂」は，争議の収束直前の1928年1月，労務担当の社員であった飯田勝次（後の二代茂木啓三郎）が会社の再生を夢見て経営幹部に提出した「産業道の提唱」が原案になっている。それは「産業は単に利潤追求を目的とするのではなく，賃金獲得の場として存在するのでもない。企業を通じて社会の福祉，国家の推運に寄与すべき公共の義務を負うものであり，関係者はこの理念を基本として，公共に奉ずる精神で仕事に当たらねばならない」と明らかにするとともに，「労資間の階級的な私闘はこの基本理念に反し，産業破壊を導くものであり，あくまでも人間と人間の互助相愛の確立を経営の根本にすべき」と説いている[32]。飯田勝次は，

当時の労使対立の理由として，個人経営時代にあった主従の人間関係が崩れたためにそれに代わる人間関係が欠落していることを挙げ，「労使間に共通の理念がないこと」が争議がここまで長期化した根本原因であると結論付けていた[33]。

この原案は後に「産業魂」として改題され，野田醬油株式会社の経営理念として正式に採用され，1928年6月7日社長茂木七郎右衛門により全社に布告された。「産業魂」は，戦後に発足した労働組合（野田醬油従業員組合）にも了承され，「産業魂」の扁額は，今日でも，キッコーマン全事業所に掲げられている。この労働争議以来，今日のキッコーマンの労働組合と会社側は，相互に組織の方針を共有することに注力し，極めて協調的な関係を保ってきている[34]。

キッコーマン創業80周年を迎えた1997年を踏まえて，「産業魂」から70年が経った1998年の1月，キッコーマンは労使共同宣言として「新しい時代へ向けた労使の決意」を発表し，労使が共に歩調を合わせることの重要さを改めて確認している。そこでは，会社と労働組合の「相互信頼の精神」，「労使対等の原則」，「雇用の安定」，「労働条件の維持・向上」，「組合員の生活の安定」と「会社の永続的発展」，「安定した労使関係」，会社と労働組合相互の「権利の尊重」と「義務の履行」，会社と労働組合の「地域社会への貢献」といった価値観が明確にされている[35]。

ここで，キッコーマン労使協同宣言に見られるような経営理念としての価値観を，「はじめに」の部分で言及した「日本的経営」と「日本型雇用慣行」に照らし合わせたい。日本的経営の特徴として良く挙げられるのが，終身雇用，年功序列型の賃金制度，企業内労働組合であるが，上に挙げたような会社と労働組合に対する考え方とそれを裏付ける協調・協同に基づいた価値観は，キッコーマンが労使の協調的関係の維持と発展にいかに注力しているかを明白に示している。

雇用の側面では，2014年のキッコーマンの従業員数（国内食料品製造販売―正社員）は2307名，臨時従業員が476名である。海外分はそれぞれ，936名，37名となっている。国内の労働組合員数は1998年の2238名から2014年には

1395名[36]と毎年減少傾向が著しいが,毎年の春闘要求事項には正社員の賃金(定昇要求とベア)のみならず,パート職員時給引き上げ,派遣社員の直接雇用に対する要求など,比較的活発な活動が伺える。36協定拒否を構えての労使集団交渉など,経営陣に対して頑強な姿勢を見せているものの[37],労使関係は総じて協調的といえる。

キッコーマンでは,社員の勤続年数が相対的に長いのが特徴である。親・子・孫と3世代にわたり野田工場に勤務するというケースも珍しくはない。平均勤続年数は,男性社員23年,女性社員についても,平均勤続年数は14.5年と極めて長い[38]。「人を大切にする経営」を標榜するキッコーマンでは,リストラによる解雇は行わないことを明言している[39]。このため,退職率が非常に低いのもキッコーマンの特徴であり,自発的退職率は1.4%である[40]。

制度面では,キッコーマンの協調的労使関係を良く反映して,福利厚生の充実が特徴的である。1978年に介護休業制度,81年に育児休業制度を導入している。介護休業制度は法律施行の20年以上前から,育児休業制度は法律施行の10年前から導入していて,制度の発足以来,育児休業制度は延べ326名,介護休業制度は延べ50名の社員が利用している[41]。さらに,休職者が安心して職場復帰できるように休暇期間中に会社と職場の情報を文書やeメールで提供するなど,休職者への情報の提供にも関心を払っている。近年5年間の利用者は全員が復職している[42]。2000年には1回の妊娠で15日間までの休暇取得が可能な「つわり休暇」を導入している[43]。社員の多様な通勤・勤務形態に対応するために,フレックスタイム,時差通勤勤務,新幹線通勤制度も導入している。1999年にはファミリー・フレンドリー企業として労働大臣努力賞を受賞した。

社員と経営層とのコミュニケーションの充実も特徴的である。人事と経営企画が一緒になり,社員と経営層との距離を縮める仕掛けを積極的に創っているのが注目に値する。主なものに,会長報告会,社長診断会,会長・社長を囲んでの若手社員朝食会,読書会,所属長研修会,社長を囲む意見交換セッション,製造部門職長と班長を対象とした社長との意見交換会などがあり,様々な企画が目白押しである[44]。加えて,野田工場の活動で興味深いのが,「ゆめセミナー」と呼ばれる行事である。これは若い世代の従業員を対象に,労働組合の

活動を，シミュレーションを含めて紹介するものであり，3日間にわたり開催されるイベントである[45]。労使集団交渉の模擬体験も盛り込まれ，会社側からは，常務，人事部長，勤労課長も参加するが，このようなイベントは，欧米企業では真に想像しがたい。

労働安全衛生活動の面でも，野田工場は2004年から労働安全衛生マネジメントシステム（OSHMS）に取り組んでおり，工場において約525万時間以上もの無災害記録を達成している[46]。食品製造企業として，安全で衛生的な職場づくりが重要なことは勿論であるが，安全衛生活動を徹底させるために，従業員1人ひとりの意識の向上に務めている。安全衛生管理マニュアルの整備，リスクアセスメントの推進，安全衛生パトロール[47]などの活動に加えて，5S活動，3T活動，ABC運動[48]など，ユニークなネーミングで従業員の意識を換気しようとするキッコーマンの工夫が感じられる。

以上，キッコーマンの協調的な労使関係と経営理念が職場の活動にどのように反映されているかについて，福利厚生を中心に概観したが，労使共同宣言で明確にされている会社と労働組合の協調的な関係は，野田醬油大争議以前の造家と労働者の温情主義的な絆を，雇用の維持と安定という形で，近代的経営の中で再定義しようとしたものと解釈することができる。

グローバル競争の中で，日本の大規模製造企業に典型的に見られる「日本的経営」や「日本型雇用慣行」の崩壊が多くのメディアや学術論文で取りあげられるようになり久しいが，キッコーマンは，「産業魂」という経営理念を中核に，安定的雇用を特徴とする日本型の雇用慣行の維持と発展に，企業全体として積極的に取り組んでいる数少ない日本企業の1つである。

キッコーマンの協調的労使関係は，キッコーマンの日本的経営の中核にあり，それが，アメリカの生産拠点でも，競争力の源泉の1つとして生かされているというのが本章での問題意識であり，次の第4節，「アメリカのキッコーマン」でこれを考察するが，その前に，前セクションで考察したキッコーマンと野田の協調的な関係の変容について言及しておきたい。

(3) キッコーマンと地域の協調的関係の変容

キッコーマンの労使関係に典型的にみられるような協調主義は，野田という

地域社会との共存共栄と「一蓮托生」的な関係を原点としていることは，前セクション（「協調主義の原点」）で考察した通りである。キッコーマンが水道事業，銀行，学校，公園などの野田市のインフラストラクチャーの構築に際しては計り知れないほど貢献したのは事実であるし，それ故に，野田市は，いつでも「キッコーマンの野田」と紹介されるのが普通であったが，こうした野田市とキッコーマンの関係性にも次第に変化が見られる。こうした変化は，野田市民の方からだけではなく，キッコーマン内部にも見られる。キッコーマン従業員の意識調査によれば，（野田市民を含めて）地場産業型企業としての性格が次第に薄れつつある。しかし，それと同時に，野田市民はキッコーマンからの財政的な支援を相変わらず期待する傾向が指摘されている[49]。もう1つの考察では，ローカル紙，「野田週刊」を取りあげ，キッコーマンの地域の中での役割が野田週刊にどのように取りあげられているかを27年間（1950～1978）にわたり分析したものがあるが，この調査によれば，1950年代以降，経営の多角化と国際化に乗り出したキッコーマンと野田市との関係が希薄になっていく傾向が指摘されている[50]。

反対に，野田市の経済地理的な特殊性についても言及する必要もある。野田は東京から30キロの圏内にあり，距離的には衛星都市の条件を十分に備えていながらも，毎年の人口の増加は近隣の松戸市や柏市のそれとは比較にならない。利根川と江戸川に挟まれ，かつては水運の便に恵まれた場所であったが，水路が全く役に立たなくなってしまった今日では「陸の孤島」である。東京に直結する鉄道もないし，一級国道も野田市からは外れて通っている。こういった立地条件の下で，キッコーマンに頼らずに，市街地が新たに発展していくのもそう簡単ではないと考えられる。今日でも，野田市を訪問するとすぐに解ることであるが，キッコーマンの工場は野田の市街地にあり，町並みがキッコーマンの工場にそってうまく形成されている。野田駅を降りると，もろみの微かな匂いが辺り一帯に漂う。一見サイロのようなキッコーマン印の仕込みタンクは目と鼻の先の距離である。公害も少なく，経済力のあるキッコーマンの存在は今日でも確かである。

4. アメリカのキッコーマン

　これまでにみたように，野田の醬油造りをとりまく市場競争のなかで生き残るためには，造家は労働力の供給地である野田との協調・協同が必要であった。キッコーマンの協調主義は，このような極めて現実的な必要性を原点としていることはここで強調しておくべきである。野田の労働者の多くは，周辺農家出身の農民であった。茂木家を中心とした野田の醸造家は，農家出身の労働者を活用するにあたり，温情主義的な価値観を大切にし，大家族主義的個人経営を展開した。温情主義的，家族的な価値観は，茂木家・高梨家の家訓にも明確に表されている[51]。醬油の製造における，造家と労働者のこうした温情主義的な絆は，大正初期，生産方式と経営の近代化の波の中で，大試練にさらされることになる。戦前最長の労働争議となった野田醬油大争議の苦い経験を基に，会社側は新たに「産業魂」という形で，使用者と労働者との従来の温情主義的，家族的な絆の重要性を，会社の経営理念のなかで労使協調という形で再定義した。

　ここで重要なのは，近代化の中で，会社と労働者との温情主義的，家族的な繋がりが「前近代的」なものとして退けられた訳ではないということである。野田醬油（キッコーマン）は，「産業魂」のなかで，企業の「公共の義務」を明確にし，この枠組みの中で，従来の温情主義や家族主義的な価値観は，「労使の協調」と「雇用の安定」というかたちで再び明確にされていることは強調に値する。さらに，キッコーマンに特徴的なのは，日本経済のグローバル化，市場競争の激化，経営の多角化，そして国際化の荒波のまっただ中，1998年に労使共同宣言として，「労使対等の原則」，「雇用の安定」等の価値観をキッコーマンに重要なものとして謳っていることである。これらの価値観はいわゆる「日本的経営」や「日本型雇用慣行」の中核に位置づけられるものであり，本章の趣旨であるが，キッコーマンがいかに「日本的」な企業であるかを良く表している。キッコーマンのこういった日本的な特徴が，アメリカ進出のなかで，どうして，どのように変化したのか，あるいは，変化していないのか，と

いうのがこのセクションでの「問い」である。

ここでは，キッコーマンのアメリカ進出について，(2) 経営の現地化と雇用の安定，協調的な労使関係；(3) 地域社会との協調；(4) 技術の移転，の3つの側面から考察する。問題の考察に入る前に，(1) キッコーマンのアメリカ進出の背景について言及したい。

(1) キッコーマンのアメリカ進出の背景

醬油は，日本人の食卓には欠かせないものであったが，1950年代後半には，はやくも国内市場で飽和状態となっていた。キッコーマンは，醬油の製品市場のこうした限界を見いだし，日本企業の中でもいち早く，アメリカへ市場を求めて進出していったことは，「国際化」の部分で言及した通りである。

戦後の海外市場向けの醬油は，輸出が中心であったが，そのうち90％近くはカナダ，ハワイを含む北米市場向けであった[52]。しかし，1973年にアメリカでの現地生産が開始されると，アメリカ市場向けの醬油の輸出量は次第に減少していく。今日では，キッコーマンの営業利益の80％以上は海外市場からである。

1957年には，販売会社をアメリカに設立し，当時の食品企業にしては早いアメリカ市場への進出を図った。キッコーマンがアメリカ進出するに至った理由には，戦後の食生活の変化により国内市場の成長が見込まれなかったことがもちろんあるが，輸出によりかさむ輸送費の問題があった。

当時，キッコーマンは醬油の原材料である大豆や小麦を主にアメリカから輸入していたため，日本に原材料を輸入し，加工してから，再度海外に輸出するとなると，輸送費が二重にかかり，輸出量が増える中で，輸送費の増大が問題となっていた。

これらの理由に加えて，経営者の国際化と現地生産への夢があったというのも重要な理由であろう。醬油という日本の伝統的な調味料をアメリカ人が働く工場で生産することで，醬油を現地に根付かせることを目的とした。1950年前半の時点では，自動車産業に見られたような日本製品の輸出の増大による貿易摩擦はまだ問題になっていなかったが，当時の社長である茂木啓三郎氏は「キッコーマンのアメリカ工場ではなく，アメリカのキッコーマン工場」とい

う言葉を残しており[53]，キッコーマン経営者は，時代の先を見据えて，海外現地生産が必要になることを予見していたのかもしれない。

海外現地生産については，メリットだけではなくデメリットも存在する。1つ目は，輸送費の問題，陸上運賃がかさむという点である。アメリカでは，陸上運賃は高くつく。船で運んだ方が運賃は安い。輸出の場合は，たとえばニューヨークで売る分はニューヨークに船で運んで陸揚げする。ロサンゼルスでは，その地で陸揚げすればよい。シカゴで売る場合は，大西洋からセントローレンス・シーウェイを経て，シカゴで陸揚げするという方法がある。しかし，アメリカ内陸地に工場をつくると，すべてが陸上輸送となり，コストの上昇分は無視できない。

もう1つは，設備投資の問題である。醬油の製造は装置産業でもあり，生産設備に巨額の投資が必要である。1960年代のアメリカには，科学醬油の工場はあっても醸造醬油の工場はなかったので，すべてが特注であった。当然，日本で工場をつくるよりも投資額は巨額なものであった。そのようなデメリットがあるのにもかかわらず，なぜ地理的にも食文化も近い，アジアではなくアメリカに先に進出したのかという疑問が生じる。その理由として考えられるのは，まず，アメリカ市場の規模，それと，アメリカに潜在的な需要があると見込んだからである。戦後，来日したアメリカ人が，日本人が使う醬油を日本食はもちろん，自分たちの料理にも使い始めたのを当時の経営者は見ていたのである。そして決め手となったのが醬油と肉の相性が良いことである。ハンバーグやステーキに醬油はよく合った。アメリカ人が肉をよく食べることが功を奏して，少しずつアメリカの市場に醬油が浸透していったのである。

さらに，アメリカ人は食に対して非常にオープンマインドである。アメリカには移民が多く，様々な民族が生活している。そのため，伝統的に「これが正統のアメリカ料理」，というものがない。アメリカ人の国民性も伴い，異なったものを受け入れる時に抵抗が少ない。

反対に，中国では，その時すでに醬油が存在した。いわゆる「一番乗り」としての市場シェアを獲得している現地企業が存在した。代表的なものは「珠江橋牌」という中国で最も有名なブランドで，1954年の創立以来，変わらぬ品質で世界120か国を越える国々で販売されている。また，中国人は低価格の醬

油を求める傾向にあり，「高価格高品質」のキッコーマンの醤油を売り出すのは難しかったのではないかと考えられる。

　アメリカでの現地生産により，海運の輸送費と関税が無くなる。原料穀物の現地調達が可能になる。また，当時の人件費は，アメリカの方が日本よりかなり高かったが，遠からず日米同等になると判断した。このようなことから，陸上輸送費と設備投資の増大というデメリットを考慮に入れても，アメリカ現地生産のメリットは大きいというのが結論であった[54]。

　次に，工場の立地についてである。東海岸地域は，当時の需要や販売状況，西海岸への物流などを考慮すると対象外とされた。西海岸は当時最大のマーケットであり，販売会社の拠点が西海岸にあることや，日系人が多いという背景から，候補地としては優力であった。しかし，西海岸は日本の食文化の影響が強く，食品製造企業としては，日本の延長戦になってしまうという懸念があった[55]。そこで，アメリカの企業として着実に根を下ろすためには，中西部に工場を建設することがよいと判断され，候補地として浮上したのが，ウィスコンシン州ウォルワースである。

　理由は主に5つ存在する。1つ目は，原料穀物の産地に近く，良質の水に恵まれている。2つ目は，工場用地の近くをミルウォーキー鉄道と国道14号線が走り，物流に便利である。3つ目が，地域の人たちが勤勉で良質の労働力が得られること。4つ目は，町自体が平和なコミュニティーである。最後に，豊かな自然に囲まれていること。このようなさまざまな要件を考慮した結果，工場用地がウィスコンシン州のウォルワースに決定された[56]。

　この後，工場建設が始まるまでに，農地を手放すことに反対する地元の農民を説得するための交渉が続くが，この部分については，後で考察する「(3) 地域社会との協調」に譲ることにする。

(2)　経営の現地化と雇用の安定，協調的な労使関係

　アメリカの現地法人である「キッコーマン・フーズ・インコーポレーテッド (Kikkoman Foods Incorporated)」(KFI) がウォルワースに設立されたのは1972年であった。KFI のグランド・オープニングで当時の社長茂木啓三郎は「この工場はキッコーマンのアメリカ工場ではなく，アメリカのキッコーマン

工場である」ことを強調し，アメリカでの現地生産に当たり，「経営の現地化」をKFIの基本方針として掲げた。日本人社員の経営感覚や判断基準を持ち込むのではなく，現地アメリカ人従業員にとって働きやすい工場にすることを第1に考えた。KFI玄関前には日の丸の旗は掲げず，星条旗だけとした。しかし，実際の経営管理方式については，アメリカの日系企業によく見られる，アメリカ型の要素と日本的な要素の組み合わせである「ハイブリッド経営」と言った方が正確かもしれない。在米日系企業の研究・調査のなかで，日系企業の現地経営の実際が日米ミックス型の経営であることを示した研究は少なくない[57]。

　人事部長にはアメリカ人を採用し，日本からの出向者の数は極力少なくして，現地雇用を促進する方針で望んだ。創業開始の時点での従業員数は136人で，日本人社員は7人であった[58]。筆者がウィスコンシン工場を訪問した2013年9月の時点では，工場の全従業員数は170人で，そのうち，日本人はわずか8人であった。1973年の工場の稼働開始時と比べると生産規模は飛躍的に拡大しているが，従業員数はそれほど増えていない。年に3〜4人の新規採用でまかなっているという[59]。

　海外の日系製造企業の工場では，経営の現地化の一環として，人事部長のポストには現地採用の人材を配置し，QAや品質管理部長などの生産管理に関連するポストには，日本人の技術者を配置するのが，よく見られるパターンであるが，キッコーマンの場合も同様である[60]。もう1つ，日系企業によく見られる傾向としてキッコーマンの場合でも特徴的なのが，「原則としてレイオフはしない」と公言していることである。公言通り，KFIは今日まで1回もレイオフを実施したことがない。日本のキッコーマン（野田工場のみならず全社）と同様である。

　このように，KFIの現地従業員の雇用という面では，日本型雇用の特色の1つである安定的な雇用を重要視していて，これをアメリカ企業に比べた場合の強みの1つとしていることは間違いない。雇用の安定が欲しい地元の労働者からみれば，いい意味での現地化の反対である。2013年の工場訪問の時点では，従業員の平均勤続年数は14年以上であり，アメリカの平均値を遥かに上回る。従業員の中には，親子の代にわたり，キッコーマンで働いているという家族もあるほどである。勤続30年を越える従業員もいる。自動車産業と比較して，

食品製造という比較的にクリーンな作業環境で働けることや，近隣のアメリカ系工場に比べて給料はすこし高めに設定されている。仕事の応募者は多く，現在では，順番待ちの状況である。従業員の親族は入社させないのが創業当初からの決まりである。学校の夏期休業中などには，従業員の子弟をアルバイトとして雇うことはある[61]。退職後の年金については，勤続年数が長くなるにつれて年金支給額が増える仕組みになっている[62]。こうして見ると，KFI が長期の勤続と雇用の安定をいかに重要視しているかが解る[63]。

　意思決定についても，アメリカ式の個人のリーダーシップによるトップダウン方式のみで決定するのではなく，グループの意思も尊重するという方針を取った[64]。原則として，アメリカ人従業員の判断を尊重するが，組織全体に取り重要であると判断される案件については，必ず，日本人が最終的に確認するという。勤務時間は原則として朝7時から午後3時30分までである。工場現場の従業員の給料は，職種ごとにグレード制を導入し，スキルの習得状況や勤務状況などにより時給がアップする仕組みになっている。人事考課の領域，例えば，製造の技術者の勤務評定については，アメリカ人従業員の評価は，アメリカ人管理者により行うというのが原則である。最終的には，工場長および各所属長が KFI 評価基準に基づいて評価している。昇進については，各従業員の能力，勤続年数に基づき，工場長及び各所属長により決定される[65]。

　このように，KFI では，操業開始以来，経営の現地化が積極的に進められてきたといえるが，実際は，全面的な現地化ではもちろんなく，意思決定や評価基準には勤続年数などの日本的な要素も盛り込まれている「ハイブリッド経営」である。特に，雇用の面では，アメリカ企業にくらべて遥かに安定的な雇用を実現している。工場の技術者エントリーレベル職の賃金水準も地元のアメリカ企業よりも高く設定されている。さらに，勤続5年以上のアメリカ人従業員に対して，ロンジェビティ・ボーナス（Longevity Bonus）を出し，最高で日給の11日分を支給し，勤続を奨励している[66]。これらは，労働者の定着率の向上が KFI の経営にとりいかに重要かを物語っている。キッコーマンがアメリカ中西部の農村地帯に進出して，雇用の安定という日本的な特徴が経営の現地化の中で消滅するどころか，反対に，キッコーマンの競争力の源泉の1つとして維持されていることは強調に値する。KFI には，労働組合は入っていな

い。アメリカの日系企業や他の外国企業によくみられる，いわゆる"NON UNIONIZED" PLANT（労働組合の入っていない工場）である。経営に対抗的なアメリカの労働組合を避けて，協調的な労使関係を達成しようとするのは，アメリカの日系企業によく見られる行動であるが，キッコーマン（KFI）の協調的な労使関係は，日系企業によくみられる現地化への努力の結果と解釈できるのかもしれない[67]。

協調的な労使関係を通して，KFI は，現場の労働力も柔軟に活用している。生産量が増大してきている中で，生産量の予測に注力し，残業などにより従業員の勤務に急に負荷をあたえることを極力避けている。それでも，生産が間に合わず，土・日出勤で対応しているのが現状である。多くのアメリカ人従業員は，この要請に対して，自発的に応じてくれるという[68]。

現地化への努力は仕事だけではなく，出向社員の日常生活にも及んだ。日本人駐在員は，ウォルワースの町とその周辺に分散して住むようにアドバイスされた。これは，現地で孤立しがちな「日本人村」を形成してしまうことを気遣ったためで，日本人駐在員が地域の生活にとけ込むことを求めたからであった[69]。

(3) 地域社会との協調

キッコーマンの経営理念の中核的な要素である「協調」は，歴史的には，野田という地域との協調をその起原としていることは先に見た通りである。ここでは，アメリカ進出におけるキッコーマンの協調主義と地域との関係を見てみたい。

キッコーマンがウィスコンシン州ウォルワースに工場建設を決定した経緯については前に説明したとおりであるが，実際に工場を建設する段階になると，地元のコミュニティーから反対意見が挙った。「工場ができればほかの企業も進出して，今後多くの工場ができてしまう可能性がある」「長年保ってきたすばらしい自然環境が破壊されてしまう」「土地の評価が上がり住民の固定資産税があがってしまう可能性がある」といった工場の建設に対する反対意見である。また，住民や政府機関の質問として「従業員が何人ぐらい必要なのか」「利益はどれくらいで税収はどれだけ見込めるのか」「工事期間中に町の道路を壊

すことはないのか」「壊した場合の補償はどうするのか」「原料や材料は地元で調達するのか」「建設会社はどこを使うのか」といったものがあげられた[70]。

これらの障壁を乗り越えるために，キッコーマンは，工場の建設が地域に利益をもたらすことを説明するスライドを作成し，茂木友三郎を中心としたグループが婦人団体や農家の会合など，さまざまな集会の場に出向いて説得して回った。後には，個々の農家を訪問して1対1での説得にもあたった。このような努力が実り，町議会で承認され，工場用地への転用が決定された[71]。

工場建設に当たっての，このような地域住民との対話は2か月半にわたり続けられた。

地元住民との交渉は，第1に，絶対に公害を出さない，醬油はポリューションフリーな工場でつくられること，第2に，醬油造りは，大豆と小麦と水を使い，アグリ・ビジネスとして農業と密接な関係にあることを協調，第3に，固定資産税の上昇分はキッコーマンが負担する，ということを地元の農民に説明して回ったのである。地元住民の工場建設に対する懐疑的な感情を和らげる仕方，特に，金銭的な負担をキッコーマンが負う，というところに，野田でのキッコーマンの協調のあり方の応用が伺われる[72]。また，このような地域への金銭的な支援は，ウォルワースで市民会館を建設することになった時に，KFIが工場の土地をウォルワース市に無償で提供していることにも見られる。このようにみると，キッコーマンのアメリカでの地域との協調のあり方は，野田から継承されていると考えられる。

キッコーマンのウィスコンシン工場（KFI）の1973年の操業開始（グランド・オープニング）より40年経った2013年6月には，KFI40周年記念イベントとして，ウィスコンシン州商務省，地元ウィスコンシン大学ミルウォーキー校との共催で，ウィスコンシン州フォンタナにおいて「日米食品流通シンポジウム」と「日米経済カンファレンス」を開催している。「日米経済カンファレンス」では，The Road To Prosperity（「繁栄への道筋」）をテーマに，ウィスコンシン州知事のスコット・ウォーカー氏も招待され，全米及び地元の学界，産業界，政・官界から日米経済関係についての様々な提言がなされた。

また2007年にはキッコーマンのアメリカ進出（1957年のKikkoman International Incorporated設立）50周年記念として，サンフランシスコにて記

念式典が開催された。式典では,アメリカ市場に進出した日本企業の先駆者として,会長の茂木友三郎氏がサンフランシスコ市長から表彰され,アメリカと日本の報道関係者の醬油市場に関する質問に対して,解りやすく回答している[73]。ここで興味深いのは,「醬油」のもつ文化的な意味である。アメリカにおけるキッコーマンの醬油の販売および製造事業は単に製品としての「醬油ビジネス」に終わることなく,アメリカにおける(和食はもちろん,和食以外の西洋料理や中華料理,その他多くの民族料理も含めた)「食文化」の創出に非常に大きな貢献をしてきた。この意味において,醬油の製造と販売は,アメリカの日系人コミュニティーのみならず,アメリカの人々と社会に対する影響力が非常に大きい活動である。ここにキッコーマンがアメリカにおいても,地域との協調を謳う意味がある。

　キッコーマンのアメリカ進出50周年記念に関連して,野田市のキッコーマン国際食文化センターでは,「KIKKOMANのおいしい挑戦～アメリカ進出50周年」として,キッコーマンのアメリカ進出の軌跡を,醬油の販売活動を中心に紹介している。アメリカ市場での成功に基づき,欧州,アジア,オセアニア地域への進出に際して,キッコーマンがレストラン事業に着眼し,日本食と日本の食文化を海外に積極的に紹介し,醬油市場創出のための種まきをしたことなどが,概観されている。こうした地道な活動を通して,今日では,キッコーマンの醬油はアメリカ市場のみならず,欧州,アジア,オセアニア地域でも市場を拡大しつつある。

　最後に,キッコーマンと地域に関連して,グローバル・コンパクトに対する取り組みについて言及しておきたい。グローバル・コンパクトとは,1991年に開催されたダボス世界経済フォーラムにおいて,アナン国連事務総長により提唱された世界経済の持続的成長を目標とするビジネス界に対する提言である[74]。キッコーマンは,2001年に「グローバル・コンパクト」正式参加を表明し,日本企業の中では,早くから積極的な取り組みを見せている。特に環境分野においては,成果が顕著である。2002年には,米国ウィスコンシン工場が環境マネジメントシステムのISO14001の認証を取得。2003年には,カリフォルニア工場もISO14001認証を取得し,資源の無駄遣いを減らし,安全な作業環境を維持し,社会にも従業員にも優しい工場運営に努めている。

グローバル・コンパクトの人権と労働の分野では,キッコーマンは特に「人」に関係する領域に注力している。本章でこれまでに何回も繰り返し述べたことであるが,キッコーマンは1917年の創業以来,「人を大切にする経営」を掲げて,雇用の安定を実現し,特に労働条件の改善については,日本の政策レベルの施策に先んじて,「週40時間労働」を実現し,「育児休業制度」および「介護休業制度」を実施している。特に,アメリカ人従業員の安定雇用の実現については,既に考察した通りである。

このようにしてみると,キッコーマンにとり,「地域」あるいは「地域社会」というものがいかに重要なものとして位置づけられているかが解る。キッコーマンにとっての「地域」とは,今日的な言葉で言えば,企業の社会的責任(CSR)の重要な要素であると考えることも可能であるが,キッコーマンにとり,地域との協調は営利を追求する事業活動とは別枠の慈善事業としての意味しか持たないものでは決してなく,むしろ,事業活動の重要な一部として,戦略的な重要性を有しているということはここで明確にしておきたい。

(4) 技術の移転:野田と同じ味の醬油がつくれるか?

アメリカでの現地生産,特に,アメリカ中西部地域に進出するにあたり,先にみたように,現地生産のメリットがデメリットを上回るというのが結論であった。しかし,いざ工場を建設するとなると,資金の問題のみならず,野田と同じ品質の醬油がアメリカで造れるのかという技術的な問題があった。1968年の部分的現地生産の開始以来[75],アメリカでの現地一貫生産の実現までに6年かかっている。部分的現地生産の計画は,アメリカ工場での一貫生産への暫定的な段階であったとはいえ,6年という期間は短くはない。しかし,この6年間の歳月が,現地生産へのスムーズな移行の実現のためには必要であった[76]。醬油の生産は装置産業であり,装置には,野田の醬油造りの中で生まれた技術が盛り込まれている。外国人従業員でも操作できる設備機械ということになると,野田の設備をそのままウォルワースに持っていけば良いという訳ではなく,装置の改良・改善が必要であった[77]。原料処理設備と製麴設備の主要部分および圧搾機械を日本から運び,他の設備機械は現地で調達またはプラント・メーカーに特注しなくてはならなかった[78]。

醬油の製造に必要な原料は大豆，小麦，食塩，そして「キッコーマン菌」と呼ばれる麹菌である。これらの原料を使用して，醬油造りには，①麹造り，②仕込み，③圧搾，④詰め・出荷，という4つの過程がある。麹造りでは，大豆を蒸すことから始まり，炒り，砕かれた小麦と大豆を混ぜ，それに麹菌を加え，製麹室で3日間麹菌を繁殖させて，醬油麹をつくる最初の過程である。仕込みは，製麹室でつくられた醬油麹に食塩水を加えた「もろみ」を，発酵・熟成させる工程であり，高品質のもろみ造りのためには，酸素の供給や，温度のコントロールなど人の手による管理が欠かせないと言われる[79]。もろみ造りは，昔は1年くらいかかっていたが，現在では技術の改良により[80]，約8か月以内で完了する[81]。圧搾とは，発酵・熟成が終わったもろみを布で包み，醬油を絞りだす工程である。この工程で絞り出された醬油を「生しょうゆ」という。通常は，この後に火入れの工程があり，品質検査を経て，醬油は，詰め・出荷される。このような醬油の製造工程をアメリカに移転させるには，麹造り，仕込み，そして圧搾の工程全てにおいて設備機械の改良が必要とされた。

ここで，品質検査・管理について触れておきたい。品質検査は，上記の全ての工程（原料から，醬油麹，もろみ，生しょうゆ，そして容器詰めされた醬油まで）において実施されるが，醬油造りの過程の中で，技術，特に経験が必要とされるのは，仕込みの過程である。野田の醬油造りにおいて，茂木・高梨家の醬油に優位性があった理由の1つには，前にも説明したように，もろみの調合の技術，すなわち，独自のブレンド技術があった。

独自のもろみ調合の技術といった領域は，機械ではなく人間によるきめ細かなコントロールが必要とされる領域であり，多くの経験が必要とされる。野田からウォルワースへの技術の移転が最も困難な部分の1つである。熊倉によれば，キッコーマンのアメリカ市場における成功は，日本からアメリカへの知識の移転が効果的に行われたからであるとして，中でも，日本からアメリカへの知識の移転の例として，日本本社からアメリカ生産拠点への品質管理の移転を挙げている[82]。知識を狭義の意味で技術という言葉に置き換えるならば，アメリカでの醬油の一貫生産が成功したのは，野田工場からウィスコンシン工場への技術の移転が効果的に行われたからであると言える。その結果，ウィスコ

ンシン工場を実際に建設するときには,野田の技術陣は「野田と同じ機械,設備を使えば,アメリカでも同じ味のしょうゆがつくれる」と自信をもって言い切れるほどになっていた[83]。

以上,(1)〜(4)でみたように,「ハイブリッド経営」,野田での経験に基づいた「地域との協調」,そして,「野田と同じ味の醬油」というように,キッコーマンの日本的特徴はアメリカ現地生産の中で,決して消失してはいない。それどころか,労使協調に基づいた安定雇用,地域との協調,野田と同じ設備,野田と同じ味の醬油,はアメリカのキッコーマンにとり,競争力の源泉の重要な一部分となっている。

結論——アメリカの「日本的経営」

本章では,キッコーマンの日本的経営の中核を,雇用関係における労使の協調に見いだし,その協調主義の原点を,江戸時代,野田での醬油造りにさかのぼって考察した。キッコーマンの協調主義の原点は,野田の醬油造りをとりまく市場競争のなかで生き残るため,労働力の供給地である野田との協調・協同に基づく一致団結が必要である,という極めて現実的なニーズにあった。地域と結束し市場競争を勝ち抜かねばならないという必要性に対処する中で,野田の醬油造家は温情主義的,家族主義的価値観のもと,野田の労働者との絆を深めていったのであった。繰り返しになるが,造家と農民との温情主義的,家族主義的な繋がりは,大正期,近代的工場生産への移行の中で,試練にさらされることになった。野田醬油大争議の痛々しい経験を基に,これまでの造家と農民の繋がりは,「産業魂」として,会社と従業員の信頼関係に基づいた協調として再定義された。さらに,キッコーマンに特徴的なのは,グローバル化の中,1998年に労使共同宣言として,労使の協調をキッコーマンに最も重要な経営理念の一つとして再確認していることであった。

キッコーマンのこのような「日本的」な経営の特徴が,1970年代,醬油のアメリカでの現地生産のなかでどう変化したのか,というのが本章の問題の所在であった。結論からいえば,キッコーマンはそのような「日本的」な特徴

を，アメリカにおいて，安定的な雇用の実現として維持していた。アメリカの日系企業によく見られる「ハイブリッド経営」というかたちで，制度面では基本的にアメリカ企業に近いが，現地労働力の雇用に関しては，日本的な経営理念の中核である，安定的な雇用の実現を企業の方針として明確にしている。アメリカでの醬油の現地生産を成功させるためには，経営の現地化が必須であったが，キッコーマン（KFI）は，現地化を促進する中で，地域との協調，労使関係の協調，そして，雇用の安定を会社の基本方針として掲げ，従業員の定着率の向上を図っている。対抗的な労使関係が特徴的であるアメリカで，多くの日系企業にとり，工場立地の選考過程で，安定的な雇用は重要な条件の1つである。社員の教育訓練を重視する日本的経営が十分に機能するためには，社員の定着率の向上は必須の条件である。離職・転職が多いことは日系企業ではマイナス要因である。日常の労務管理をアメリカ人の人事部長や現場のアメリカ人管理職に任せ，他産業，特にアメリカ系企業の情報をこまめに収集して，従業員の待遇面で遅れをとらないように努力している。キッコーマンにとって，安定的な雇用の実現は，戦略的な重要性を持っていると言っても過言ではない。

最後に，アメリカにおける安定雇用の実現に関連して，こういった日本的な特徴がもたらす成功と限界点について触れておきたい。

海外の日系企業の人事関係者の間では，「トップ10％のアメリカ人は日本企業には来ない」と時々言われる[84]。「トップ10％のアメリカ人」とは，通念的に言うと，例えば，アイビーリーグの経営大学院でMBAを取得し，Fortune 500などの雑誌の企業ランキングで上位に入るアメリカ大企業の管理職や有名コンサルティング・ファームで専門職に就くアメリカ人が典型的である。このようなアメリカ人は，日系企業のブランド価値が彼らにとり十分でないということもあるが，特に給与の面で，日本企業には興味を持たない。Golden Cuff（黄金の手錠）というアメリカ的なフレーズにも表されているように，アメリカ企業は，有能な経営幹部の処遇には，破格的な給与（もしくは，その他の金銭的な待遇）を提供するのが珍しくない。

これに対して，日本企業では，経営管理職の給与面での処遇では，アメリカ

大企業の水準を遥かに下回る。在米日系企業の経営の実態については，多く調査がなれているが，まさにハイブリッド経営である。管理職の給与水準は，アメリカ企業と比べた場合，それほど高くはなく，昇進のペースも迅速ではない。従業員個人の成果が，昇給として，すぐに給与に反映されることもまれである。意思決定も，合意の形成を重視するために迅速ではない。こういった日系企業の側面が，アメリカ人ホワイトカラー中間管理職の不満となっていることを示した研究は少なくない。（林 1985；吉原 2001；Sumi 1998）

それでは，アメリカの場合，日系企業のどこが強み（＝優位性）なのかといえば，特に待遇の面では，田舎ではなく都会といったロケーションやライフスタイルといった求職者の主観的な価値観に基づく面が多いので，一概には言えないが，やはり，雇用の安定は，1つの強みである。

しかし，アメリカのホワイトカラー管理職のキャリア形成では，転職を重ねることを通して自身のキャリアの進展を図るというのが一般的である。転職をしない中間管理職は，転職ができない者と見なされて，企業にとり魅力的ではない。労働市場は「転職社会」を良く反映している。

このような環境で，日系企業の謳う「雇用の安定」はどのような労働者にアピールするのであろうか。アメリカ日系企業の研究の中で，日本的経営はどちらかと言えば，生産システムの成功に見られるように，生産現場において，成功，定着をみせたのであり，経理や人事といったオフィスの領域では，成功していない。むしろ，「日本型」と「アメリカ型」との対抗関係が顕著である[85]。これとは対照的に，生産現場，すなわち，工場では，日本型の「平等主義」や「安定的な雇用」が現地の労働者（＝ブルーカラー労働者）にアピールしている。彼らの多くは，転職社会のアメリカ型労働市場のなかでは，相対的にチャンスに恵まれず，転職＝キャリアの進展といった図式の当てはまらないアメリカ人である。このように，アメリカの「日本的経営」は，ホワイトカラーよりもブルーカラーにアピールしているのである。

それでは，キッコーマンに話を戻そう。アメリカのキッコーマンの場合でも，この傾向は顕著に見られる。キッコーマンがインターネットのYouTubeに最近掲載した映像がある[86]。キッコーマンのウィスコンシン工場，KFIにおける醬油の現地生産中で，キッコーマンが地域社会に根をおろし，地域住民と

ともに成長している姿,「キッコーマンの協調主義」を良く表現している内容である。その中で,従業員とのインタビューがあるが,そこで強調されているのは,キッコーマンという企業が自身の人生でいかに意味のある存在かというものである。これは,本章で考察した,キッコーマンの会社と社員の信頼関係や協調的な関係をよく表している[87]。この映像でフォーカスされているアメリカ人従業員は,先に延べた「トップ10％」のアメリカ人では決してない。キッコーマンの日本的特徴は,アメリカにおいても,地域の住民(農家がほとんどである)との協調という形で,着実に根付いているということである。このように,協調という視点からみると,アメリカの中西部の農村地帯で根づいているキッコーマンに重なるように,野田に根づいてきたキッコーマンが見える。

　キッコーマンの例に典型的に見られるように,雇用の安定はアメリカ系企業に対して強みである。労使間の協調的な関係を創りだそうとする経営方針や平等主義的な経営管理は,従業員のモチベーションを高めるという意味において,今日でもアメリカでは有効であり,効果的な手段である。このような共同体としての結束力と従業員の高いレベルのモチベーションとコミットメントが,キッコーマンの成功の要因の1つであることは否定できない。反面,そのような平等主義的な制度と組織文化自体が,先ほど述べた「トップ10％のアメリカ人」を排除してしまっているのも事実である。醤油の製造を中心とした食品メーカーであるキッコーマンにとり,また,ウォルワースというアメリカ中西部の農村地帯のまっただ中で,地域住民との協調を重要視してきたキッコーマンにとり,「トップ10％のアメリカ人」は必要ないのかもしれない。グローバル化の中で,アメリカ中西部および農村地帯にも変化の波が押し寄せるのも時間の問題かもしれない。そうなったときに,キッコーマン・フーズ・インコーポレーテッド(KFI)の経営がどのように変化していくのか興味深いところである。

【謝辞】
　本章の作成にあたり,茂木修氏(キッコーマン株式会社執行役員・国際事業本部長補佐　兼　海外事業部長),清水和生氏(President & CEO, Kikkoman Foods Inc.),

Mr. Daniel Miller (Vice President of Administration, KFI), 辻亮平氏 (Vice President of Manufacturing, Plant Manager, KFI), 清水雅朗氏 (Manager of Accounting, KFI), Takeshi Miki (Quality Assurance Manager, KFI), Takeshi Ito (Koji & Shikomi Manager, KFI), 廣田崇氏 (海外事業部企画グループ, 主査1級, キッコーマン株式会社), 長島宏行氏 (キッコーマンもの知りしょうゆ館, 館長, キッコーマン株式会社), 春日正史氏 (生産本部 野田工場製造第1部 部長, キッコーマン株式会社), 亀井健一氏 (生産本部 野田工場製造第1部, キッコーマン株式会社), 斉藤文秀氏 (キッコーマン国際食文化センター センター長, キッコーマン株式会社) より, ご高配いただいたことに感謝申し上げる (所属・肩書きは当時)。勿論, 本章に散見されるであろう誤りの責任は全て筆者にある。

(鷲見　淳)

注

1) しょうゆ情報センター (https://www.soysauce.or.jp/about/) (Accessed June 1, 2016)。
2) キッコーマン株式会社 (2015)。
3) Fruin (1983:129)。
4) キッコーマン株式会社 (2000:9)。
5) 林・天野 (205:4)。
6) 野田産醬油, 特に茂木家・高梨家の醬油製造の技術的な背景に関しては, 十分に解明されていないが, 諸条を調合するにあたり, 独自の仕込み技術 (ブレンド技術) に優位性があったのではないかと推察される。林・天野 (2005:113)。
7) キッコーマン株式会社 (2000:28)。
8) キッコーマン株式会社 (2000:52)。
9) 茂木 (1983:19), 林・天野 (2005:45)。
10) 茂木 (1983:19)。
11) 太平洋戦争中, 強制収容所に入れられた日系移民は, 収容所内で醬油を欲した。収容所側では, 日系人の希望を無視したが, その話が赤十字に伝わり, 赤十字を通して日本からアメリカへと醬油が渡った。茂木 (1983:20)。
12) 茂木 (1983:37)。
13) 宇田川 (2014:124)。
14) Forbes/Japan (2007)。
15) 2016年5月の時点でハラール認証を取得している醬油は, ちば醬油株式会社の「ハラール醬油」のみである。
16) 茂木友三郎は, Forbes/Japan のインタビューで,「しょうゆは国際的なビジネスです。ただし, 絶対に安売りをしないという我慢強さがないと成功しません」と言っている。Forbes/Japan (2007)。
17) 佐藤は, 野田市郷土史博物館長の下津谷達男の話から,「もしも意図的にこうした話 (茂木, 高梨家の慈悲深い行為) を残したとしたら, 茂木, 高梨家の先祖は恐るべき政治力を持った人物といわなければならない」と記している (佐藤 1975:201)。また, 野田醬油株式会社設立当時の株主構成からは, 茂木家の所有分が圧倒的に多く, 茂木一族は会社内だけではなく野田町の豪族として, 絶大な政治力を有し, 町政すらも一族によって運営されているようなものであった。(キッコーマン醬油労働組合 1977:357)。

18) （佐藤 1975:202）。
19) （佐藤 1975:203）。
20) 筆者の 2013 年ヒアリングより。
21) 佐藤（1979:123-4）。
22) 水郷佐原の伊能忠孝，そして平田篤胤の門人は利根川下流地域に多かったという。佐藤（1975:208）。
23) キッコーマン株式会社（2000:98）。
24) キッコーマン株式会社（2000:98）。
25) 野田醬油株式会社設立後の樽職人（以前の蔵人）は直接に会社と雇用契約を結んでいたが，作業の性質上それぞれの棟梁（親分）の下に属していた。棟梁は樽職人の賃金の一部をピンハネしていたのである。「ハネ銭」とよばれ，典型的な中間搾取であった。キッコーマン醬油労働組合（1977:372）。
26) それまで労働者は蔵の付属施設である「広敷」と呼ばれる広間に寝泊まりし，食事や衣服，日用品等は親分を通して造家から支給され，これに基づいて年給制が維持されてきた。さらに，従来の方式では，1日の勤務は「仕事量」で決定され，決められた仕事量をこなせば自由に退社できる方式で，労働者の80%にこの方式が適用されていた。会社側は，これを全て時間制に改め，1日の実労働時間を一律8時間に決定した。キッコーマン株式会社（2000:99-100）。
27) 当時，野田醬油株式会社で働いていた労働者の約80%は茨城南部の農家の出身であった。「おじ坊」と呼ばれた農家の次男，三男であり，わずかばかりの小作農では生活できず，醸造労働者（蔵人）になった。彼らは1年契約で，親分を紹介人として会社に雇用されたが，極めて隷属的な立場におかれた。野田醬油労働組合（1977:357-9）。
28) 従来の方式では，労働者の多くは，1日平均5時間で決められた仕事量をこなし，その後は，帰宅して，副業としての農業に携わっていた。これに対し，新しい制度の下での一律8時間労働制の下では，副業の時間をカットすることになり，これは労働強化と実収入の減少を意味し，労働者の不満は期待とは裏腹に増大した。キッコーマン醬油労働組合（1977:372）。
29) 1928年3月20日午後，争議団副団長堀越梅男による直訴であった。労働争議に関しては，前例がなく，堀越は直ちに検束され，不敬罪は免れたものの，請願令違反として6か月の懲役に服することになった。直訴という非常手段をもって争議を社会問題化させ，調停に応じようとしない会社に世論の批判を向けさせようというのが組合の狙いであったが，結果的には，1929年6月26日をもって総同盟野田支部は解散し，組合側の敗北を明確にした。キッコーマン醬油労働組合（1977:480）。
30) キッコーマン株式会社（2000:103）。
31) Fruin（1983:213）。
32) キッコーマン株式会社（2000:104）。
33) 宇川（2014:123）。
34) 「労働組合と会社は二人三脚の存在であるというのがキッコーマンの考え方です。労使は対立するものだ，という考え方もありますが，我々は違います。大争議（野田醬油大争議）という苦い経験を経て，敵対しない友好的な労使関係を築き上げてきたとういう自負があります」というキッコーマン人事部長の言葉は，キッコーマンの「協調」という考え方がいかに重要であるかを良く示している。（和田 2010: 208）。
35) キッコーマン株式会社（2000:633）。
36) キッコーマン株式会社『有価証券報告書』（2014）。
37) キッコーマン労働組合（2009）。
38) 小林（2000）。

39) 和田（2010:215）。
40) 2010年のデータであるが，女性の管理職比率は5.2%と食品業界ではやや低い値に留まっている（和田 2010:210）。
41) 和田（2010:217）。
42) 小林（2000）。
43) 和田（2010:217）。
44) 和田（2010:216）。
45) キッコーマン労働組合（1996）。
46) 2005年5月末時点。労働調査会編集部（2005）。
47) ①年2回の労使トップによる安全衛生パトロール，②安全委員，安全管理者による職場安全週間パトロール，③衛生委員，衛生管理者による職場衛生週間パトロール，④産業医・看護師も参加する野田地区安全衛生管理者会議のパトロール，⑤中央労働災害防止協会安全管理士による診断，⑥年10回の安全衛生委員会事務局による安全衛生パトロール，がその内容である。五木田（2004）。
48) 5S活動は，整理，整頓，清潔，清掃，習慣の徹底，3T活動は，定められたもの（定物）を，定められた量（定量），定められた場所（定位）に置く，ABC運動は，「当たり前のことを，馬鹿にしないで，ちゃんとやる」という標語の頭文字を取ったものである。五木田（2004）。
49) 本間（1981）。
50) 井刈（1981）。
51) 荒田（2006:84-86）。
52) キッコーマン株式会社（2000:312）。
53) キッコーマン株式会社（2000:319）。
54) キッコーマン株式会社（2000:315）。
55) 茂木（1983）。
56) キッコーマン株式会社（2000:317）。
57) 島本（2007），佐藤（1979），林（1985），茂木（1981），Sumi（1988）。
58) キッコーマン株式会社（2000:320）。
59) Forbes/Japan（2007）
60) アメリカ日系企業の現地化の一般的なパターンについては，Sumi（1998）を参照されたい。筆者がウィスコンシン工場を2013年に訪問したときには，人事部長はアメリカ人男性で，前職でアメリカ系自動車企業の人事畑で経験の深い人材であった。KFIでは，CEO，工場長，経理，製造，研究開発，設備，麹，仕込み工程，品質管理などの生産管理の部署の長は日本人で占められている。人事，購買，流通といった現地の事情に根ざしている部署の長は現地採用のアメリカ人である。
61) Forbes/Japan（2007）。
62) 佐藤（1979:137），茂木（1981:65）。
63) Yatesは，茂木友三郎との会話から，年功序列制は，アメリカ工場へは正式には移植されていないが，勤続年数と会社への忠誠心は，従業員の評価において重要視されることを記している。Yates（1998:186）。さらに，キッコーマン・シンガポールにおいても，現地従業員の定着率の向上は最も重要な目標の1つであることが報告されている。寺本義也・廣田泰夫・髙井透（2013:41）。
64) キッコーマン株式会社（2000:320）。
65) 野田工場における人事考課については，概要は，次のようになる：①その期間に本人に課題をどれだけ達成したのかと，②本人が担当業務で必要とされる能力をどれ程満たしているのか，の2つの点で評価している。①の課題達成度は，所属長と本人が期初に面接し，期間内に実行すべ

き課題内容・評価基準を具体化して，期間終了時に両者が達成度を確認し，評価する。②の能力評価の項目・基準は，職場や担当業務により異なるが，例えば，技術者の場合は，できる作業の範囲，分析制度，製品の出来栄え，所有している資格，技能，判断力，トラブル解決能力など多くの点から評価している。評価の結果については，賞与の額，昇進の早さに反映させ，「がんばった社員が報われる」制度としている。(2013年ヒアリングより)。

66) Forbes/Japan (2007)。
67) 「こちらに進出した会社が労働組合問題で苦労している話をよく聞きますが，うちには労働組合がないからでしょうか，労使関係でもめたことは一度もありません」(畠山KFI社長とのインタビューから), Forbes/Japan (2007)。
68) Forbes/Japan (2007)。
69) キッコーマン株式会社 (2000:320)。
70) 佐藤 (1979:119-120)，茂木 (1983:112)。
71) キッコーマン株式会社 (2000:318)。
72) 佐藤 (1979:123-4)。
73) 「キッコーマンの米国進出50周年記念」(Film in You Tube: https://www.youtube.com/watch?v=iN3xsMCrRqM) (Accessed on July 1, 2016)。
74) グローバル・コンパクトは人権・労働基準・環境保護の3つの基本分野において，企業が国際機関と連携し，責任あるコーポレート・シティズンとして活動することを求めている。清水 (2004:35)。
75) 醤油のアメリカへの輸出量が増大するにつれて，輸送費用の増大が問題となっていたが，1960年代半では，現地一貫生産は時期尚早であった。そこで，カリフォルニア州オークランドのレスリー・ソルト社との業務提携の下で，暫定的にアメリカで壜詰を行うという部分的現地生産を開始した。キッコーマン株式会社 (2000:313)。
76) キッコーマン株式会社 (2000:321)。
77) 通風製麹設備は，既に関西の高砂工場と野田工場で実績を持っていた設備に改良を加えたものをウィスコンシン工場に運び，原料処理設備と圧搾機は，野田工場で稼働していたので，これらの設備，機械をウィスコンシン工場に運び込み，実際の操業の過程で手直しを入れていく方法が取られた。キッコーマン株式会社 (2000:321)。
78) キッコーマン株式会社 (2000:320)。
79) 発酵を順調に進める上で最も大切なのは，もろみの状態に応じてきめ細かくもろみに空気を送り込む「撹拌」と呼ばれる作業である。この工程では，季節や気温などに応じて人間の感覚によるきめ細かいコントロールが必要とされる。(キッコーマン・ホームページ)。(http://www.kikkoman.co.jp/soyworld/museum/howto/preparation.html) (Accessed on July 1 2016)。
80) 現在では，コンピューターによる工程の制御が中心である。(キッコーマン・ホームページ，同上)。
81) 小栗 (2008:173)。
82) 熊倉 (2009:135)。
83) キッコーマン株式会社 (2000:321)。
84) これは，筆者が1990年代にアメリカ日系企業のヒアリング調査をしているときにしばしば聞いた発言である。アメリカ日系企業だけではなく，中国の日系企業の人材採用についても，同様のことを耳にしたことがある。日系企業の人材採用では，最初の書類選考から，第1時面接，第2時面接，さらに最終面接と，面接を繰り返し，最終的な判断に至るまでの時間が1〜2か月と，欧米企業，中国企業の採用にかかる時間と比べて極めて長いのが特徴的である。このために，採用候補者の中で，現地日本企業での採用が決定する前に，中国企業や欧米企業から Job Offer (採

用通知）をうけ，結果として日系企業での就職を断念する者がかなりいるということである．
85) Sumi (1988)．
86) Make Haste Slowly: The Kikkoman Creed, A Film in You Tube. (Accessed on July 1, 2016)．
87) 地元の高校を卒業し，キッコーマンに入社し，人事担当となった女性従業員のメッセージがある．キッコーマンの財政的支援により地元の College でビジネスを専攻し，学位をとる．現在，Human Resource Manager の 1 人である．彼女の今があるのは，キッコーマンのおかげである，というメッセージである．

参考文献

荒田弘司（2006）『商いの原点　江戸商家の家訓に学ぶ』すばる舎．
井刈田鶴子（1981）地域社会と企業 -III-「野田週報の内容分析―ローカル紙の発刊から廃刊まで」『応用社会学研究』No. 22 253-262 頁，立教大学社会学部．
五木田勉（2004）「伝統の技と最新設備でおいしさを届ける―キッコーマン株式会社，地域からの発想　豊かな地域づくり―千葉県」『厚生労働』59（4）33-35 頁，厚生問題研究会．
宇田川勝（監修）生島淳・宇田川勝（編）（2014）『企業化活動でたどる日本の食品産業史』文眞堂．
小栗朋之（2008）「醬油製造技術の系統化調査」『国立科学博物館　技術の系統化調査報告書』第 10 集（2008）March　国立科学博物館．
キッコーマン株式会社（2000）『キッコーマン株式会社八十年史』．
キッコーマン株式会社（2012）Make Haste Slowly: The Kikkoman Creed, A Film in You Tube. (https://www.youtube.com/watch?v=zF8GfajCtgM) (Accessed on June 1, 2016)
キッコーマン株式会社（2015）ファクトブック 3 月期 資料編．
キッコーマン労働組合（2009）「共闘を力に賃金改善　特集 09 春闘中間総括」『月刊労働組合』（通巻 532）May 15-17 頁，労働大学出版センター．
キッコーマン労働組合（1995）『新たな飛躍へ：キッコーマン労働組合 50 年史』ビジョン・50 周年記念事業総合実行委員会編．
キッコーマン労働組合（1996）Move: Kikkoman-Union magazine. 347 号（1996 年夏）．
キッコーマン醬油労働組合（1977）『キッコーマン醬油労働組合 30 年史』キッコーマン醬油労働組合 30 年史編纂委員会編．
熊倉広志（2009）「キッコーマン」大石芳裕編『日本企業のグローバル・マーケティング』所収，第 5 章，白桃書房．
後藤俊夫（2009）『三代，100 年潰れない会社のルール』プレジデント社．
小林信一（2000）「労働大臣努力賞　キッコーマン　早くから法を上回る制度充実に着手，利用者全員が職場復帰する家庭的企業風土」『企業福祉』23（通号 508）20-22 頁，産労総合研究所．
佐藤良也（1975）『キッコーマンの経営』読売新聞社．
佐藤良也『風味を売る男たち』（1979）日本リクルートセンター出版部．
島本みどり（2007）「醬油のグローバル化―キッコーマンを中心に」，中牧弘允・日置弘一郎編『会社文化のグローバル化　経営人類学的考察』所収，東方出版．
清水和生（2004）「グローバル・コンパクト―キッコーマンの取り組み」『労働の科学』59 巻 1 号，34-38 頁，労働科学研究所出版部．
寺本義也・廣田泰夫・髙井透（2013）『東南アジアにおける日系企業の現地法人マネジメント』中央経済社．
林吉郎（1985）『異文化インターフェイス管理：海外における日本的経営』有斐閣．
林玲子・天野雅敏編（2005）『日本の味　醬油の歴史』歴史文化ライブラリー 187，吉川弘文館．
Forbes/Japan（2007）「海外進出を先駆けて 50 年キッコーマンの国際戦略：現地レポート　製造の拠点・

ウィスコンシン 労使協調で盤石な生産体制を確立」Vol. 16（July），49-51 頁，小室雅弘著。
本間康平（1981）地域社会と企業 -1-「キッコーマン従業員の生活意識の構造―雇用従業者の生活意識　第 4 事例研究」『応用社会学研究』No. 22　219-238 頁，立教大学社会学部。
茂木友三郎（1981）「キッコーマン・フーズにみる日米ミックス型人事管理」『経営者』5 月号，62-65 頁。
茂木友三郎（1990）「醤油の国際化について―キッコーマンの海外進出（国際化時代の市場展開）」『日本醸造協会誌』85 巻 7 号，445-449 頁，日本醸造協会。
茂木友三郎（1983）『醤油がアメリカの食卓にのぼった日　食文化輸出戦略』PHP 研究所。
茂木友三郎（2007）『キッコーマンのグローバル経営　日本の食文化を世界に』生産性出版。
茂木友三郎（2013）『国境は超えるためにある』日本経済新聞社。
横江茂（1989）『キッコーマンの奇跡　SOY SAUCE が世界の舌を制した日』講談社。
吉原英樹（2001）『国際経営』（第 3 版）有斐閣アルマ。
労働調査会編集部（2005）「安全衛生最前線 OSHMS の導入，災害事例の水平展開で安全作業の徹底を図り無災害を継続！キッコーマン（株）野田工場」『労働安全衛生広報』（通巻 873）8 月 15 日，10-17 頁。
労務行政研究所編（2002）「キッコーマン―人事管理　先進企業にみる育児休業定着への取り組み」『労政時報』3521 巻 1 月 4 日，32-38 頁，労務行政。
和田彰編（2010）『日本でいちばん働きがいのある会社』中経出版。

Fruin, Mark W.（1983），KIKKOMAN: Company, Clan, and Community, Cambridge: Harvard University Press.
Sumi, Atsushi（1998），Japanese Industrial Transplants in the United States: Organizational Practices and Relations of Power, Routledge.
Yates, Ronald E.（1998），The Kikkoman Chronicles: A Global Company with a Japanese Soul, McGraw-Hill.

第6章

岩塚製菓と旺旺集団
―― 地域企業のグローバル化の一考察 ――

はじめに

　岩塚製菓株式会社は，1947（昭和22）年に平石金次郎と槇計作により新潟県三島郡岩塚村（後の越路町，現・長岡市越路地域）で岩塚農産加工場として創業され，54年に株式会社化し，55年以降には米菓（せんべい・あられ・おかき）の製造・販売に着手して，60年に現社名に改称して現在に至っている。日本の米菓業界では第3位に位置し，1989年には店頭登録・株式公開を実現した（2004年にジャスダック証券取引所上場へ変更）。

　旺旺（ワンワン）集団は，1962（昭和37）年に蔡阿仕を中心に台湾の宜蘭（イーラン）県宜蘭市で創設された宜蘭食品工業股份有限公司に端を発し，その後蔡阿仕の次男である衍明が経営を主導して，現在は上海市を拠点に食品（米菓・乳製品・飲料・スナック菓子）をはじめとして多角的に事業を展開する中国を代表する食品企業グループの1つである。従業員数は5万2000人を数える。中核企業の中国旺旺控股有限公司は2008（平成20）年香港証券取引所に上場し，11年には同所のハンセン指数の構成銘柄に採用されている。

　岩塚製菓と宜蘭食品工業股份有限公司は1983（昭和58）年に技術提携を結び，緊密に連携していったが，これが両社の事業基盤の確立と強化，そして岩塚製菓の持続的成長と旺旺集団の急成長の決定的な要因となったといえる。

　岩塚製菓と旺旺集団との関係については，業界や経済メディア関係者の間ではよく知られているものの，それ以外の特に学界では等閑に付されている。近年，中国企業やビジネスの理論および現状に関する研究が進展し，研究論文はもとより研究書や学習用テキストも多数刊行されているにもかかわらず，両社

については着目されていない。

　ところで，中国企業の経営史的研究は未だ発展途上であるが，現時点では，房文慧氏による化粧品メーカーの経営戦略の日中比較や李雪氏による一般消費財メーカーの経営発展と企業成長の研究が重要な成果である[1]。とりわけ，李氏は事例の1つとして中国最大規模の飲料メーカーで旺旺集団のライバルである杭州娃哈哈集団（Wahaha：ワハハ）を取り上げ，中国内外および社内外の資料をふまえて分析している。注目に値する業績といえ，本章においても有用であった。しかし，房氏，李氏の研究ともに本章が課題とする日本企業との連携ないし提携に関してはひととおり叙述されるに止まっている。

　また，日本経営史研究においても，国際関係経営史との観点に基づくアジアにおける日本とアジアおよび欧米企業間の競争や日本企業と海外企業との提携についての研究が公刊されているが[2]，企業間関係の解明に向けては事例研究を積み上げていく必要がある。

　一方，新潟県が全国の出荷額の約55％を占めるなど[3]，県内企業がその発展を主導している米菓工業の経緯に関しては，笠原洵氏や冨田晋司氏が概観を示し[4]，原陽一郎氏・岸本徹也氏・岩城愛氏・斎藤美如氏による共同研究や清水希容子氏が後述する産学官連携の視点から検討を加えているものの[5]，岩塚製菓を含めた個別企業の動向についての論及は行き届いているとはいい難い。最近では，齋藤達弘氏による岩塚製菓の財務政策をテーマとする調査報告が発表され[6]，有益な情報が盛り込まれている。しかし，対象時期が1990年以降であり，財務ないしファイナンス面の分析以外の立論は概して平板である。

　本章は，岩塚製菓と旺旺集団の創業・設立と発展のプロセスを立ち入って検討・考察をおこなうとともに，両社の連携のダイナミズムを明らかにすることを目的として掲げる。日本と台湾と国は異なるものの，地域ないし地方で立ち上げられた両社が良好な関係を構築・堅持しつつ海外進出ないしグローバル化をいかになし遂げているのか，1つのケースを提示するとともにその事績を考究することは一定の意義を有しよう。

1. 岩塚製菓の創業と設立および事業展開

　岩塚製菓に関する史実は，特に断らないかぎり，店頭登録申請時に作成された『登録申請のための報告書』(1989年7月)，創業45周年時の1992年7月に刊行された創業45周年記念誌編纂事務局編『地域とともに45年　岩塚製菓株式会社創業45周年記念誌』(ともに岩塚製菓株式会社所蔵)の記述に依拠している。

　岩塚製菓の創業者である平石金次郎は1910(明治43)年2月27日，槇計作は1916(大正5)年5月12日に，岩塚村大字飯塚字十楽寺で生まれた。平石・槇家ともに稲作や桑などの畑作および乳牛などの酪農を展開していた。酪農の指導を通じて両家は緊密になったという。平石・槇家ともに自作農で地域の中ではそれなりの規模を有していたものの，晩秋から翌春までの降雪期には地域外への出稼ぎを余儀なくされていた。

　平石は1925年に片貝尋常高等小学校，槇は1931年に飯塚尋常高等小学校を卒業後直ちに家業に従事し，農閑期には近隣もしくは県外の酒造場に赴いて杜氏として従事している。平石は海軍に召集され舞鶴で，槇は陸軍で兵役についた後に岩塚村立青年学校の指導員として終戦を迎えた。

　終戦後の食糧事情は深刻の一途をたどり，生活を支えるための出稼ぎも拡大していた。こうした状況を憂慮した平石と槇は「出稼ぎをしなくてもいいように岩塚に産業を興す」，「採れた農作物を農閑期に加工していけば生活は成り立つ」と構想し，「両家の身上をつぶしてもいいからやってみよう」との並々ならぬ決意を固めた。具体的には，甘味料が不足していたことをふまえて，地域で豊富に産出されていたサツマイモを原料としたイモ飴の製造を計画した。1946年に槇の自宅内で試作を開始した。製造にあたっては，平石と槇が酒造で身につけた発酵の技術を活用できた。試作で一定の成果があがったため，翌47年に平石の自宅内に作業場を新設して，岩塚農産加工場を立ち上げた。イモ飴に加えて，カラメルや槇が四国で購入してきた塩を用いての漬物および醤油の製造も着手した。当初は品質や販売が安定せず，平石と槇は双方所有の牛

を売却して資金調達を図ろうとしたほどであった。その後事業は徐々に軌道に乗り，1948年には東京で開催された展示会でカラメルが第1位となるなど，高い品質を誇っていた。

1949年の新聞報道によると，平石と槇の取り組みは，「経営者，即技術者，即労働者，即販売員と一人四役の活躍で家庭農村工業で成功した1異例として注目に値するもの」であり，地域からは当初は「岩塚コルホーズと嘲笑を投げかけられ」たものの，成果があがるにつれて，「村でもこの加工場に注目し村産業振興会で積極的に援助する計画を進め第1次工程を一般農家でやらせ全村のイモ消化はもとより近隣町村の余つたイモを消化加工できるよう発展させる意気ごみを見せている」と報じており，現在注目されている「六次産業化」ないし「農商工連携」の萌芽であるといってよい。

戦後復興が進み，企業間の競争が激しくなるなかで，平石と槇は生産の効率化と品質の向上および販路の拡大に尽力するとともに，事業の中心をイモ飴からカラメル，さらに1949年から着手したデンプン飴へとシフトさせていった。製品加工は製菓部として槇武三郎が担った。そして，1954（昭和29）年4月27日に，資本金200万円をもって株式会社化し，平石が社長，槇が専務取締役に就任した。この間の経緯について，『岩塚村誌』で次のように叙述されている[7]。やや長くなるが引用しておきたい。

> 岩塚駅近く糖化（水飴）工業を経営する岩塚農産加工場は有利な位置を占め，県内唯一の糖化工場である従来の合名経営を改め，昭和二十九年五月一日出資金二百万円を以て設立せり。
>
> 初め平石金次郎は昭和二十一年十月大東亜終戦直後，甘味欠乏の時に於て甘藷生産過剰により一貫匁三円内外に低落の相場に着眼して甘藷を原料とする飴の製造を試みしに販路も広く有利に販売せられ，次年より家庭工業として之に倣ふ者村内に五, 六十戸を数ふるに至れり。然るに生産量も年を遂ふて増加し，過剰の傾向にあり，一方砂糖の輸入も多く甘藷飴の如き粗製品は用途も狭く販路に困難を来たすに至れり。
>
> 斯ろ難関に当面せる平石金次郎槇計作の両人は最新設備に依る糖化工場を設け，製品の向上と生産能率増加によつて生産費の節減を計り，昭和二十五

年十月現在の工場を両人合名組織の下に建設するに至れり。爾来専心従業員と共に協心事業に努力し来れり。

　昭和二十九年五月時代の進展に伴い工場の完備並堅実を誇り，益々事業の進展を期して株式会社組織に改めたり。現在一日平均生産八十缶，年産販売価格四千五百万円にして販路は，上越，中越地方とす。

　平石と槇による起業は，近年注目かつ重要視されている，社会的問題の解決を目指す「ソーシャルビジネス」ないし地域が有する諸資源を有機的に融合させる「コミュニティビジネス」の先駆けといえる。これと同時期に，現在の亀田製菓のルーツにあたる亀田郷農民組合委託加工所が 1946 年 9 月に古泉榮治により新潟県中蒲原郡亀田町（現・新潟市江南区）で創設され，米を原料として水飴（麦芽糖）を製造し，引飴への加工に着手したこととともに注目すべきである。なお，古泉は事業の高度化を志向して，1950 年 3 月に亀田町農産加工農業協同組合を結成した。亀田製菓株式会社への改組は，1957（昭和 32）年 8 月である[8]。

　しかしその後，戦前から飴類やデンプンを製造していた大手メーカー（明治製菓・森永製菓など）の生産の再開と量産・量販体制の再構築が進展するなかで，規模では大差がついている岩塚農産加工場は次第に劣位に立たされ，事業の継続が困難な状況に陥った。こうしたなかで，平石と槇は，企業の存続のために米菓にチャレンジすることを決意し，製造の実務を担っていた郷芳一・平石平吉・平石信一郎に対して実状を率直に語り，事業転換の了承を得た。そして，郷以下 4 名で，水飴を供給するなど関係を有していた越路町に隣接する小千谷市内の米菓工場を 1 週間かけて見学した。同工場からは従業員や機械への接触禁止など厳しい条件が付されたものの，何とか製造技術を習得することができた。

　1955（昭和 30）年に，平石の自宅に隣接する渡辺源市（岩塚村商工会長などを歴任）の家屋を譲り受けて工場を拡張して米菓の製造に着手した。機械や設備のほとんどが中古品か平石・槇たちが自製ないし改良したものであったという。当初は，前述した小千谷の米菓工場へ生地を納入する程度であった。57 年に水飴の商標であった「みずほ」を冠した「みずほ焼」の販売を開始できた。

岩塚農産加工場はもとより，新潟県内で立ち上げられた亀田製菓や栗山米菓などの個別企業にとどまらず，米菓産業としての事業基盤の確立に大きく貢献したのが，新潟県食品研究所（現・新潟県農業総合研究所食品研究センター）の存在である。以下では，同研究所の経緯を述べておきたい[9]。

新潟県食品研究所のルーツは，1941（昭和16）年に南蒲原郡加茂町（現・加茂市）に創設された新潟県立農村工業指導所にさかのぼることができる。戦時下の食糧増産に向けての指導や農産物加工の振興等を担い，戦後も存続していた。1951（昭和26）年に原沢久夫が所長に就任して以降は，新潟大学農学部や農林省食糧研究所等と連携して研究・指導を推進すること，新たな中核的食品産業の開発・育成を目指して研究・指導を集積することを運営方針として明確に掲げ，旺盛かつ多面的に活動した。

しかし，1955年に新潟県知事となった北村一男は，行政改革の一環として県内の公設試験研究機関の統廃合をうちだし，農村工業指導所も例外ではなかった。これに対して，原沢は，食品に関する研究開発が新潟県の産業振興に向けては重要な課題であり，農村工業指導所は必要かつ不可欠であることを北村へ強く訴えた。北村は，農業の近代化を重視するとともに，いわゆる「農商工連携」の構築を志向しており，原沢とは新潟県立加茂農林学校（現・加茂農林高等学校）で同窓であったのも奏功し，改組を施して新たな組織とすることを決めた。そして，1958（昭和33）年4月に新潟県食品研究所として新発足し，初代所長には原沢が就任した。食品研究所は「穀類並びに各種食品の加工利用に関する総合的な試験研究及び技術指導を行う」ことを目的として，県内の食品関連産業の発展に向けての研究開発と技術指導を推進していくこととなった。

米菓業界と農村工業指導所との関わりは1954年前後から始まった。新潟県の米菓業は1905（明治38）年に新野信太郎と関野栄吉が中頸城郡高田町（現・上越市）で起業したのに端を発し，その後短期間で急成長を遂げた。特に，うるち米を原料に赤い色素やエビ粉を塗した「赤物」ないし「鯛焼」せんべいがいわば戦略商品となり，全国市場を席捲していた。しかし，戦後復興期に愛知県や広島県のメーカーが小麦粉を原料とした「澱粉あられ」ないし「新生あられ」の販売を開始した。「赤物」に類似しながらも低価格であったために急速

に市場に浸透する一方で，新潟県の地位が下落した[10]。危機感を抱いた業界が原沢に新製品開発に向けての共同研究をもちかけたのである。

業界と食品研究所との関係でキーパーソンとなったのが，同所の技師（後に研究課長・所長）の斎藤昭三である[11]。斎藤は，新潟県立農林専門学校（現・新潟大学農学部）を1949年に卒業後に同校助手を経て，52年に農村工業指導所の技師に就任した。斎藤は1957年から新潟県内の米菓工場の見学を開始し，翌58年に新潟県米菓工業協同組合がおこなった先進地である東京・埼玉（森永製菓など）への視察に同行した。その際，亀田製菓の創業者である古泉榮治から業界との共同研究が提案され，斎藤は直ちに同意し，所長の原沢も賛成して，食品研究所に米菓の試験研究部門が設置されることとなった。59年に組合が主催して米菓製造技術をテーマに講習会を開催し，斎藤が講師を務めた。60年には業界が資金面を中心に尽力して，食品研究所に米菓製造装置が備えられた。

斎藤の研究テーマは軟質米の化学的性質についてであり，これをベースとして，米により異なる物性（水分量・粘度など）の特徴の把握や乾燥・焼成時の変化など，その領域を広げていった。

食品研究所は，斎藤の指導のもとで，1961（昭和36）年から米菓実地研修会や地区研究会（新潟・長岡・小千谷・柏崎・高田市）および工場巡回指導を開始した。特に，実地研修会は各社の若手従業員や後継者を対象として1週間泊りこみでおこなわれた。斎藤は，米の特性や適切な浸漬・乾燥・焼成方法を中心に，自らの研究成果をふまえて，科学的に講じた。研修内容は製造技術にとどまらず，工程の改良・改善，能率の増進，品質の向上，コストの削減さらに経営の近代化にもわたった。

斎藤の熱心かつ適切な指導により，ややもすると「経験と勘」に頼っていた米菓の製造技術に理論的裏付けがなされ，基盤技術として構築されたことにより，その後に大量生産を推進にあたっての大きなベースとなったのである。また，「うす焼き」せんべいの開発や乾燥剤を入れた小袋を用いた小分けの導入などの斬新なコンセプトないしアイディアも斎藤との議論の中で生み出されている。

1961年から65年にかけて，講習会は42回・延べ受講者数2183名，実地研

修会は14回・延べ受講者数918名,研究生養成(6か月間集中)は29名,技術相談が2501件,食品研究所が受けた特許は10件におよんだ。食品研究所による諸研修や指導は,各企業から派遣された従業員の人材育成に大きく貢献したとともに,古泉肇(亀田製菓第2代社長)や栗山清(栗山米菓第2代社長)をはじめとする,各社の成長はもとより業界の発展を担った創業第2世代のリーダーの能力養成にも有効かつ有益であった[12]。

新潟県の米菓企業・産業が競争力を獲得するにあたり,食品研究所および斎藤との「産学官連携」が決定的に重要であった。それぞれのトレーニングや個別指導による成果が,職人気質が色濃かった米菓業を近代的なビジネスに飛躍そして進化させる大きな要因となったのである。あわせて,各社の機械・設備の新増設や改良・改善にも大きく寄与したことを付言しておく。他方,新潟県の産業振興においても,米菓業が関係者の密接な連携により顕著な発展を遂げたのは意義深いものといえる。もとより,岩塚農産加工場も若手従業員を研修に派遣し,研究生としても研鑽を重ねている。

さらに注目すべきは,食品研究所の開設直後の58年10月に,同所と米菓をはじめとした食品関係団体とで新潟県食品工業協会(後に食品産業協会)を創設したことである。相互の連携をより密にして,研究所の支援および問題意識と研究成果の共有による各業界の発展を企図したもので,産学官のみならず「産産連携」も強く志向されたのである。なお,槇計作が1989年に同協会の会長に就任している。

岩塚農産加工場は,本格的な米菓製品として,1958(昭和33)年に「名月(後に苑月焼)」を発売した。厚焼きの塩せんべいであった。この「名月」が好評を博し,同年には18銘柄,翌59年には9銘柄を発売した。そして,1960(昭和35)年11月に,食品研究所の原沢のアドバイスを受けて,社名を岩塚製菓に変更した。同年には新潟県米菓工業組合へ加入している。これまでの甘味料および農産物の加工・販売から米菓を専業とする事業ドメインをより明確なものとしたのである。

次に,岩塚製菓の大量生産・大量販売体制の確立のプロセスをふりかえっていくこととしたい。

社名変更に先立つ1960年7月に工場に隣接する平石信一郎が所有する家屋

1. 岩塚製菓の創業と設立および事業展開

を譲り受けて増設を施した。同年11月には足踏みシール機を導入し、セロポリ袋包装を開始した。

その後「苑月焼」が好評を博したため、さらなる増産を進めるべく、1963（昭和38）年10月に越路町から旧岩塚中学校の土地・建物等を1500万円で取得し、本社工場として新設した。教室や体育館を改造して生地生産から包装までの工程を整え、原料倉庫・精米所・ボイラーを新設し、その規模は3377 ㎡となった。これにより、うるち米菓（せんべい）の原料仕込みから焼き上げ・味付け・包装の一貫体制を構築できた。工場新設への投資額は、当時の資本金1500万円を大きく上回る4000万円に達した。これを同年11月の2250万円への増資と自己資金とで充当させている。

一方、1964（昭和39）年から、もち米菓（おかき・あられ）の開発に着手した。同業他社で一般的に用いられていた陸もち米（陸稲）ではなく、地域で栽培されている水もち米（水稲）を原料として、従来にはなかった米の特性を活かした粘りのある商品の開発を志向した。翌65年に旧本社工場を第2工場として生産を開始し、「岩戸焼」や「たらちね」「みのり昆布」等の商品を発売した。

1966（昭和41）年以降、生産の効率化を目指して、新設備の導入を断続的に進めた。同年8月に大型バンド式生地乾燥機を完成させた。うるち米を仕込んで造られる「のしだんご」を連続して乾燥し自動的に生地を造り出すものである。骨格のバンド乾燥機は名古屋の梅沢製作所から購入したものの、多くの部品は中古品を入手し、従業員や関連業者（65年に協力会として「苑月会」が結成）が組み立てた。同年10月に玉川式自動秤量包装機（オートンバッカー）を新設した。1968年には自動包装機およびLPガス窯を購入し、既存の電熱窯もガス動力へ改良した。これらへの投資は、1963年に施行された中小企業近代化促進法による合理化資金によって賄われた。

1969（昭和44）年に旧岩塚中学校のグラウンド跡地を活用して本社工場を増設し（2845 ㎡）、包装作業所と製品倉庫および生地乾燥・焼き上げ・味付け・乾燥の工程を配置した。さらに、翌70年には成型工場を建設して、2機目となる大型バンド式生地乾燥機を導入した。

1971（昭和46）年に旧中野島小学校の跡地に包装工場を設置した。さらに、

翌72年8月には中沢工場第1期工事として一部2階建て鉄骨建設延べ2236㎡が竣工した。ここで，もち米菓の原料仕込み・製餅・保冷・切断・乾燥・焼き上げ・味付け・包装の一貫体制を確立し，本格的な生産をおこなうこととなった。続いて73年10月に第2期工事として2504㎡の増設を施した。さらに，80年10月に沢下条東工場，81年9月に同西工場を新設した。これらの新増設は，越路町が主導した農村工業団地への進出など，同町および地域関係者と密接に連携した結果実現に至ったのである。

この間，商品の多様化が大きく進展した。「お子様せんべい」（1965年4月発売）は乳幼児でも口にできる薄焼き，「手焼（風）せんべい」（68年）は薄焼きで味付けにサラダ油と塩が用いられ，「あまから」（70年6月）は砂糖ミツが吹き付けられ（後にサラダ味も追加），「角餅」（73年）はもち米の風味を活かしたおかき，「ふっくら豆餅」（76年2月）は高品質の北海道産大振袖大豆を用いたいわゆる「かたもち」であり，「味しらべ」（79年10月）は味付けにグラニュー糖と粉末醤油を用いるとともに長方形の形状，2枚1パックの包装スタイル，波を象ったパッケージデザインなど，当時としてはユニークなものであった。

これらをはじめとする商品開発にあたっては，他社でコストダウンのために用いられた低廉な屑米やコーン等の代替原料や政府余剰米として供給された古々米ではなく良質な米を選別・使用し続け，サラダ油は香りと味が優れた綿実油を用い，大豆は農家と栽培契約を締結するなど，品質の維持および向上を重視した。他社との競争が激しくなるなかで，生産技術の開発はもとより，独自の原材料調達や商品開発を推進するなど，差別化戦略を強く志向していたのは特筆すべきである。

一方，販路の開拓については，全くの徒手空拳であり，長岡駅から出荷される他社の商品の荷札から全国の問屋を割り出し，関東を槙，長野以西を平石が担当して各地の問屋を個別に訪問し，徐々にではあるが取引先を広げていった（当時槙は出張が続き，ほとんど本社を不在にしていたという）。

1961（昭和36）年5月に，東京営業所を中野区江原町に開設した。同地は平石・槙の知人の長谷川直太郎からの借地で，建設にあたっては，越路地域から資材を持ち込み，職人を派遣している。所長には平石金次郎の長男の毅一が

就任した。毅一は59年に新潟県立長岡農業高等学校を卒業後に入社している[13]。毅一と小林公平の2名で関東地方を担当した。1964年3月に大阪営業所を大阪市鶴見区今津南に開設した。同所も毅一と小林が担った。さらに，72年6月に仙台営業所を仙台市霞ノ目に新設した。これらで，関東・関西および東北地方への販路がひととおり確立されたのである。

販売網の整備において注目すべきは，1973（昭和48）年7月に，新潟県内の7社（栗山米菓・末広製菓・阿部幸製菓・上信製菓・沢田製菓・新野製菓・竹内製菓）とともに，新潟県米菓流通センターを開設したことである。岩塚製菓を含め，中堅クラスの各社は，首都圏での販路拡大を目指して，配送機能を兼ね備えた共同保管倉庫の建設を企図した。槇が設立準備委員長として用地選定に奔走し，新潟県を代表する運送会社の1つである新潟運輸が草加市苗塚の流通基地を移転するとの情報を入手して，同社との折衝を重ねた結果，その跡地5306.4㎡を入手することができた。建物は2階建てで1階の製品倉庫（1891.9㎡）は各社で案分し（岩塚製菓は302㎡），2階は事務所として使用した。流通センターの完成により，物流のスピードアップと効率化が実現された。岩塚製菓は東京営業所を流通センター内に移転し，首都圏の販売基盤がより強固なものとなった。流通センターの建設にあたっては，中小企業構造改善事業法による中小企業高度化共同施設基金の融資を受けた。流通センターは各社にとって有益であったとともに業界の発展にも寄与したのである。

岩塚製菓の業績は順調に向上した。売上高は1970年10月期に10億円，73年10月期に20億円，74年10月期に30億円，76年10月期に40億円を突破し，80年10月期に58億8007万6千円，81年10月期に83億1103万円，82年10月期には88億1562万1千円と過去最高となった。経常利益は71年10月期に1億円，74年10月期に2億円を超え，その後減益となったものの，80年10月期に3億4924万8千円，81年10月期には7億8088万9千円となり，過去最高益を記録した。当期純利益は81年10月期に2億1443万8千円，82年10月期は2億5045万8千円であった。

この間，資本金を1965年11月に2250万円から3000万円，70年1月に4500万円，81年1月には倍額となる9000万円に増資した。その形式は有償（1株あたり発行価格500円）での株主割当であったが，70年の増資では従業

員を対象とした1800株の第3者割当もおこなっている。

1975(昭和50)年4月に平石が越路町長に当選を果たしたのに伴い,翌5月に専務の槇が第2代社長に就任した(これに先立つ71年12月に代表権が付与)。平石は代表取締役会長となった。他方,平石毅一は1965年に製造部長,73年に取締役営業部長となっている。

2. 岩塚製菓の海外進出と挫折

岩塚製菓の海外展開は,1976(昭和51)年からのタイへの進出に端を発する。当時のタイは世界最大の米輸出国であり,もち米価格は日本の1/10程度であったため,日本の米菓メーカーおよび関係商社やスーパー等が注目していた。統計データが明らかな1974年以降,タイからの日本の商社を通じた米菓の輸入は増加していた[14]。

こうしたなかで,現地メーカーのクリット・スリボーン社(吉豊企業)が,日本の外務省に対し,日本企業が同社へ米菓製造設備を販売したにもかかわらず,それ以降の技術面や販売面でのサポートが不十分であると苦言を呈した。これに対して,外務省は,タイロッテ商事等を通じて岩塚製菓に技術指導を要請した。槇は,業界としての信用回復の必要性と日本側としての責任の重さを痛感して,これを受託した。

ところで,槇は,1973(昭和48)年2月から3月にかけて,全国米菓工業組合の東南アジア米穀流通状況視察団の一員として,タイ・香港・台湾を調査している[15]。タイの状況と可能性についてひととおり知見を広げることができたと考えられる。

槇は,1976年3月末にタイ米を用いて試作をおこない,一定の成果があがった。この一方で,品質重視の姿勢を徹底させることが不可欠として,同年4月から1か月にわたってクリット・スリボーン社の社長と工場長を招いて技術研修を施した。また,平石俊夫と田村正一をタイへ派遣して技術指導に着手した。平石は金次郎の次男で,武蔵工業大学(現・東京都市大学)工学部を1969年に卒業し,75年に入社した。田村は,中越高等学校を1965年に卒業後

に入社している[16]。槇の視野には，2人の若手技術者の経験とスキルの蓄積も入っていたと推察される。

　平石俊夫と田村が懇切丁寧に指導をおこない，76年9月から生産を開始したものの，気候条件の悪さ（あられ・おかきの製造には保冷工程が必要）に加えて低質な原料米（もち米よりもうるち米の比率高），さらには生産設備の不備ないし不良により，品質の向上はおろか想定した品質の維持もままならなかった。もとより日本での販路も確立できず，1年半の苦闘の末撤退を余儀なくされた。

　在庫をはじめとする負債の処理には難渋し，収益を圧迫することとなった。槇は海外事業の難しさを認識するとともに，品質重視の姿勢を堅持することの重要性を再認識したと思料される。

3．旺旺集団の創業と岩塚製菓との連携

　岩塚製菓の命運を大きく左右することとなったのが，旺旺集団のルーツで当時は台湾を拠点としていた宜蘭食品工業股份有限公司（以下では，「宜蘭社」と略する）との連携である。

　両社の関係についての史実は，特に断らない限り，前述の岩塚製菓の資料に加えて，蔡衍明監修・辻中俊樹著『日本のものづくりが中国を制す　旺旺集団と岩塚製菓が挑む「世界品質」への道』（PHP研究所，2006年）および旺旺集団の会社案内である『旺旺集団　2013　日本語版』（岩塚製菓株式会社所蔵）に依拠する。

　蔡衍明は，蔡阿仕・蔡陳招の次男（8人兄妹の末子）として，1957（昭和32）年に台北で生まれた。蔡阿仕は1915年生まれで，実父は中国・福建省から台湾へ移住しており，いわゆる「外省人」の2世である。蔡阿仕は，台北を中心に映画館やプールさらに冷凍工場など幅広く事業を展開して成功を収めていた。また，東京にも事業拠点を有していた[17]。

　宜蘭社は，蔡阿仕が友人らとともに1962年3月に設立した。その拠点である宜蘭は，台湾東北部の宜蘭県に属し，首都の台北から南東へ50キロほどに

位置している。宜蘭社は，キノコやアスパラガスの缶詰，果物のシロップ漬けの缶詰製造・販売を展開した。創業から70年代半ばにかけては順調に推移したものの，中国や東南アジア諸国の企業との競争が激化し，経営は不振に陥った。そのため事業パートナーの友人たちが撤退を表明したため，1976（昭和51）年に，蔡阿仕が彼らの持株を買い取って全株を保有することとなり，あわせて董事長に就任した。そして，74年に台北市の板橋高校を卒業していた蔡衍明を董事長特別助理に任じ，実質的に事業を継承した。蔡衍明はわずか19歳であった。翌77年には総経理に昇格している。

蔡衍明は缶詰事業からの撤退を決断し，新たな事業に取り組んだ。水産加工品としてのイカの燻製の製造・販売である。北海道函館の水産加工メーカーから助言を受けて事業を推進した。しかし，台湾の気候条件が災いして，製品の品質の維持がままならなかった。蔡衍明は原料の調達や出荷方法などに様々な創意工夫を施したものの，見るべき成果をあげることができなかった。

八方塞りの状況に陥っていた蔡衍明が着目したのが，日本を訪れた時に食した岩塚製菓の「サンフレンド」である。「サンフレンド」は1978（昭和53）年に販売が開始されたもので，せんべいの中に生クリームを挟んだユニークな商品であった。蔡衍明は，台湾で豊富に原料米が確保できることをふまえたうえで，米菓へのチャレンジを企図した。さらに，日本の他の米菓メーカーの商品を比較・検討した結果，「サンフレンド」の製造・販売を台湾で展開する決意を固めたのである。

1981（昭和56）年に，蔡衍明は槇に書簡を送り，技術指導を要請した。続いて同年2月には，蔡衍明は長兄の蔡衍栄と廖清圳を伴って来日して槇のもとを訪れた。蔡衍栄は衍明の長兄で台北での事業を担っていた。蔡衍栄は日本大学への留学経験があり，日本語に長じ，日本のビジネスにも精通していた。廖清圳は台北海洋技術学院で水産食品加工について学び，1977年に宜蘭社に入社した。製造管理・品質管理責任者や工場長などを歴任し[18]，蔡衍明の右腕的存在であった。

蔡衍明は，自らの事業構想を熱心に説いた。これに対して，槇は，面会すること自体にも必ずしも積極的ではなく，原料米や商品の品質の確保，加工技術の習得，新設備の導入の必要性をひととおり説明するにとどまり，技術指導は

応諾しなかった。

　翌82年にも，蔡衍明らは槙を訪問して，前年に提起された事項を整えたことを伝えて，改めて協力を求めた。これを受けて，同年に槙は台湾に渡って，宜蘭社の視察をおこなうとともに蔡一族とも面会している。しかし，この時点でも技術指導は応諾せず，事実上拒否の姿勢をとった。

　1983（昭和58）年初頭に，蔡衍明らは三度来日して，事業に対する並々ならぬ決意と覚悟を強く訴えた。これに対し，槙は，宜蘭社への技術指導を漸く認めた。

　同年6月に，岩塚製菓と宜蘭社との間で技術提携契約を締結した。前述の品質・技術・設備面とともに，技術指導員2名の宜蘭社への常駐派遣と原料米の決定権の付与，宜蘭社幹部・社員の岩塚製菓での研修，宜蘭社から岩塚製菓への一定額のロイヤリティーの支払いなどを掲げた。明文化はされなかったものの日本への製品輸出は不可とした。

　合意にあたり，槙は蔡衍明らに対して，双方との「縁」を強調したとされる。米菓業界をはじめ外部関係者のみならず社内からも台湾への技術流出や宜蘭社の経営状態への懸念の声は大きかったという。それでも槙が最終的に連携を断行したのは，蔡衍明と一族の誠実な人柄と宜蘭社の真摯な姿勢を高く評価し，その将来性に懸けたためであると考えられる。これとともに，当時の岩塚製菓の経営状況についても留意する必要がある。前述のとおり1979年に発売された「味しらべ」が大ヒットし，1981年10月期に経常利益，82年10月期には売上高と純利益が過去最高を記録したものの，その後は製品在庫の増加や沢下条東工場（80年10月）や沢下条西工場（81年9月）の新設などへの投資により収益が圧迫され，業績が頭打ちになりつつあった。槙はこうした状況を憂慮し，新たなビジネスチャンスの1つとして台湾進出へ舵を切ったと解釈することも妥当であろう。

　なお，蔡衍明らと応対したのは，平石俊夫と岩塚製菓現社長の槙春夫であった。槙春夫は計作の三男として1951年に生まれ，74年に富山大学経済学部を卒業してダイエーで2年間勤務した後の76年に入社し，物流や営業を統括していた。蔡衍明・平石俊夫・槙春夫ともにいわば「創業第2世代」である。

　槙計作は，蔡衍明らに対して「やるからには失敗は許されない，成功するこ

とが絶対条件」と強く訴えたとされる。事業着手にあたっては，綿密かつ周到に計画の策定と準備が進められた。

契約締結前の1983年3月から4月にかけて，宜蘭社の幹部社員である郭明修と呂炽煜が岩塚製菓中沢工場に派遣されて研修をおこなった。その内容は，台湾米が原料として使用可能であるかの分析と米菓製造の基礎技術，品質管理のあり方についてであった。郭と呂は，昼夜を問わず熱心に学んだ。槙計作は多忙の中でも2人の研修状況を毎日視察したという。

契約締結後，常駐指導員として高橋和明を派遣し，生産設備・施設の整備を始めた。堅実経営を旨とする槙計作の姿勢と宜蘭社の経営状態から大型投資を回避し，岩塚製菓の古い機械を移設・活用することとした。生産ラインの構築や試作には，高橋に加えて複数の岩塚製菓の社員があたった。

蔡衍明は「サンフレンド」の台湾での展開を強く希望したものの，サンドタイプの生産は容易でないため，大ヒット商品の「味しらべ」を改良して，1983年に「旺旺仙貝」（ワンワン・センベイ）として発売を開始した。宜蘭社では，1979年から「旺仔」（旺旺坊や：HOT KID）とのブランド名を使用していた。「旺」には栄える・盛り上がるといった意味があり，2文字重ねることでその意味が増し，"One and One"（次から次へ）にも通じる。また，犬の鳴き声が想起されるが，台湾でも日本と同様に犬は主人に忠実でかつ一家の守護神として大切にされている。「仙貝」は当て字であるが，せんべいと発音が似ているところから名づけられた。台湾人にとって親しみやすいネーミングであったといえる。なお，蔡衍明は岩塚製菓との提携実現前から「旺旺仙貝」を商標登録していた。

販売促進にあたっては，「拝拝旺旺」（パイパイ・ワンワン）とのキャッチコピーを用いたテレビCMを祭事のタイミングに大量に投入した。台湾では日本以上に祖先や地域や農事等の守り神が尊崇されており，有効かつ強い説得力を有するブランディングであったと評価できる。

「旺旺仙貝」は発売当初から好評を博し，工場はフル稼働となった。翌84年には自動化ラインを導入した。しかし，高橋をはじめとする岩塚製菓から派遣された指導員はその品質に満足しなかった。岩塚の指導員と宜蘭社の廖清圳・郭明修・呂炽煜および同社の従業員とが改善・改良にひたむきに取り組んだ結

果，量産化と生産性および品質の向上を実現することができた。

　宜蘭社の商品が好評を博したのを受けて，複数の企業が低価格を押し出して参入してきた。これに対し，蔡衍明主導のもとで品質とブランド力を堅持して，ライバルを短期間で一気に駆逐した。1980年代後半には，台湾内の米菓のシェアの80％超を占めるに至った。この間，1987年に蔡衍明は宜蘭社の薫事長に就任し，名実ともにトップとなった。

　1990年代に入ると，岩塚製菓と宜蘭社との関係をより強化すべく，合弁会社の創設が企図された。岩塚製菓は，1990（平成2）年1月に海外事業準備室を開設し，室長に村田照雄が就いた。村田は産業能率短期大学を卒業し，1972年に入社して，85年から高級米菓を販売する子会社である瑞花の専務取締役を務めていた。村田を中心に立ち上げの準備が進められ，1990年5月21日の岩塚製菓の取締役会で決議され，同月30日に岩塚製菓と宜蘭社との間で合弁基本契約を締結した。そして，同年7月11日に台湾岩塚製菓股份有限公司（以下では，「台湾岩塚社」と略する）を設立した。資本金は5500万台湾元で，宜蘭社が55％の3025万台湾元，岩塚製菓が45％の2475万台湾元を出資した。事業目的は米菓の製造・販売および輸出入を掲げ，本社は台湾宜蘭県冬山郷廣興村においた[19]。台湾岩塚社のトップには蔡衍明が就任し，村田が総経理として実務を統括することとなった。本社工場の敷地面積は2万3000㎡，建屋面積は3000㎡，従業員は約100名，主な生産設備は日本から導入して投資額は約6億円，売上計画は90年度に約1億円，91年度に約8億円，92年度に約10億円を見込んでいた。

　台湾岩塚社は，第1期工事を1990年11月に竣工して翌91年1月からもち米菓の製造を開始した。続いて第2期工事を92年3月竣工して翌4月からうるち米菓の生産を製造し，生産能力が倍増した。台湾岩塚社の製品は主に台湾国内で販売されたが，香港やシンガポールなどの東南アジア諸国やカナダ，ヨーロッパへも輸出された。

　この間，1991年7月に，岩塚製菓第3代社長の丸山智と常務取締役営業本部長の槙春夫（ともに86年12月就任）および常勤監査役の神保稔が台湾岩塚社のトップマネジメントに参画した。さらに同年には，岩塚製菓は台湾岩塚社への出資額を5400万台湾元増の7875万台湾元とした。一方，宜蘭社も台湾岩

塚社への出資額を 6600 万台湾元増の 9625 万台湾元としており，台湾岩塚社の資本金は 5500 万台湾元から 1 億 7450 万台湾元と 3.2 倍に増加した[20]。今後の事業拡大を見すえて，資本の拡充を図ったのである。加えて，岩塚製菓が台湾岩塚社を持分法適用関連会社としている。また，1993 年に岩塚製菓に海外事業部が新たに設置され，部長に常務取締役営業本部長の小野塚勝が就いた。小野塚は 1957 年に長岡市立深才中学校を卒業後，高橋酒造を経て 69 年に入社して，IPS 推進室長や生産部長，営業部長などを歴任している。

　台湾岩塚社の業績は，当初は一進一退があったものの，うるち米菓を主力製品とすることで次第に上向き，94 年には黒字化を果たした。宜蘭社と合わせた台湾でのシェアは 90％を超えた。岩塚製菓の『第 41 期有価証券報告書』(1994 年 3 月期) は，「台湾での合弁事業である台湾岩塚製菓がようやく軌道にのり，大巾な収益改善がなされたことも当社グループの今後の業績向上に大きく寄与するものと確信しております」(42 頁) と好調な状況を伝えている。

　1994 年には，村田照雄が本社製造部長に転出し，取締役製造部長の田巻欣二が台湾岩塚社の総経理に就任した。田巻は 1961 年に新潟県立加茂農林高等学校を卒業後，栗山食品工業（現・栗山米菓）を経て 86 年に入社して，開発部長などを歴任している。

4. 旺旺集団の中国進出

　続いて，蔡衍明が主導した旺旺集団の中国進出のプロセスについて検討していきたい。

　蔡衍明は，早い時期から中国本土での事業展開について構想を抱いていた。蔡は，人口とともに米の生産量でも世界最大である中国を最も有望な「市場」と強く認識していた。この当時の中国では米菓を食することがほとんどなく，新規市場ないし需要の創造へのチャレンジに高いアスピレーション（向上心）を発揮したのである。これとともに，前述のように蔡家のルーツは福建省であり，「故郷へ錦を飾る」ことも想起していたのは想像に難くない。

　蔡衍明は，中国進出をみこして，1989 年に「旺旺」とのブランドの中国で

の商標登録を完了させた。台湾企業で中国での商標登録をおこなったのは宜蘭社が初とされる。1991年に社内で専門家を集結させて中国の市場調査を実施した。その結果,改革・開放政策が進展する中国の経済成長の将来性を好機ととらえ,蔡衍明は本格的な中国進出を決断したのである。

中国進出にあたりキーコンセプトとしたのが,蔡衍明が掲げた「世界米龍」である。これは,現在も旺旺集団の5つの経営指標の筆頭に位置づけられている。具体的には次のとおりである[21]。

> 龍は帝王の称号であり,我々が高い志で世界の米文化の龍になるという目標に向かい絶えず努力する事を表します。米は食品の一種です。我々の米の使用量が世界一であり,世界の食品王国になることを目指して努力し続けてまいります。

蔡衍明が中国に端緒を開くにあたって特筆すべきは進出先の選定である。この当時,外国企業が中国へ進出する際には,経済成長で先行していた深圳や広州を中心とする華南地方や上海を中心とする沿海部へ向かうのが一般的であった。これに対して,蔡はこれらの地域は進出企業が多く優位性に乏しいとして回避した。蔡が着目したのが湖南省であった。同省は内陸部であるため経済成長が遅れており,ほとんど注目されていなかった。湖南省は稲作を中心とする農業が基幹産業で,人材確保も容易であった。蔡は,自らが築いてきた人的ネットワークを駆使して,湖南省政府や地方共産党の関係者と折衝を重ねた。一方,湖南省や長沙市は本格的かつ大規模な工場誘致の事例がほとんどなかったため大いに期待さらに歓迎し,多種多様な優遇措置を提示してきた。こうして,蔡は湖南省長沙市の望城県への進出を正式に決定した。蔡は中国進出で差異化戦略を選択そして実行したのであり,まさに慧眼といえる。

蔡衍明は,1992(平成4)年7月に湖南旺旺食品有限公司を設立して,工場建設に着手した。大型の生産設備2基を台湾から導入した。新工場への投資額は当時で1000万ドルに達した。一方で,湖南省政府は当時で100万元を超える経済的支援をおこなったとされる[22]。

蔡衍明は,岩塚製菓に対して,宜蘭社や台湾岩塚社と同様の指導・教育を要

請した。岩塚製菓は，2名の常駐技術指導員を現地へ派遣するとともに，20数名の研修生を引き受けている。

その後工場の建設と生産の準備は順調に進んだものの，大きな困難にみまわれることとなった。1993（平成5）年に河南省鄭州市で開催された食品展示会に米菓を出品したところ好評を博し，中国全土の食品問屋や流通・小売企業から注文が相次いだ。宜蘭社は工場長の呂炽煜のもとでフル稼働をもって対応した。しかし，納入するにあたり，多数の問屋や企業が様々なクレームをつけて前金を支払わず商品買い取りをキャンセルしたため，大量の在庫を抱えることを余儀なくされた。

自ら上海や広州および長沙などで販売したものの成果があがらず，宜蘭社内部では大幅値引きをしてでも在庫処分すべきとの意見が大勢となった。しかし，蔡衍明はそれではブランドイメージを毀損するとして販売を取りやめ，全ての商品を小学校から大学まで各種教育機関に寄付した。米菓の目新しさと美味しさは，小学生から大学生までの幼少・青年層に大きなインパクトを与えるところとなった。

1994（平成6）年初頭に工場が完成し，操業を開始した。本格的な販売に着手するにあたり，台湾と同様に大量のテレビCMを投入して，消費者への浸透を図った。これとともに，問屋や流通・小売企業に対しては，以前のトラブルをふまえて，代金を前もって支払わない限り商品を供給しない前金制を導入した。これは，リスクヘッジやキャッシュフローの拡大など事業基盤の安定化に大きく裨益するところとなった。

蔡衍明の経営手法は，当時の中国の商習慣とは正反対なものであったが，低価格販売さらに投げ売りの拒絶や取引先との信頼関係を前提とする前金制の遵守は，品質やブランド力の維持には有用であり，競争力のベースとなった。厳しい環境でかつ様々な困難に直面した中国市場で，蔡衍明は怯むことなく自らの経営ないし企業戦略を貫いたのであり，そのぶれない姿勢は高く評価できる。

蔡衍明は，操業開始にあたり，地域関係者の要請を受け入れて，300人の工場従業員を地域住民を中心に採用した。また，原料米は当初は東北部の黒竜江省・吉林省・遼寧省から入手していたが，地元米使用の要請が高まり，湖南省

内で台湾出身の農家がジャポニカ米を栽培している情報を入手し，その品質を吟味したうえで，地域農家との契約栽培米の購入を拡大した。雇用の創出をはじめ経営資源の調達は地域との関係を重視した。地域との共生を重視する蔡のスタンスは，他地域への進出でも堅持されていった。

「旺旺仙貝」は好評を博し，その名声は一気に広がり，宜蘭社の業績は急速に向上した。これを好機として，蔡衍明は先進工業地域への進出を加速させた。1995（平成7）年に，台湾岩塚社が上海に近接する浙江省杭州市で休眠状態であった国営の米菓工場を買収して，改めて杭州旺旺食品有限公司を創設し，うるち米菓の生産を事業目的として掲げた。日本から最新鋭の機械を導入し，従業員は600人体制をとった[23]。また，同年には，華南省広州市で広州大旺食品有限公司を創設し，上海と華南地方に拠点を確立できた。さらに，翌96年には，北京と四川省成都市に工場を建設した。これらを基軸として，中国全土へと生産と販売のネットワークを拡大していくこととなったのである。各工場へは岩塚製菓から常駐指導員が派遣され（期間は概ね1年から1年半），生産設備の据え付けや操業の安定化および品質管理・維持の徹底に力を尽している。また，各工場から岩塚製菓へ研修生（20数名）を派遣している[24]。

5. 旺旺集団のシンガポール市場での上場と岩塚製菓との連携強化

1996（平成8）年に，旺旺集団の歴史における一大画期を迎えることとなった。5月16日にシンガポール証券取引所に上場を果たしたのである。これについての経緯を叙述しておきたい。

その前年の95年4月1日に，宜蘭社と台湾岩塚社が合併し，宜蘭社が存続会社となった。グループ再編成への布石であったといえる。台湾岩塚社の総経理を務める田巻欣二が宜蘭社へ異動し，岩塚製菓専務取締役（92年に就任）で営業本部長も兼務していた槇春夫が宜蘭社のトップマネジメントに参画した。

1995年3月期には，岩塚製菓は宜蘭社の子会社として92年に設立され輸出入や株式管理をおこなっていたリーディング・ガイド・コーポレーション

(Leading Guide Corporation,以下では「リーディング社」と略する)の株式を10万9126株保有している[25]。翌96年3月期は,リーディング社の株式が20万2005株に増加しているとともに,宜蘭社の株式を新たに41万1490株保有していることが判明する[26]。

旺旺集団は,1996年に持株会社として旺旺控股有限公司(Want Want Holdings Limited,以下では「旺旺控股」と略する)を設立した。旺旺控股の傘下に,宜蘭社・湖南旺旺食品有限公司・杭州旺旺食品有限公司などが100%子会社として編成された。蔡衍明が董事会主席・行政総裁・執行董事に就任し,廖清圳が総経理として米菓部門を統括し,槇春夫が非執行董事として加わっている。

岩塚製菓は,旺旺控股の株式を2035万8758株(貸借対照表計上額は6億8895万8000円)所有することとなった[27]。株式全体の5%にあたる。旺旺控股の株主は,蔡一族の資産管理会社である旺仔控股有限公司(Hot Kid Holdings Limited)が67%をはじめほとんどを一族で占めていたが,岩塚製菓は非同族では最大株主であった[28]。岩塚製菓の所有数は,台湾岩塚社への出資や機械・設備などへの投資金額を株式に評価しなおして決定されたという[29]。旺旺集団は,グループの再編成にあたり,これまでの岩塚製菓の功績ないし貢献を高く評価するとともに,今後の関係の継続と発展を十分に考慮したうえで株式を配分ないし提供したと考えられる。

1997年3月期の岩塚製菓の受取配当金は1億2921万9000円で96年3月期の2858万7000円と比べると実に4.5倍増加した[30]。その大部分が旺旺控股によるものである。97年3月期の岩塚製菓の純利益金は4億3000万円であり,旺旺控股からの配当金がいかに大きいものであったかが自明であろう。岩塚製菓は10数年にわたり旺旺集団との関係を構築・緊密化していった結果,大きな「果実」を手にしたのである。

上場直後に槇計作夫妻はシンガポールに赴き,蔡衍明の労をねぎらい,涙を流して喜んだという。蔡の喜びは一方ならぬものがあった。なお,岩塚製菓も1989(平成元)年10月26日に日本証券業協会より認可され,店頭登録・株式公開を実現している。

上場直後の96年7月に,旺旺控股は中国大陸事業本部を設置して事業の拡

充と強化を図った。旺旺控股は食品事業での多品種化と非関連事業への多角化を旺盛に推進していった。

前者は,乳製品・飲料やスナック菓子(キャンディー・ゼリー・グミ・卵ボーロ)等への拡大である。

後者は,ホテル・不動産・医療・保険事業である[31]。ホテル事業は,2002年に台北市内のホテルを買収して台北サンワンホテル(神旺大酒店)を開業した。その後,台北でレジデンスホテルも開業している。ホテル事業は,蔡衍明の兄の衍栄が統括した。不動産事業は,2004年から「旺旺家縁」と称する住宅団地を漯河市や江蘇省連雲港市・徐州市・准安市および安徽省安慶市を展開した。医療事業は,2005年に長沙市に湖南旺旺病院を開院した。敷地面積は4万7000㎡で,ベット数は500床,医師をはじめ医療従事者は900名を超え,湖南省では最大の総合病院となった。同院の薫事長には蔡の義兄で外科医の鄭俊達が就いた。旺旺病院の開設は,中国事業への足がかりとなった長沙への還元との意図が強くこめられた[32]。保険事業は,台湾を代表する保険会社である友聯産物保険股份有限公司(1963年設立)に2007年に資本参加し,旺旺友聯産物保険股份有限公司へ社名を変更した。損害保険を中心に生命保険も展開している。

旺旺控股が設立されて以降,同社をとりまく経営環境は大きく変化した。経済成長の加速や2001年の中国のWTO加盟に伴う消費および流通形態の多様化の進展である。旺旺控股は,ハイエンドおよびローエンドの商品構成の拡大を進めた。これとともに,ウォルマートやカルフール,ローソンやファミリーマートといった外資系のスーパーマーケット(特にGMS)および日系のコンビニエンスストアの台頭に,従来からの業態も含めて,きめ細かく対応していった。この結果,旺旺控股の業績はほぼ順調に向上していったのである[33]。

この時期の岩塚製菓と旺旺控股との関係を岩塚製菓の『有価証券報告書』の記載から見ていきたい。岩塚製菓の旺旺控股株式の所有数は,1998年3月期に2443万510株,99年3月期に2931万6613株,2003年3月期には6449万6548株と増加している。03年3月期の岩塚製菓の受取配当金は5億2567万7千円となった。また,2000年3月期から02年3月期にかけて旺旺控股のワラント債も保有しており,02年3月期には293万1661口・4億7267万9千円が

計上されている。

2002（平成14）年7月に，岩塚製菓と旺旺控股との合弁で瀋陽岩旺米粉製造有限公司を設立した。資本金は330万アメリカドルで，岩塚製菓が90％，旺旺控股が10％を保有した。董事長に槇春夫（98年6月に岩塚製菓第4代社長に就任）が就いた。翌03年4月には岩塚製菓取締役製造本部長（現・専務取締役）の郷芳夫が董事に就任している。瀋陽岩旺米粉製造有限公司は，米菓の原料である良質な米粉の製造を目的として掲げている[34]。02年10月に瀋陽で工場が完成し操業を開始した。

2003（平成15）年7月には，岩塚製菓と旺旺控股との合弁で旺旺・ジャパン株式会社を東京都台東区で設立した。資本金は1億円で，岩塚製菓が40％，旺旺控股が60％保有した。取締役に槇春夫，監査役に岩塚製菓取締役管理本部長の村田照雄が就いている。事業目的は食品の輸出入で，旺旺控股の広州および瀋陽工場から米菓やスナック菓子を日本へ輸出した[35]。2006年時点では，代表取締役会長に蔡衍明，代表取締役社長に高林民明，取締役に槇春夫，監査役に阿部雅栄（岩塚製菓営業本部長）が名を連ねている[36]。高林は1966年に長野県立岡谷工業高等学校を卒業し，コビト株式会社を経て80年に岩塚製菓へ入社し，営業本部次長，営業開発部長，営業企画部長，取締役営業本部長，マーケティング部長，企業向けの商品の販売をおこなう連結子会社の越後抄（1994年4月設立）社長などを歴任した。

瀋陽岩旺米粉製造有限公司は岩塚製菓の連結子会社，旺旺・ジャパンは持分法適用関連会社となった。

2006（平成18）年3月に，岩塚製菓はR＆D・Mセンターを飯塚工場内に創設した。同センターは，『第54期有価証券報告書』（2007年3月期）に「『岩塚気質』を伝承する研修場として有効活用し，団塊世代の退職に備えた人材の育成を図るとともに，営業部門との連携を強化し，数値に裏打ちされた『おいしさ』や『感動』を確立し，差異化を図った付加価値の高い商品開発に注力」（10頁）と説明されているように，研究および商品開発とマーケティング活動の拠点とした。同センターでは，旺旺控股との情報共有をふまえつつ，共同研究・開発および品質向上や開発のリードタイムの短縮などが取り組まれている。この前年の2005年11月に飯塚工場東棟が新設され，米菓生地の生産を担

うこととなった。これにあたっては，旺旺控股から製造機械が導入されている[37]。R＆D・Mセンターと東棟建設への総投資額は25億円であった[38]。なお，2007年11月に飯塚工場西棟を東棟に統合し，飯塚工場と呼称した。

このように，岩塚製菓と旺旺集団との連携がより強化されるとともに，共同出資による川上・川下部門での新たな起業や研究開発拠点の確立および飯塚工場の基幹工場化など，より多様性を帯びていったのである。

ところで，蔡衍明は社会貢献活動にも熱心であった。蔡とその一族は，1989年に仕招社会福祉慈善事業基金会，94年に旺旺文教基金会を立ち上げた。さらに，旺旺集団としては，1997年に中国旺基金会を創設した。同会は上海に総会，中国全土18か所（主要工場の所在地）に分会を置き，社会福祉および教育・文化団体への支援や大規模災害の復旧・復興活動への援助，各種奨学金の支給，ホームレスの生活再建へのサポートを展開している[39]。

6. 旺旺集団の香港証券取引所上場と岩塚製菓との連携のさらなる強化

蔡衍明は，さらなる事業基盤の拡充を強く志向し，成長に向けての新たな戦略を断行した。2007（平成19）年8月13日に旺旺控股は臨時株主総会を開催し，シンガポール証券取引所での上場を廃止することを決議した（9月11日付けで廃止）。同年3月31日時点での旺旺控股の純資産額は8億700万アメリカドルであった。続いて，同年10月に旺旺集団の事業を本業の食品事業を中国旺旺控股有限公司（Want Want China Holdings Limited，以下では「中国旺旺」と略する），食品以外の事業を神旺控股有限公司（San Want Holdings Limited，以下では「神旺控股」と略する）に再編成した。

中国旺旺のトップマネジメントには，蔡衍明が董事会主席・行政総裁・執行董事，廖清圳が副主席・副総裁・執行董事，槇春夫が非執行董事に就いた。

槇春夫へは，8月に入ってグループ再編成の情報がもたらされた。岩塚製菓も8月13日に臨時取締役会を開催し，永続性の観点から旺旺控股の株式を売却せず旺旺集団との関係を継続することを決めた。これについて，岩塚製菓は「当社とWWHL（旺旺控股：引用者）は，1983年の業務提携開始以来，非常

に緊密な信頼関係を構築しており（中略）WWHL グループは当社の事業運営に欠かせないパートナーであります」[40]と説明している。蔡衍明による決断と実行が急ピッチであったため，旺旺控股株式の会計上の評価額を時価から取得価格への変更をはじめ，岩塚製菓は対応に追われることとなった。同年 10 月 31 日に中国旺旺の株式を新たに取得している[41]。

2008（平成 20）年 3 月 26 日には，中国旺旺は香港証券取引所への上場を果たした。発行株式数は 27 億 1788 万 2000 株，売り出し価格は 3 香港ドル，時価総額は 10 億 4746 万 1000 アメリカドルであった。上場業務は USB Investment Bank が担った。

中国旺旺の主要株主は旺仔控股有限公司と Norwares Overseas Incorporate で，約 47％を所有した[42]。岩塚製菓は株式移転手続きを経て 6 億 4496 万 5480 株を保有し[43]，その比率は約 5％で，蔡一族とその関係会社以外では最大である。

2009（平成 21）年 3 月に，岩塚製菓はリーディング社に対して自社株 15 万株を 2 億 3955 万円で譲渡した。前述のとおり，同社は中国旺旺の 100％子会社で，旺旺集団の投資業務も担っていた。岩塚製菓は，この目的と意義について次のように説明している[44]。

> 今回，LEADING GUIDE CORPORATION へ自己株式を処分することは，自己株式の処分による資金調達だけでなく，同社を含めた WWCL（中国旺旺：引用者）グループとの株式の持ち合いにより資本関係の強化が図られ，中国での合弁会社「瀋陽岩旺米粉製造有限公司」の運営，本邦で WWCL 製品の販売を行う合弁会社「旺旺・ジャパン株式会社」の運営において，中国での米菓事業における品質のバックアップ体制の強化，新しい米菓製造技術の指導，新製品の研究開発の支援等の更なる充実を通じて，上記合弁会社の収益性を高め，当社グループ全体での利益の向上，LEADING GUIDE CORPORATION が当社第 9 位の大株主となることで，安定株主の確保ができ経営の安定化及び長期的な企業価値の向上につながると考え，今般，当社の自己株式を LEADING GUIDE CORPORATION へ割り当てることといたしました

これにより，旺旺集団が岩塚製菓株式の 2.5% を保有することとなり，従来からの技術提携に資本提携も加わり，岩塚製菓と旺旺集団との関係はより強固なものとなったといえる。また，譲渡代金全額が借入金の返済に充てられ，岩塚製菓の財務の健全化にも寄与するところとなった。

香港証券取引所上場以降も，中国旺旺は中国内外で事業の規模と範囲を積極的かつ果敢に拡大していった。2015 年 12 月期においては，中国・香港・台湾で，生産基地（総工場）が 35 か所，工場が 89 か所，営業所が 359 か所を有し，販売代理店は 9000 に達している[45]。

商品構成は，15 年 12 月期時点で，売上高ベースでは，乳製品・飲料が 50.2%，スナック菓子（キャンディー・ゼリーなど）が 25.1%，米菓が 24.4% であった。直近の 5 年間では，この比率はおおむね変わりがない。

旺旺集団での米菓の年間生産量は 20 万トンを超えているが，この数字は日本全体の生産量にほぼ匹敵しており，事業スケールの大きさを示すものといえる。中国国内での米菓のシェアが 70% を占めるに至っている（2 位は 4% 未満）こととともに注目すべきである。

商品輸出は，アジア諸国をはじめ欧米各国やオセアニア，南アメリカなど世界 56 か国に広がっている。輸出業務は，先述の旺旺・ジャパンをはじめ，中国旺旺の 100% 子会社である台湾の旺家貿易股份有限公司，シンガポールの旺旺食品私人有限公司，マレーシアの Want Want Malaysia Sendirian Berhand，中国旺旺が 70% を所有する香港の旺旺四洲有限公司が主に担っている[46]。輸出先の上位（金額ベース）は，第 1 位がカナダ，第 2 位がタイ，第 3 位が韓国で，中核商品はいずれも米菓（うす焼・ベビーマンマ・ソフトせん）である[47]。

中国旺旺は，品質や安全・安心をはじめとする商品管理のレベルアップを重視し，主体的に取り組んでいる。そのスタンスについて，次のように説明している[48]。

　　完全な品質管理システムと全方位の管理業務により製品品質が確保されています。それによって企業は潜在的な経営危機と製品危機を避けられます。
　　旺旺の自信と成長は，自社製品の優良な品質と十分な人材備蓄から生れて

きます。標準化された工程を改良し，経営管理方針を改善し，製造と販売を一体化した企業 ERP システムを構成しました。経営活動の質と量を全面的に引き上げ，管理活動の効率化を図りながら，グループは永続的な発展が続けられる土台を築いてまいります。

　経済的利益を追求するとともに，企業の社会的責任をしっかりと心に刻み，完全な食品安全管理システムの構築を提唱し，持続可能な食品安全管理を目指しています。

　旺旺集団は，中国旺旺を頂点として傘下のグループ企業の拡充を急速に進めていった。2015 年 12 月期では，中国旺旺が "Directly owned" と位置づける企業が 10 社，"Indirectly owned" 企業は実に 110 社を数える。
　"Directly owned" 企業は，シンガポールを拠点に投資事業をおこなう旺旺控股有限公司をはじめ，香港で商品の販売・輸出をおこなう浪味食品有限公司，旺旺食品有限公司，休悦食品有限公司，礼勤食品有限公司および投資事業をおこなう香港旺旺控股有限公司と香港大旺控股有限公司，およびリーディング社と Wellstand Enterprises Limited，投資事業をおこなう Want Want China Finance Limited から構成されている。
　"Indirectly owned" 企業には，原材料の米粉をはじめ包装材や缶・箱および乾燥・防腐・除気剤などの製造，機械の製造・販売・メンテナンス，乳牛の飼育・搾乳，販売・貿易，情報サービスさらに投資事業会社が複数みられるが，大半が各地の生産基地（総工場）や工場を子会社化したものである。例えば，主要生産基地の 1 つである広州では，7 つの工場が広州大旺食品有限公司（米菓）・広州旺旺食品有限公司（グミ・卵ボーロ）・広州立旺食品有限公司（ミルクキャンディ）・広州必旺食品有限公司（焼き菓子）・広州祥旺食品有限公司（グミ・ミルク飲料）・広州永旺食品有限公司（米菓）・広州明旺乳業有限公司（ミルク飲料）に分社化されている[49]。各地域の工場を生産子会社として編成するのは日本のメーカーでは一般的な形態であり，日本企業のスタイルを導入したものといえる。
　この間の旺旺集団の事業展開の新機軸として，岩塚製菓以外の複数の日本企業との連携関係を構築そして拡大したことが，特筆大書に値する事項である。

中国旺旺への再編の翌年の 2008 年 7 月に，大阪市の製パン・製菓用フィリングメーカーである友栄食品興業と合弁契約を締結した。友栄食品興業は 1959（昭和 34）年に設立され，製パン・製菓用フラワーペーストや油脂加工品を山崎製パン・敷島製パン・第一屋製パンや製菓メーカーなどに供給している。2009 年 10 月に杭州市で杭州友神食品有限公司を設立し，中国初のフラワーペーストメーカーとなった[50]。

　2010（平成 22）年 11 月に，セブンイレブン向けの米飯製品（弁当）を中心に中食業界でトップに位置するわらべや日洋とセブン-イレブン・ジャパンおよび栄旺控股有限公司との間で合弁会社を設立することを決めた。栄旺控股有限公司は神旺控股有限公司の 100％子会社で，代表者は蔡衍明の長男で中国旺旺の非執行董事を務める蔡紹中であった。北京および天津市内のセブンイレブン（当時 94 店舗）へ米飯・調理パン・惣菜を供給することを目的として掲げた[51]。翌 11 年 2 月に北京旺洋食品有限公司を資本金 500 万アメリカドルで設立した。出資比率は栄旺控股有限公司が 50％，わらべや日洋が 40％，セブン-イレブン・ジャパンが 10％であった。初代董事長には中国旺旺の執行董事・財務総監を務める朱紀文が就いた[52]。2012 年に北京市内で工場の稼働を開始し，米飯・調理パン・惣菜に加えておにぎり・寿司・調理めん・点心などを供給した[53]。2012 年 3 月に資本金を 1300 万アメリカドル[54]，翌 13 年 6 月には 1600 万アメリカドルに増資をおこなうなど旺盛に事業を拡大していった[55]。

　2011（平成 23）年 7 月に，丸紅と戦略的包括提携に関する意向書を締結した。丸紅は，旺旺集団との提携の目的と今後の方向性について，以下のように説明している[56]。

　　今回の戦略提携では，旺旺グループが展開している既存食品加工業の拡大，さらに，食品加工以外の新規事業として，小売，物流，外食事業，および関連事業分野での共同事業化を推進していきます。海外事業においても，旺旺グループとの共同展開を視野に入れその可能性を検討していきます。また両社の関係強化の一環として，定期的な人材，関連技術，企業文化の交流を推進し，両社の人材強化，技術力の向上を図り，WIN-WIN の関係を構築

していく方針です。

　両社はそれぞれの強みを活かして，中国市場への深耕とグローバル化のさらなる進展を目指したのである。これをふまえて，11年8月には，丸紅と香港旺旺控股有限公司および「おつまみ」食品の日本国内トップメーカーである株式会社なとりとの間で合弁会社を立ち上げることを決めた。香港旺旺控股有限公司は中国旺旺の100％子会社である。そして，資本金1500万アメリカドルで南京に南京名旺食品有限公司を設立した。出資比率は香港旺旺控股有限公司が51％，なとりが25％，丸紅が24％であった。同社は，なとりが開発した商品を製造し，当初は華東地区，その後は中国全土で販売していくこととした[57]。

　2011年11月に，森永乳業と中国旺旺の100％子会社である南京大旺食品有限公司とで製造技術供与契約を締結した。森永がヨーグルトを中心とした乳製品の製造技術を提供し，旺旺が初回権利金に加えて売上高に応じた技術使用料を支払うというものであった[58]。

　2015（平成27）年4月には，名古屋市に本社を有してチョコやバウムクーヘンなどの製造・販売を手がける名糖産業と香港旺旺控股有限公司とで合弁会社を創設することを決め，資本金350万アメリカドルで南京にて南京名糖旺旺食品有限公司を設立した。出資比率は香港旺旺控股有限公司が80％，名糖産業が20％であった。名糖産業から技術提供を受けて，ケーキの製造・販売をおこなうことを目的としている[59]。

　これら日本企業は，旺旺集団と提携するにあたり，中国内外で広範に確立された流通ネットワークやブランド力のみならず，岩塚製菓との連携により培われた品質や生産管理能力も高く評価したと考えるのが妥当であろう。旺旺集団も日本各社の先進的な技術や製造方法および販売手法を大いに学んで吸収するとの姿勢を強調している。また，旺旺集団の子会社は基本的には100％所有であるが，各社の意向を考慮した持株比率としている。

　2007年に設立，翌08年に香港証券取引所に上場以降，中国旺旺の業績は順調に向上した（図表6-1）。年次によって変動はみられるものの，売上高・営業利益・純利益は前期比10％代後半から30％半ばの増加が継続した。2013年

図表 6-1　中国旺旺の業績の推移（香港会計基準）

決算期	売上高	営業利益	純利益	1株当り利益金	1株当り配当金
2007年12月	1,094	227	176	0.016	0.0091
2008年12月	1,553	306	263	0.020	0.0136
2009年12月	1,710	324	313	0.023	0.0150
2010年12月	2,244	439	358	0.027	0.0230
2011年12月	2,946	522	419	0.032	0.0196
2012年12月	3,358	710	553	0.042	0.0286
2013年12月	3,817	883	687	0.052	0.0348
2014年12月	3,775	776	620	0.047	0.0242
2015年12月	3,427	728	541	0.041	0.0190

注1：単位は売上高・営業利益・純利益が百万アメリカドル，1株当り利益金がアメリカドル。
注2：1株当り配当金の単位は，2007・2008・2009年12月期が香港ドル，2010年12月期以降はアメリカドル。
出所：中国旺旺控股有限公司『年報』各年（同社ホームページ www.want-want.com.cn/tw/investor 最終閲覧2016年5月10日）および東洋経済新報社発行『中国会社四季報』2014・2013年版，亜州IR編集・発行『中国株四半期速報』，DZNファイナンシャルリサーチ企画・編集・発行『中国株二季報』各号より作成。

12月期には，売上高・営業利益・純利益が過去最高を記録した。売上高は38億1771万アメリカドル，営業利益は8億8318万アメリカドル，純利益は6億8732アメリカドルで，2007年12月期と比較すると，売上高は3.5倍，営業利益は4.3倍，純利益は3.9倍に拡大している[60]。

業績の向上に伴い，配当金も増額されていった。当然のことながら，中国旺旺の株式を6億1643万4480株（2009年3月期以降）所有する岩塚製菓には大きな恩恵がもたらされ続けている。中国旺旺からの配当金は，岩塚製菓の各期の「決算短信」や「決算説明会資料」などによると，2009年3月期が9億2600万円，10年3月期が11億円，11年3月期が12億7200万円，12年3月期が9億2300万円，13年3月期が10億5600万円，14年3月期が19億1500万円，15年3月期が21億4900万円であった。

2014年以降，中国旺旺の業績は減収減益基調となっている。中国経済の減速による消費の落ち込みの影響に加えて，製造・物流・販売のネットワークおよびシステムの改善・改良によるコストアップが大きな要因である。2015年には工場や生産設備およびIT・包装システムの購入・リニューアルに3億

5000万アメリカドルを投資している。また，顧客基盤の拡大やPRのために中国の大手旅行サイトであるQunar.comとのコラボレーションを展開している。現時点は，今後の成長に向けての「踊り場」とみるべきであろう。

　2007年の旺旺集団のグループ再編成時に，食品事業以外は神旺控股の傘下に組み込まれたが，その後も事業の規模と範囲を拡大していった。2008年11月に台湾中時メディアグループを買収し，旺旺中時媒体集団としてテレビ・新聞・雑誌・出版をはじめ情報ネットワーク・広告・マーケティング・エンターテイメントなどマルチメディア事業を推進している。また，農林業（2008年から江西省などでのキリ・マツの栽培），コンビニエンスストア（2011年から南京を中心に「旺仔便利店」を展開），観光・リゾート（1992年にユネスコの世界遺産に登録された湖南省張家界市武陵源の開発），外食（「！Want POWER」としてスウィーツ専門店を展開），子ども向けテレビ番組の制作と各地のテレビ局への配信（黒皮文化伝播有限公司が運営）など新たな事業に着手している。また，従来からの事業も，ホテル事業は上海や江蘇省准安市（周恩来の出身地），青海省西寧市や南京へ進出し，不動産事業は上海や四川省成都市で商業・オフィステナントビルを開発し，病院も技術の高度化とホスピタリティの向上を図るなど，それぞれ進展が続いている[61]。

　このように，旺旺集団は食品事業を中核に関連・非関連をとわず広範にわたり事業を手がけており，コングロマリット的な発展を遂げている。韓国のロッテグループの事業展開に似たところがある。

　ところで，日本の米菓業界では第1位が亀田製菓，第2位が三幸製菓（1962年設立・本社は新潟市北区）である。両社をはじめとする企業間競争の激化のなかで，第3位に位置する岩塚製菓は差異化戦略を徹底している。そのポイントとして，原料の国産米100%使用およびもち米菓（あられ・おかき）の強化があげられる。

　一般的に，多くの米菓メーカーは数量の確保と低コストを重視して輸入米を使用しているが，原産国で破砕処理した米粉として仕入れるため風味が抜ける欠点がある。これに対して，岩塚製菓は国産の飯米（丸粒の米）を使用することでの風味のよさを強みとするとともに，食の安全・安心志向の高まりにも早くから対応できている。2011年からの米トレーサビリティー法の施行（原料

図表6-2 上場以降の岩塚製菓の業績（連結決算ベース）の推移

決算期	売上高	営業損益	経常損益	当期純利益	1株当り配当金
1990年3月	10,804	469	484	228	7.5
1991年3月	11,467	380	417	117	7.5
1992年3月	12,993	609	508	255	7.5
1993年3月	13,289	585	585	214	7.5
1994年3月	14,090	578	591	344	7.5
1995年3月	14,247	611	557	357	7.5
1996年3月	15,170	570	580	283	7.5
1997年3月	16,913	571	655	407	10
1998年3月	17,449	854	831	409	10
1999年3月	17,377	854	998	418	10
2000年3月	17,687	621	882	430	10
2001年3月	18,046	325	445	▲155	10
2002年3月	17,629	70	310	117	10
2003年3月	18,279	72	607	247	10
2004年3月	19,065	458	627	293	10
2005年3月	18,813	▲20	241	9	10
2006年3月	19,726	252	476	240	10
2007年3月	20,268	455	627	329	15
2008年3月	20,351	31	226	▲121	13
2009年3月	19,886	▲428	521	877	13
2010年3月	20,494	▲182	997	406	13
2011年3月	21,381	▲442	914	373	13
2012年3月	21,547	▲446	599	155	13
2013年3月	20,586	141	1,338	760	13
2014年3月	21,044	438	2,404	1,400	18
2015年3月	22,014	458	2,886	1,697	18
2016年3月	22,378	391	1,684	294	18

注：単位は売上高・営業損益・経常損益・当期純利益が百万円，1株当り配当金が円。
出所：岩塚製菓株式会社『有価証券報告書』各期より作成。

原産地表示の義務付け）も追い風となり，消費者から好評を博している[62]。

　国内の米菓の生産量において，うるち米菓（せんべい）は55％から60％，もち米菓は40％から45％の比率で推移しており，ここ数年ではうるち米菓の比率が高まっている[63]。その理由としては，もち米菓は原料の高コストはも

とより，仕込み工程での水分減少のためにうるち米菓より時間がかかること，カビ対策など工程管理をより綿密におこなう必要があることなどが指摘でき[64]，主要各社の多くがうるち米菓を中核としている。一方で，岩塚製菓は，生産設備の増強や各工程の効率化を推進し，新たに発売した「田舎のおかき」シリーズや「新潟ぬれおかき」はヒット商品となった。2013年と14年とで製品売上高比率を比較すると，亀田製菓がうるち米菓55%・もち米菓45%，三幸製菓がうるち米菓60%・もち米菓40%，業界5位の栗山米菓がうるち米菓80%・もち米菓20%で変らなかったのに対し，岩塚製菓はもち米菓の比率が38%から60%に大きく上昇している[65]。

これら以外にも，岩塚製菓は，ギフト向けの高付加価値品やシニア・単身者・既婚子無世帯向けの少容量品の拡充をはじめ，品川女子学院高等学校の生徒や東日本大震災で被災した福島県南相馬市の小学生とのコラボ商品の開発，米を中心とした農産品・農産加工品の製造・販売を目的とした里山元気ファームの設立（2009年・初代社長に阿部雅栄が就任），かりん糖の老舗の田辺菓子舗の子会社化（2015年）など新機軸を打ち出している。

岩塚製菓の決算において，中国旺旺からの配当金は受取配当金さらには営業外収益の大半を占め，別言すれば営業損益から経常損益の増加の最大の要素となっている（図表6-2）。岩塚製菓がいわば「逆張り」の経営戦略を推進するにあたって大きな下支えとなっていると理解するのは妥当であろう。両社の関係については，2011年12月に岩塚製菓が所有していた瀋陽岩旺米粉製造公司の全株式を中国旺旺へ売却した以外は不変である。

むすびにかえて

旺旺集団は，経営理念として「縁・自信・大団結」を掲げている。さらに，「水を飲むときその水源を思う」として，岩塚製菓および槇計作について「まだ若者である総裁（蔡衍明：引用者）に技術提携を約束し，旺旺の米菓事業を創始しました。総裁はこの恩を感じ，槇計作社長を『事業の父』として尊称しています。また，旺旺人も槇計作社長を『旺旺の父』と尊称しています」[66]と

強調し，岩塚製菓との関係を事業展開の基軸として明確に位置付けている。

平石金次郎と槇計作は，次の言葉を遺している。

　農産品の加工品は，原料より良いものはできない。だから，良い原料を使用しなくてはならない。良い原料からまずい加工品はできる。だから，加工技術はしっかり身につけなければならない。いくら加工技術を身につけても，悪い原料から良いものはできない。

　これは岩塚製菓の根幹たる経営指針というべきものであるとともに，旺旺集団にも着実に継承されている。蔡衍明は，日本の品質管理が世界の基準となると強く認識し[67]，岩塚製菓をはじめ関係する日本企業が指導，さらに要求した品質に達しない商品は販売しないとのスタンスを貫いている。創業の精神に立脚し，これに共感して体得した良質の原料の選定と生産技術の進化および弛みなき品質の向上への姿勢は両社に共通する競争力の源泉といえる。

　現在も，岩塚製菓は旺旺集団の工場へ5名前後の20～30代の若手従業員を半年交代で技術指導として派遣している。また，旺旺集団は岩塚製菓へ毎年50名前後の従業員を派遣し，製造技術および日本語と日本文化についての研修を1年間かけておこなっている。岩塚製菓においては若手従業員のスキルアップに，旺旺集団においては技術力と品質・工程管理能力の持続的向上に大きく奏功しているのである[68]。

　岩塚製菓と旺旺集団との密接な連携は様々なシナジー効果をもたらしたが，両社の海外展開ないしグローバル化においてもベースとなっている。旺旺集団は，特に商品および研究開発の方向性に関して以下のように指摘している[69]。

　製品の品質こそ企業の命であります。製品研究開発能力は，企業競争力の核心であり，食品加工業にとっては，堅実な実力の基盤でもあります。

　旺旺は研究開発のグローバル化を進めており，新しい研究開発センターの設立を準備しています。研究開発センターは情報収集分析・技術革新・新商品研究開発・原材料化学検査及び分析・品質改善・テスト生産など一体化したシステムを導入する予定です。

「他社にないもの，自社製品特徴があるもの，開発し続けられるもの，市場をリードできるもの」というのは製品研究開発の主旨となっています。積極的に大学・専門学校や世界的に有名な企業と提携し，グループの研究開発力を強化し，製品の競争力を高めてまいります。

「製品の品質こそ企業の命」，「世界的に有名な企業と提携」との言及は，岩塚製菓との関係を踏まえたものであるのは自明であろう。

岩塚製菓は 2013 年度から 3 年間の中期経営計画である「岩塚 Re-Born プラン」において「旺旺集団との連携強化と海外事業の推進」を掲げ，今後成長の見込まれる東南アジア市場への進出，海外の米産地において米を原料とした事業（米菓・米油など）への参入および欧米市場における新規需要米を使用した菓子の商品開発とテスト販売を提示している。進出先としては東南アジア諸国やアメリカが想定されている。これまでの「旺旺に指導することで，岩塚の技術で作られた米菓が世界へ広がった」[70] との経緯をふまえて，旺旺集団とのさらなる緊密化と情報共有の進展に基づく成長戦略であるといえる。なお，16 年度からの中期経営計画「岩塚 Stage-Up 70」でも踏襲されている。

岩塚製菓現社長の槇春夫は，旺旺集団との関係について次のように言及している[71]。

　先般，当社（岩塚製菓：引用者）は海外事業のパートナーである旺旺集団（香港上場のアジアNo. 1 食品企業）の幹部たちと共に，新製品開発を行った。はるばる遠く離れた長岡にやって来て，当社の R&D・M センター（商品開発拠点）で会議をし，試作を重ねて製品づくりをした。彼らにとって，長岡の当社工場が事業の原点であり，工場のラインを流れている商品が世界標準なのだ。

岩塚製菓と旺旺集団の連携関係の確立と展開は，日本およびアジアの地域ないし地方企業の海外展開ないしグローバル化に様々な示唆を与える。一般的に，台湾ないし台湾系の企業は日本企業に対する親和性が高いとされる[72]。相互に真摯な姿勢をもって連携することによって，日本企業は台湾ないし台湾

系企業が台湾はもとより同じ中華圏として通暁している中国やアジア諸国の市場および消費動向に関する情報を取得することが可能となる。一方で，台湾ないし台湾系企業は日本企業の商品開発や研究開発，品質や工程管理のスキル・ノウハウを会得・蓄積でき，日本はもとより中国をはじめとして海外諸国に進出するにあたり大きな信用力・ブランド力となり，経営発展の原動力となり得る。双方の企業にとって，実態の伴う"WIN-WIN"な関係の構築は大きな相乗効果を創出するところとなり，持続的成長に裨益するところ大である。もとより台湾ないし台湾系の企業に限らず，日本や日本企業に親和性が高い特に東南アジア諸国の企業が海外展開ないしグローバル化を志向・推進するにあたり，この戦略スタイルは有用といえるだろう。

　日本の地域ないし地方の中堅クラス以下の企業は，海外展開ないしグローバル化に対しては経営資源や経験の乏しさゆえに踏みきれないことがある。日本や日本企業の強みをよく理解するとともに志が高く明確なビジョンを有するアジア企業をパートナーとして選択し，連携を密にして胸襟を開き，共に歩んでいくことにより，新たなビジネスチャンスや収益源を獲得でき，ひいては「アジアの成長を取り込む」[73]ことが可能となり得るのである。

【謝辞と付記】
　本研究を進めるにあたり，岩塚製菓株式会社代表取締役社長の槇春夫氏，専務取締役経営企画本部長の郷芳夫氏および同社関係者の方々から御指導と資料提供および調査で一方ならぬ御配慮を頂いている。特記して感謝申し上げる次第である。
　また，長岡大学教授の小松俊樹先生からも貴重なコメントを頂戴することができた。
　末筆となるが，資料整理等に長らく御協力頂いた長岡大学地域連携研究センターに在職されていた近藤瑞恵さんにも改めて感謝申し上げることとしたい。

　本研究は，「平成25・26・27年度長岡大学個人研究費B」の成果の一部である。

(松本和明)

注
1)　房文慧『化粧品工業の比較経営史―経営戦略からみた中国と日本―』日本経済評論社，2001年，李雪『中国消費財メーカーの成長戦略』文眞堂，2014年．
2)　橘川武郎・久保文克・佐々木聡・平井岳哉編『アジアの企業間競争』文眞堂，2015年，橘川武

郎・金花・井岡佳代子『外資の経営史』文眞堂, 2016 年。
3) 拙稿「競争力の源泉は産学官連携～新潟県の米菓工業の場合～」『ほくとう総研情報誌　NETT』一般財団法人北海道東北地域経済総合研究所, No. 92, 2016 Spring, 18 頁。
4) 笠原洵「米菓（新潟地区・長岡地区・柏崎地区）」池田庄治編著『新潟県の伝統産業・地場産業（下巻）』第一法規出版, 1984 年, 冨田晋司「米菓産業」坂本光司・南保勝編著『地域産業発達史―歴史に学ぶ新産業起こし』同友館, 2005 年。
5) 原陽一郎・岸本徹也・岩城愛・斎藤美如「新潟県における米菓産業の発展プロセス」研究・技術計画学会『年次学術大会講演要旨集』第 27 回, 2012 年 10 月, 507-510 頁, 清水希容子「新潟県における米菓産業の産地形成とイノベーション―食品研究センターとの産学協同を中心に―」『産業学会研究年報』第 28 号, 2013 年 11 月。
6) 齋藤達弘「岩塚製菓株式会社の財務政策」 *Working paper series*, No.167, Faculty of Ecomomics, Niigata University, 2014/09.
7) 中静喜一郎編『岩塚村誌』岩塚村教育委員会, 1955 年, 283 頁。この引用にはこれまで明らかとなっている史実とは異なるところが複数ある。編者等による誤謬も否めないが, 岩塚地域の複数の関係者によりまとめられたものであり, 内容は正確を期しているものと考えられる。1954 年以前に合名会社化, つまり法人化がなされていた可能性があり, 現時点では他に検証する資料は確認できないため, 今後調査を継続していきたい。
8) 亀田製菓の創業と設立過程については, 亀田製菓二十年史編纂委員会編『亀田製菓二十年史』亀田製菓株式会社, 1977 年, 147-158 頁を参照されたい。
9) 新潟県食品研究所の史実は, 新潟県食品研究所編集・発行『新潟県食品研究所 40 年の歩み』1982 年, 原沢久夫『小さな明星をみつめて』私家版, 1986 年, 同『北村一男の生涯』私家版, 1993 年に拠っている。いずれも新潟県立図書館の所蔵である。
10) 前掲「米菓（新潟地区・長岡地区・柏崎地区）」6-7 頁。
11) 斎藤は, 研究活動の足跡や成果, 技術開発, 公設試験研究機関や研究者のあり方, 食品業界との関係や産学官連携のあるべき方向性などについて,『私の一筋の道』（Ⅰ）・（Ⅱ）, 私家版, 1995 年に詳細に叙述しており, 熟読玩味に値する。新潟県立図書館所蔵。
12) 新潟県米菓工業協同組合発行『米菓の新潟県創業史』1969 年, 113-116 頁, 前掲『亀田製菓二十年史』46-47, 93, 95, 168 頁および栗山米菓株式会社相談役（前・社長）の栗山清氏へのヒアリング（2011 年 10 月 7 日）。
13) 岩塚製菓の関係者の経歴については, 主に同社の『有価証券報告書』に拠っている。
14) 全国米菓工業組合企画・発行『米菓とともに半世紀―全国米菓工業組合 50 周年記念誌―』2012 年, 73 頁。
15) 全国米菓工業組合事務局編集・発行『創立 30 周年記念誌』1992 年, 48 頁。
16) 田村は, 後に旺旺集団が開発・製造する商品の最終チェックを担い, 田村が認めないかぎり商品化されなかったという（蔡衍明監修・辻中俊樹著『日本のものづくりが中国を制す　旺旺集団と岩塚製菓が挑む「世界品質」への道』PHP 研究所, 2006 年, 53-54 頁）。
17) 中国出身ないし中国がルーツで, アジア諸国などで「華人」として活動する経営者や関係企業についての研究として, 王効平『華人系資本の企業経営』日本経済評論社, 2001 年は有用である。
18) 中国旺旺控股有限公司ホームページ（http://www.want-want.com/ 最終確認 2016 年 5 月 7 日）。
19) 岩塚製菓株式会社『第 37 期有価証券報告書』28 頁。
20) 同『第 39 期有価証券報告書』11 頁。
21) 『旺旺集団　2013　日本語版』8 頁。他の経営指標は,「結合志同道」・「高利潤・高成果」・「開創空前新事業」・「公司旺旺大家旺旺」である。
22) 前掲『日本のものづくりが中国を制す』136-138, 150 頁。

23) 前掲「岩塚製菓株式会社の財務政策」10 頁。
24) 前掲『日本のものづくりが中国を制す』152-154 頁, 前掲「岩塚製菓株式会社の財務政策」9 頁。
25) 岩塚製菓株式会社『第 42 期有価証券報告書』34 頁。
26) 同『第 43 期有価証券報告書』34 頁。
27) 同『第 44 期有価証券報告書』34 頁。
28) 前掲『日本のものづくりが中国を制す』159-162 頁,「岩塚製菓株式会社の財務政策」10-11 頁。
29) 前掲『日本のものづくりが中国を制す』158-159 頁。
30) 岩塚製菓株式会社『第 44 期有価証券報告書』13, 22 頁。
31) 前掲『旺旺集団 2013 日本語版』68-69, 71-72, 74 頁。
32) 前掲『日本のものづくりが中国を制す』192-193 頁。
33) 前掲『旺旺集団 2013 日本語版』30-31 頁。
34) 岩塚製菓株式会社『第 50 期有価証券報告書』6, 18 頁。
35) 同『第 51 期有価証券報告書』3, 5, 17-18 頁。
36) 同『第 55 期有価証券報告書』17-18 頁,「IR 会社説明会資料」2006 年 9 月 21 日, 20 頁。
37) 前掲『日本のものづくりが中国を制す』197-199 頁。
38) 「岩塚製菓 新工場完成」『新潟日報』2005 年 12 月 8 日。
39) その後も旺旺集団は社会貢献活動を旺盛かつ多角的に推進している。具体的には, 前掲『旺旺集団 2013 日本語版』98-106 頁を参照のこと。
40) 岩塚製菓株式会社「当社提携先株式の継続保有について」2007 年 8 月 13 日。
41) 同「平成 20 年 3 月期 決算短信」2008 年 5 月 21 日, 3 頁。
42) 中国旺旺控股有限公司『2008 年年報』(繁体字版, 同社ホームページ, 最終確認 2016 年 5 月 8 日)。同社の年次報告書は簡体字版と英語版もホームページ上で公開されており, それぞれも参照した。
43) 岩塚製菓株式会社『第 55 期有価証券報告書』66 頁。
44) 同「第三者割当による自己株式処分に関するお知らせ」2009 年 2 月 17 日。
45) 以下での 2015 年 12 月期の諸データは, 中国旺旺控股有限公司『2015 年年報』に依拠している(同社ホームページ, 最終確認 2016 年 5 月 8 日)。
46) 旺旺集団の国際事業のホームページ (http://www.hot-kid.com.cn/about/index.asp 2016 年 5 月 8 日最終確認)。
47) 旺旺・ジャパン株式会社のホームページ (http://www.wantwant.co.jp/safety/index.html#network 最終確認 2016 年 5 月 8 日)。
48) 前掲『旺旺集団 2013 日本語版』28 頁。
49) 前掲『2015 年年報』および旺旺・ジャパンのホームページ (http://www.wantwant.co.jp/safety/index.html#factory 最終確認 2016 年 5 月 8 日) の記載による。
50) 友栄食品興業株式会社のホームページ (http://www.tomoenet.co.jp/kaisyaannai.htm 最終確認 2016 年 5 月 8 日) および前掲『旺旺集団 2013 日本語版』78 頁。
51) わらべや日洋株式会社「中国における合弁会社設立に関するお知らせ」2010 年 11 月 29 日 (同社ホームページ http://warabeya.co.jp/whats/kaiji20101129.pdf 最終確認 2016 年 5 月 8 日最終確認, 以下の資料も同ホームページによる)。
52) 同「中国における合弁会社資本金払込み完了のお知らせ」2011 年 3 月 16 日。
53) 前掲『旺旺集団 2013 日本語版』78 頁。
54) わらべや日洋株式会社「中国における合弁会社の増資に関するお知らせ」2012 年 1 月 27 日。
55) 同「中国における合弁会社の増資に関するお知らせ」2013 年 6 月 28 日。
56) 丸紅株式会社「中国・旺旺集団との戦略的提携について」2011 年 7 月 5 日 (同社ホームページ http://www.marubeni.co.jp/dbps_data/news/2011/110704ahtml 最終確認 2016 年 5 月 8 日 以下

57)　丸紅株式会社「香港旺旺控股有限公司と株式会社なとりとの加工食品における新会社設立の件」2011 年 8 月 5 日。
58)　森永製菓株式会社『第 89 期年次報告書』2012 年 6 月、10 頁。
59)　名糖産業株式会社「中国における合弁会社設立に関するお知らせ」2015 年 4 月 1 日（同社ホームページ http://www.meito-sangyo.co.jp/content/wp-content/uploads/Post/1362/150401_release.pdf 最終確認 2016 年 5 月 8 日）。
60)　中国旺旺控股有限公司の各期の『年報』による。
61)　前掲『旺旺集団　2013　日本語版』34-70、72、74-79 頁。
62)　「発掘最高益企業　岩塚製菓　中国で「せんべい」ヒット」『日本経済新聞』2014 年 3 月 19 日。この記事には、「岩塚がなければ今の旺旺はない」との蔡衍明氏のコメントも記載されている。
63)　岩塚製菓株式会社『2015 年 3 月期　個人投資家向け説明会資料』2015 年 3 月 11 日、7 頁。
64)　「企業『次の一手』　岩塚製菓　国産米こだわりヒット」『日本経済新聞』新潟版、2013 年 12 月 3 日。
65)　「米菓メーカー売上げランキング」『食品新聞』2014 年 3 月 31 日および 2015 年 3 月 30 日。
66)　前掲『旺旺集団　2013　日本語版』84 頁。
67)　「中国旺旺集団のチャイニーズドリーム」『財界にいがた』2012 年 6 月号。
68)　岩塚製菓株式会社代表取締役社長の槇春夫氏へのヒアリング（2015 年 6 月 23 日）。
69)　前掲『旺旺集団　2013　日本語版』29 頁。
70)　「開け食ビジネス＜１＞"岩塚の米菓"世界へ」『新潟日報』2008 年 1 月 8 日。
71)　槇春夫「長岡のものづくりを未来へ」一般社団法人地域ルネッサンス創造機構シンクタンク・ザ・リバーバンク編集『消滅してたまるか！―品格ある革新的持続へ―』文藝春秋、2015 年、306 頁。また、槇氏は「わが社は、お米の美味しさ創造企業として、日本の食文化の世界標準としての役割を果たすことを使命と考えている」、「お米の美味しさ創造企業としての原点を忘れず、更なる日本の食文化生産企業として発展を続けたい」、「世界に発する日本の食文化ネットワークの中核企業として成長していきたい」（307 頁）と指摘し、企業としての存在意義と今後のビジョン・ミッションを明示しており、注目に値する。
72)　この点について、伊藤信吾氏による調査レポートは有益である（「急増する日本企業の『台湾活用型対中投資』～中国を舞台とした日台企業間の『経営資源の優位性』補完の構造～」みずほ総合研究所『みずほ総研論集』2005 年 II 号）。また、村山宏「苦戦続きの中国展開、日本勢を救う台湾企業」『日本経済新聞』電子版、2012 年 4 月 29 日も参照されたい。
73)　川崎健「『バリューハンター』から見た日本株市場」『日本経済新聞』電子版、2011 年 7 月 20 日。

参考文献

【岩塚製菓に関する資料】
岩塚製菓株式会社（1989）『登録申請のための報告書』。
創業 45 周年記念誌編纂事務局編（1992）『地域とともに 45 年　岩塚製菓株式会社創業 45 周年記念誌』岩塚製菓株式会社。
岩塚製菓株式会社『有価証券報告書』各期。
岩塚製菓株式会社『決算短信』、「IR 会社説明会資料」、「個人投資家向け説明会資料」各期、およびプレスリリース。

【旺旺集団に関する資料】

『旺旺集団　2013　日本語版』．
中国旺旺控股有限公司『年報』各年．

【参考文献・資料】

亜州 IR 編集・発行『中国株四半期速報』各号．
伊藤信吾（2005）「急増する日本企業の『台湾活用型対中投資』～中国を舞台とした日台企業間の『経営資源の優位性』補完の構造～」みずほ総合研究所『みずほ総研論集』Ⅱ号．
王劾平（2001）『華人系資本の企業経営』日本経済評論社．
笠原洵（1984）「米菓（新潟地区・長岡地区・柏崎地区）」池田庄治編著『新潟県の伝統産業・地場産業（下巻）』第一法規出版．
亀田製菓二十年史編纂委員会編（1977）『亀田製菓二十年史』亀田製菓株式会社．
亀田製菓株式会社経営企画室編（1987）『製菓展道三十年　亀田製菓 30 年史』亀田製菓株式会社．
橘川武郎・金花・井岡佳代子（2016）『外資の経営史』文眞堂．
橘川武郎・久保文克・佐々木聡・平井岳哉編（2015）『アジアの企業間競争』文眞堂．
越路町教育研究会編（1973）『越路のあゆみ』越路町教育委員会，新潟県立図書館所蔵．
蔡衍明監修・辻中俊樹（2006）『日本のものづくりが中国を制す　旺旺集団と岩塚製菓が挑む「世界品質」への道』PHP 研究所．
斎藤昭三（1995）『私の一筋の道』（Ⅰ）・（Ⅱ），私家版，新潟県立図書館所蔵．
齋藤達弘（2014）「岩塚製菓株式会社の財務政策」*Working paper series,* No.167, Faculity of Ecomomics, Niigata University．
清水希容子（2013）「新潟県における米菓産業の産地形成とイノベーション―食品研究センターとの産学協同を中心に―」『産業学会研究年報』第 28 号．
全国米菓工業組合企画・発行（2012）『米菓とともに半世紀―全国米菓工業組合 50 周年記念誌―』．
全国米菓工業組合事務局編集・発行（1992）『創立 30 周年記念誌』．
DZN ファイナンシャルリサーチ企画・編集・発行『中国株二季報』各号．
東洋経済新報社発行（2013, 2012）『中国会社四季報』2014・2013 年版．
冨田晋司（2005）「米菓産業」坂本光司・南保勝編著『地域産業発達史―歴史に学ぶ新産業起こし』同友館．
中静喜一郎編（1955）『岩塚村誌』岩塚村教育委員会．
新潟県米菓工業協同組合発行（1969）『米菓の新潟県創業史』．
新潟県食品研究所編集・発行（1982）『新潟県食品研究所 40 年の歩み』．
西口敏宏・辻田素子（2016）『コミュニティー・キャピタル　中国温州企業家ネットワークの繁栄と限界』有斐閣．
原陽一郎・岸本徹也・岩城愛・斎藤美如（2012）「新潟県における米菓産業の発展プロセス」研究・技術計画学会『年次学術大会講演要旨集』第 27 回．
原沢久夫（1986）『小さな明星をみつめて』私家版，新潟県立図書館所蔵．
原沢久夫（1993）『北村一男の生涯』私家版，新潟県立図書館所蔵．
房文慧（2001）『化粧品工業の比較経営史―経営戦略からみた中国と日本―』日本経済評論社．
防城俊覧（1986）『米菓業界の軌跡　私の歩んだ米菓史』全国米菓工業組合．
槇春夫（2015）「長岡のものづくりを未来へ」一般社団法人地域ルネッサンス創造機構シンクタンク・ザ・リバーバンク編集『消滅してたまるか！―品格ある革新的持続へ―』文藝春秋．
松本和明（2016）「競争力の源泉は産学官連携～新潟県の米菓工業の場合～」『ほくとう総研情報誌 NETT』一般財団法人北海道東北地域経済総合研究所，No. 92．

森永製菓株式会社（2012）『第 89 期年次報告書』。
李雪（2014）『中国消費財メーカーの成長戦略』文眞堂。

【新聞・雑誌記事】
『財界にいがた』2012 年 6 月号，2013 年 3 月号。
『食品新聞』2014 年 3 月 31 日，2015 年 3 月 30 日付。
『新潟日報』2005 年 12 月 8 日，2008 年 1 月 8 日付。
川崎健「『バリューハンター』から見た日本株市場」『日本経済新聞』電子版，2011 年 7 月 20 日。
村山宏「苦戦続きの中国展開，日本勢を救う台湾企業」『日本経済新聞』電子版，2012 年 4 月 29 日。
『日本経済新聞』新潟版，2013 年 12 月 3 日付。
『日本経済新聞』2014 年 3 月 19 日付。

【ホームページ】
中国旺旺控股有限公司（http//www.want-want.com/）
友栄食品興業株式会社（http://www.tomoenet.co.jp/）
丸紅株式会社（http://www.marubeni.co.jp/）
名糖産業株式会社（http://www.meito-sangyo.co.jp/）
わらべや日洋株式会社（http://www.warabeya.co.jp/）
旺旺・ジャパン株式会社（http://www.wantwant.co.jp/）
旺旺集団国際事業（http://www.hot-kid.com.cn/）

あとがき

　現在は，グローバリゼーションの進展する時代である。グローバル企業や多国籍企業の活躍，あるいは観光客や移民などの国を超えた人の移動が目覚ましい。だが，その流れに対抗する力も増大している。BREXIT（イギリスの EU 離脱）に代表されるような EU 解体，あるいはグローバリゼーション終焉のような議論も有力になっている。WTO（World Trade Organization）や，TPP（Trans-Pacific Partnership）に反対する運動も活発である。また，1970 年代以降，グローバリゼーションを推進してきたネオリベラリズムについて，今や「諸悪の根源」のように言う人々も増えている。そうした主張をする人々の中には，エマニュエル・トッドやジョゼフ・スティグリッツのように，優れた人類学者，経済学者もいて，彼らの意見には大いに傾聴すべきところがある。だが，オバマ大統領が言うように，グローバリゼーションの流れを逆転させること（to reverse globalization）は不可能に近く，そうすることは世界に対して，政治的・経済的に大いなる災いをもたらす可能性が高い。なぜネオリベラリズムが誕生したのか，それはどのような経験・実情を踏まえて，世界の支配的な思想となったのかの検証を抜きに，ネオリベラリズムを批判しても無意味であろう。

　先日，NHK スペシャルで「マネー・ワールド」（第 2 集，10 月 22 日放送）を見た。巨大多国籍企業と国家の力関係が，売上や国家収入との比較で，逆転しつつあるといった内容である。爆笑問題と京都大学の教授がナビゲーターであったが，これほど粗雑な NHK スペシャルを見たことはいまだかつてなかった。NHK スペシャルからは，常日頃教えられることが多く，私の好きな番組であるのだが（「マネー・ワールド」第 1 集は我が意を強くした），グローバリゼーションや，多国籍企業と国家の関係について，これほどミスリーディングな解説は「粗雑」の一言に尽きる。すでに 1980 年代でも，多国籍企業と国家の力関係の変化をめぐる，こうした議論は起きていた（序章参照）。しかし，多国籍企業がホンジュラスなどの小国家に与える影響は確かに大きいが，大国

家（中国，アメリカ，ロシア，ドイツ，日本など）に対しては，「従属」している。現在では，中国などの国家資本主義の台頭，そのグローバル化，ドイツ，日本の共同体資本主義の生き残りなど，アングロサクソン型の市場資本主義一辺倒ではなく，世界ははるかに複雑化しているのである。

EU自体の位置づけに関しても，その形成・確立がグローバリゼーションの一環なのか，それとも「フォートレス・EU」（砦としてのEU）として，単に巨大連邦国家の誕生に過ぎないのか，両側面を持っているがゆえに，簡単に決着がつけられるものではない。

本書でも，序章でそうしたマクロ的問題に軽く言及はしている。ただし，この問題に関しては，**BREXIT**を取り上げる別書で，本格的に論及したいと考えている。

むしろ，本書の目的は，グローバリゼーションを支えるミクロ面，すなわち多国籍企業がどのような経済活動を行っていたのかを，実態に即して分析することである。事実に即して，言い換えれば即事象的に，グローバル企業の実相を明らかにすること，これがマクロ的なグローバリゼーション現象を明らかにする第一歩であろう。

本書の構想は数年まえに始まり，ここ3年間は研究合宿などにより，各自の課題を深めてきた。研究合宿は，主に明治大学の山中湖セミナーハウスで行ってきた。

序章でも述べたように，グローバル企業と言えるような世界規模での展開を行なっている企業，アメリカにおける工場建設にともなう経営文化の対米移転を取り上げたケース，製菓メーカーの日本・台湾の連携を扱ったケースと，幅は広いが，いずれも国際化と呼ばれる現象を探求している。グローバル企業，多国籍企業の研究範囲は広く，本書はその一端を明らかにしたにすぎないが，一面的なグローバリゼーション，グローバル企業に関するイメージを払拭する一助となれば幸いである。

最後に，本書の完成に際して，多大なるご支援を賜った文眞堂社長，前野隆さま，実際の編集を担当された山崎勝徳さまに，深甚の感謝をささげたい。

2016年10月

安部悦生

索　引

事項索引

【欧文】

AIM 連合　46
AMD　193, 194, 196
App Store　82
ARM　44, 46
ATG（Advanced Technology Group）　60, 64, 67
B2B　37, 63
B2C　23, 37-39, 63
BHP 社（Broken Hill Proprietary Company）　148
BOP　210
Brexit　18-19
BTH 社（British Thomson-Houston Co.）　136
BTO（build to order）　68
CEC（Corporate Executive Council）　149, 151-152, 154-156
Cell　191-192
CELL　196
CFAO　113-114
CFM International　144
CFTH 社（Compagnie Francaise de l'Exploitation des Procedes Thomson-Houston）　136
CGR　149, 152
Channel F　176-177
DC　191
DRAM　183, 186, 188, 189, 191-192, 195
DRI（directly responsible individuals）　68
DTP　26, 32, 43
EC　149
EEC　141
EGE　136, 138
Electric Bond & Share Company　137
Fairchild Channel F　176
Fairchild Video Entertainment System　176
FDI　4-6
GC　189, 191, 194
GDP　4, 16
GE　19
GEC（General Electric Company, plc.）　149
General Electric Trading Company（GETC）　147
GM　52
GUI　42
IBM　10, 16, 25-26, 45-47, 63, 67, 72, 76, 78, 80-81, 189-191, 193, 198, 200
IBM PC　42, 44
IGEC　138, 140, 142, 155
iMac　35, 47-48, 64, 68, 70
Intel　190, 196
International General Electric Company（IGEC）　137
iPad　29, 35, 48, 70, 73, 79
iPhone　29, 35, 44, 48, 70, 73, 79, 82
iPod　29, 35, 48, 70, 73, 79, 82
iTunes Music Store　82
iTunes Store　81-82
look and feel（外観と感触）　29, 82
M&A　105, 126-127, 143, 149
Microsoft　185
M-SSGC モデル　23
M フォーム　12, 14
N64　188-189, 195, 200
PONG　175-177
PS　188-189, 195, 199-200
PS2　184-185, 191, 194-195, 197-198, 200
PS3　184-185, 192, 194-201
PS4　185, 193-194, 196-197, 199-200
R&D　10, 13, 58
RCA　177, 179
SBU　146-147
SCI システムズ　14, 78
SME　11
SONY　169, 173, 181-185, 187, 189, 191, 194-196, 198-200
SS　188, 195
THE　135-136, 138

290　索引

THIE　136
Think Different　68
UAC　110-114, 120, 125
UEG 社（Union Elektricitats Gesellschaft）　136
U フォーム　12, 14
VCS（Video Computer System）　177-179, 185-186
Video Game Clash　178
WH　136, 138, 140
Wii　185, 191-192, 194, 197-198, 200-201
Wii U　185, 192-193
Wintelism　25
Xbox　172, 183-184, 189-192, 194, 200
Xbox One　185, 192-194, 197, 199
Xbox360　184-185, 191-192, 198, 201

【ア行】
アウトソーシング　14
アジア　136, 143
アタリ　173-179, 185-186
アップル　14-16, 19, 30, 32, 46, 57-58, 63, 72, 76-77, 79-80
──・ジャパン　75
──ストア　73, 81
── I　40, 49
── II　25, 40-41, 44, 49, 52, 54-56, 62, 76
── III　25, 41, 52, 54
──の税金問題　76
アライド・ブリュワリーズ（Allied Breweries）　105-106, 111, 116-127
アルコール飲料事業　106, 111
委託生産　14
医療機器事業　143, 149, 152-153
岩塚製菓　19-20
インテル　45-46, 50
インフラストラクチャー事業　157-158
ヴィジカルク　41
ウィンドウズ　26, 46, 49
ウィンドウズ95　26
ウェスティングハウス　3
──・エレクトリック社（WH）　133
ウォルマート　6, 82
エジソン・ゼネラル・エレクトリック社（EGE）　134
エルピーダ　189, 191

円心円的構造　70
エンジニアリングプラスチック社（Engineering Plastics Ltd.）　144
旺旺集団　19-20
オーストラリア　136, 138
オスラム社（Osram）　137
オデッセイ　174-176, 179
オフセット取引　147
オープンステップ OS　47, 50
オペレーティング・システム　150-152, 154-155
温情主義　206, 216-217, 219, 222, 224, 235
オンラインショップ　81

【カ行】
海外売上　72
海外子会社　142-143
海外進出　206, 211
海外直接投資　4, 136, 141-144, 149
改革開放路線　1
ガヴァナンス　12, 23, 41
カウンターカルチャー　64, 83
価格競争　182
（拡張）チャンドラー・モデル　23
ガスタービン　148
家族主義　206, 224, 235
合併　104-105, 107-108, 111, 114, 117, 120-123, 126-127（M&A も参照）
──交渉　105-106, 109, 111, 114, 116, 119-120, 123-125, 127
家庭用ゲーム市場　168, 170, 174, 178-179, 185-186
家電事業　143, 149
カニバリズム現象　51
ガバナンス・チャネル　152, 154, 156
株価　37
株式取得　138
カブ・ステナム（Cob Stenham）　126
株主　54
カルテル　139
カレイダ社　46
雁行形態論　8
間接投資　4, 6
完璧主義　83
管理組織　12, 23-24, 51, 66, 82

索引 291

企業者企業 12
企業組織 12, 23
企業内貿易 15
企業買収 141
企業文化 47, 63, 83
技術の移転 233-234
キッコーマン 19-20
キヤノン 75, 77
キャロルトン 56, 77-78
境界のない企業 152
協調主義 212, 214-217, 222-224, 230, 235, 238
協調的労使関係 221-222
共通市場（Common Market） 141, 155
共同体資本主義 17
金融事業 149
クロスライセンス協定 136
クロトンビル研修所 154, 156
グローバリゼーション 1-2, 5-6, 15-16, 18-19
グローバル・アライアンス 158
グローバル・エグゼクティブ 155
グローバル企業 2, 71, 81
グローバル・コンパクト 232-233
グローバルマトリクス組織 12
グローバル・リーダーシップ・プログラム（GLP） 153
経営家族主義 216
経営者企業 9, 12
経営能力 9
経営の現地化 225, 227-229, 236
経営理念 212, 214-217, 219-220, 222, 224, 230, 235-236
芸術家志向 83
ケイレツ（系列） 15, 139
──化 136, 138
ゲーム＆ウォッチ 179
ゲームキューブ（GC） 189
ゲーム産業 168-170, 174, 181, 194-195
圏 9-11
権限委譲 151
現実歪曲空間（reality distortion field） 67, 82
現地一貫生産 233
現地化 157
現地生産 225-228, 233, 235-237
光学メディア 181, 183

公共の利益 120, 123
航空機エンジン 143-145, 148
高性能戦略 194
合弁（企業） 141, 144, 149
後方互換性 183-184
小売 73
5S活動 222
コーク 56-57, 62, 75-76, 78
国際化 209, 211, 223-225
国際カルテル 136-138
国際グループ（International Group） 143-144
国際事業部 12, 55-57, 59, 73
国際セクター（International Sector） 145-147, 155
国際通知・補償協定（International Notification and Compensation Agreement） 138
国際貿易担当部 145
極小主義（minimalism） 83
国進民退 16
国民国家 17
国家資本主義 17
コープランドOS 50
コーポレート・イニシアチブ 150-152, 154-155
コモディティ化 195
雇用の安定 220, 224-225, 227-229, 233, 236-238
コール 125-127
コロラド・スプリングズ 78
コンセンサス経営 63
コンセンサス主義 83
コンパック 46-47, 68, 72, 76, 78-79, 81
コンパニー・フランセーズ・ドゥ・ラフリック・オキシドンタール（Compagnie Française de l'Afrique Occidentale：CFAO） 112
コンピュータ事業 141, 143

【サ行】

サクラメント 78-79
サプライチェーン 15, 20, 170, 186
サムスン 79, 189-190, 192-193, 195-196, 198
──製 191
産業集積 10
産業セグメント 9-11
産業魂 216-217, 219-220, 222, 224, 235
シアーズ 175
ジェネラル・マジック社 47

事業セクター制　145
事業提携　144
事業部制　51-52, 54, 57, 140
仕事への猛烈主義　83
市場資本主義　17
システム・サプライヤー　157
「執行チーム」(executive team)　70
自動化　77
芝浦製作所　136
ジーメンス　140
社内教育制度　154
集権（化）　155-156
周辺機器　26, 55, 78, 80
収斂　18
　──モデル　17
樹木モデル　17
需要予測　68
醸造企業　121-123
情報システム事業部　143
職能別組織　51-52, 57, 64
食文化　211, 215, 226-227, 232
シンガポール　56-57, 62, 76-78
新興国　157
人事評価　154, 156
　──サイクル　151
シンプル主義　83
スコル・インターナショナル（Skol International）　118-119
ステナム　127
ストック・オプション　152
スネクマ社（SNECMA）　144
スーパーファミコン　181-182, 186-187, 189, 201
スペースインベーダー（Space Invaders）　177, 178
成熟製品　8
製品企画　15, 55
製品戦略　23-24, 29, 38-39, 48, 82
製品別事業部　12
　──制　66
セガ　169, 180-187, 190, 195
　──サターン（SS）　170, 182, 187, 190
セクター制　147
セッションC　150, 152
セッションⅠ（SⅠ）　152
セッションⅡ（SⅡ）　152
設備投資　150
ゼネラル・エレクトリック社（GE）　133
ゼロックスPARC　41, 62
セントラル　13-14
戦略的コントロール（Strategic Control）　150
戦略的事業単位（SBU: Strategic Business Unit）　145
戦略転換　194
戦略能力　9, 11
総合商社　147
総合本社　52
組織能力　9, 11

【タ行】

第一次グローバル経済（1880－1929）　134, 139, 155
　──期　141
第一次世界大戦　136
大恐慌　138
第二次グローバル経済（1979－現在）　134, 155
第二次世界大戦　138-139
ダウンサイジング現象　45
多角化　209, 211, 223-224
　──戦略　52
多国籍企業　1, 2, 133, 141, 146
脱統合　14-15
タリジェント社　47
タングスラム　149
地域　9-11
　──事業部制　12
チャンドラー＝ウィルキンズ・モデル　9, 14
チャンドラー・モデル　15, 23
中近東　137
中国　138
　──企業　16
長期雇用　206
調整問題　14
直接個人責任制　82
直接投資　4, 6
使い易さ　29
ディベロッパー　49, 80
デザイン　70, 82
鉄の拳（iron fist）　139, 155-156

デュポン 52
天然資源 144-145, 147-148, 155
電力システム事業 149
ドイツ 139
　——エジソン 134
東京電気 136
独自仕様 194, 200
特許協定 136, 138
トムソン＝ヒューストン・インターナショナル・
　エレクトリック社（以下、THIE）135
トヨタ 15-16
ドリームキャスト 183, 190
ドル信用 140
トルーマン委員会 139
ドンキーコング 179-180

【ナ行】

ナイジェリアン・ブリュワリーズ（Nigerian
　Breweries）112
内部化 149, 155-156, 158
長瀬産業 144
ナショナル・セミコンダクター 42, 63-64
ナンバーワン・ナンバーツー 150
　——戦略 147
南米 136, 138-139, 143
日系企業 206, 228, 230, 236-237
日本 62, 74-75, 77, 79, 138-139
　——型雇用慣行 220, 222, 224
　——的経営 206, 216, 220, 222, 224, 235-237
ニュートン 44, 47, 62, 64, 67
任天堂 19, 169, 173-176, 179-187, 189, 191, 194-
　196, 200-201
ニンテンドー64（N64）170, 187
ネクストキューブ 26
ネクスト社 28, 50, 58, 60, 66-67, 77
ネクストステップOS 28
ネットワーク 155-156, 158
野田醤油大争議 217, 219, 222, 224, 235
野田労働争議 215

【ハ行】

買収 104-105, 107, 110-111, 114, 117-118, 126-
　127, 143
配置問題 13

ハイネケン（Heineken）112-113, 125-126
ハイブリッド経営 228-229, 235-237
パスポート 4, 17
バックエンド・フロントエンド組織 13
パックマン（Pac-Man）178
発明自前主義（NIH=not invented here）82
ハネウェル社（Honeywell）143
ハラール認証 210
パワーコンピューティング社 51
半導体産業 168, 170, 194-196
反トラスト法裁判 139-140
ピクサー社 68
ビジネス・インテグレーター 158
ビジネス市場 26, 80
非スターリング地域 139
秘密主義 83
標準製品 8
ビール企業 105, 112, 115, 117-118
ビール事業 111, 113-114, 117-118, 120, 125
ビール市場 106, 113-115
ピンクOS 50
ファクトリー・オートメーション事業 149
ファナック 149
ファブレス企業 195
ファブレス・ファウンドリー 15-16, 78-80
　——・タイプ 14
ファミリーコンピュータ 168, 174, 179-181,
　185-187, 189, 193-194, 201
フェアチャイルド 176-177, 179
フェバス協定（Phoebus Agreement）138
フォード 3, 7, 30
武器貸与法 139
部品構成 168-169, 186, 193, 199
プラスチック事業 143-145, 148
プラットフォーム 168, 185, 201
ブランド・マネジメント 15
フリースタンディング・カンパニー 3
フリーモント 57, 62, 77-78
フルライン戦略 52
プレイステーション（PS）170, 182, 187
　——2（PS2）183, 189
　——3（PS3）191
　——4（PS4）173, 192
プレムジ 149

プロセス・イノベーション 8
プロダクト・イノベーション 8
プロダクト・サイクル・モデル 7-8
プロダクト・ライフ・サイクル 7-8
文化依存製品 18
分権 156, 158
ベストバイ 80
ベストプラクティス 152
ペレストロイカ 1
ホンハイ 14, 79

【マ行】

マイクロソフト 16, 20, 25, 43-44, 46-47, 49, 72, 169, 172-173, 184, 189-191, 194-196, 200
マーガリン・ウニ（Margarine Unie）及びマーガリン・ユニオン（Margarine Union） 106-107
マーガリン・ウニ／ユニオン 108
マグナボックス 174-177, 179
マーケティング 55, 57, 59, 66, 77
──戦略 211
マーストリヒト条約 148
マッキントッシュ 25-26, 30, 32, 41-42, 44, 54-55, 57, 62, 64, 77
マック OS 28, 42, 46, 50-51, 60, 66
──X 29, 50
マック・ワールド・エキスポ 48
マトリクス組織 57
マルチドメスティック 13-14
見える手（visible hand） 139, 155-156, 158
見返り貿易 147
南アフリカ 136
メガ・コンペティッション 1
メガドライブ 181-182, 186-187
輸出 142, 149, 155
──強化 140
ユタ 145, 149
──・インターナショナル社（Utah International Inc.） 144
ユナイテッド・アフリカ・カンパニー（United Africa Company：以下、UAC と略記） 107
ユニリーバ（Unilever） 19, 104-107, 109, 111, 113-114, 116, 119-127
横河電機製作所（現横川電機） 149
ヨーロッパ 136, 138, 141, 143

ライセンシング 134
ライセンス戦略 48, 51, 67
ラディカル・グローバリゼーション 148, 151, 154
ラテンアメリカ 137
ラプソディ OS 50
ランバス 183
リーヴァー・ブラザーズ（Lever Brothers） 106, 108-110
利益なき成長 143-144
リサ 25, 41-42, 52, 54, 76
流通グループ 140, 142
レイオフ 228
レイザーライター 26, 43
労使関係 206, 216, 220-222, 225, 227, 230, 236
労使協調 212, 219, 224, 235
労使共同宣言 224, 235
労働安全衛生活動 222
労働運動 217-218
ローエンド 42, 44, 46-47
64 ビット 183
ロシア 139
ロンジェビティ・ボーナス 229

人名索引

【ア行】

アイブ, ジョナサン 29, 70
赤松要 8
アバナシー, ウィリアム 8
アメリオ, ギルバート 26, 28-29, 47-48, 63-64, 67
イメルト, ジェフ 156-158
ヴァーノン, リチャード 7, 8
ウィルキンズ, ミーラ 3, 5, 9
ウェルチ, ジャック 146, 152, 155-156
ウォズ 25, 40-41, 54, 68
ウーラード, エドガー 47, 67
エジソン, トーマス 134
オーウェル, ジョージ 25

【カ行】

ガースナー, ルイス 63
ガセー, ジャン＝ルイ 50, 60, 74

キャンベル, ビル 58, 67
クック, ティム 70
コーディナー, ラルフ 141
コフィン, チャールズ 135
コール (George James Cole) 113

【サ行】
蔡衍明 245, 257-270, 273, 278-279
ジェイムズ, ハロルド 18
ジョブズ, スティーブ 23, 25-26, 29, 35, 42, 47-48, 50, 54, 57-58, 64, 66-68, 70, 77
ジョーンズ, ジェフリー 3-5, 17
ジョーンズ, レジナルド 144, 152
スウォープ, ジェラルド 137, 155
スカリー, ジョン 26, 30, 43-44, 46, 48, 57, 60, 78
スコット, マイケル 41-42
スピンドラー, マイケル 26, 48, 51, 59-60, 62-63, 74, 78

【タ行】
ダニング, ジョン 5
チャンドラー, アルフレッド 9
トラーニ, ジョン 153

【ハ行】
平石金次郎 245, 247-249, 254, 256, 278
フィッツジェラルド, ロバート 5, 17
フィリップ, ジェラルド 141
フォード 23, 82
フレスコ, パオロ 148, 155
ポーター, マイケル 13
ボーチ, フレデリック 141, 143

【マ行】
槙 248-249, 254-259
槙計作 245, 247, 252, 260, 266, 278
槙春夫 259, 261, 265-266, 268-269, 280
マークラ, マイク 41-42, 54, 63
マーシャル 10

【ヤ行】
山内溥 180, 183

【ラ行】
ラーテナウ, エミール 134
ランバス 188

執筆者紹介

編著者
安部悦生　明治大学経営学部教授　　　　　　　序章, 第1章, あとがき

著者（執筆順）
坂本　旬　明治大学経営学部兼任講師　　　　　第2章
宮田憲一　明治大学経営学部助教　　　　　　　第3章
近藤　光　明治大学経営学部助教　　　　　　　第4章
鷲見　淳　明治大学経営学部専任講師　　　　　第5章
松本和明　長岡大学経済経営学部教授　　　　　第6章

グローバル企業
―国際化・グローバル化の歴史的展望―

2017年 1月20日　第1版第1刷発行　　　　　　検印省略
2018年 2月28日　第1版第2刷発行

編著者　安　部　悦　生

発行者　前　野　　　隆

発行所　株式会社　文　眞　堂
東京都新宿区早稲田鶴巻町533
電話 03 (3202) 8480
FAX 03 (3203) 2638
http://www.bunshin-do.co.jp
郵便番号(162-0041)振替00120-2-96437

製作・モリモト印刷
©2017
定価はカバー裏に表示してあります
ISBN978-4-8309-4918-0 C3034